図解 HACCPへの対応が具体的

飲食店の衛生管理

Hirokazu Kawagishi
河岸宏和

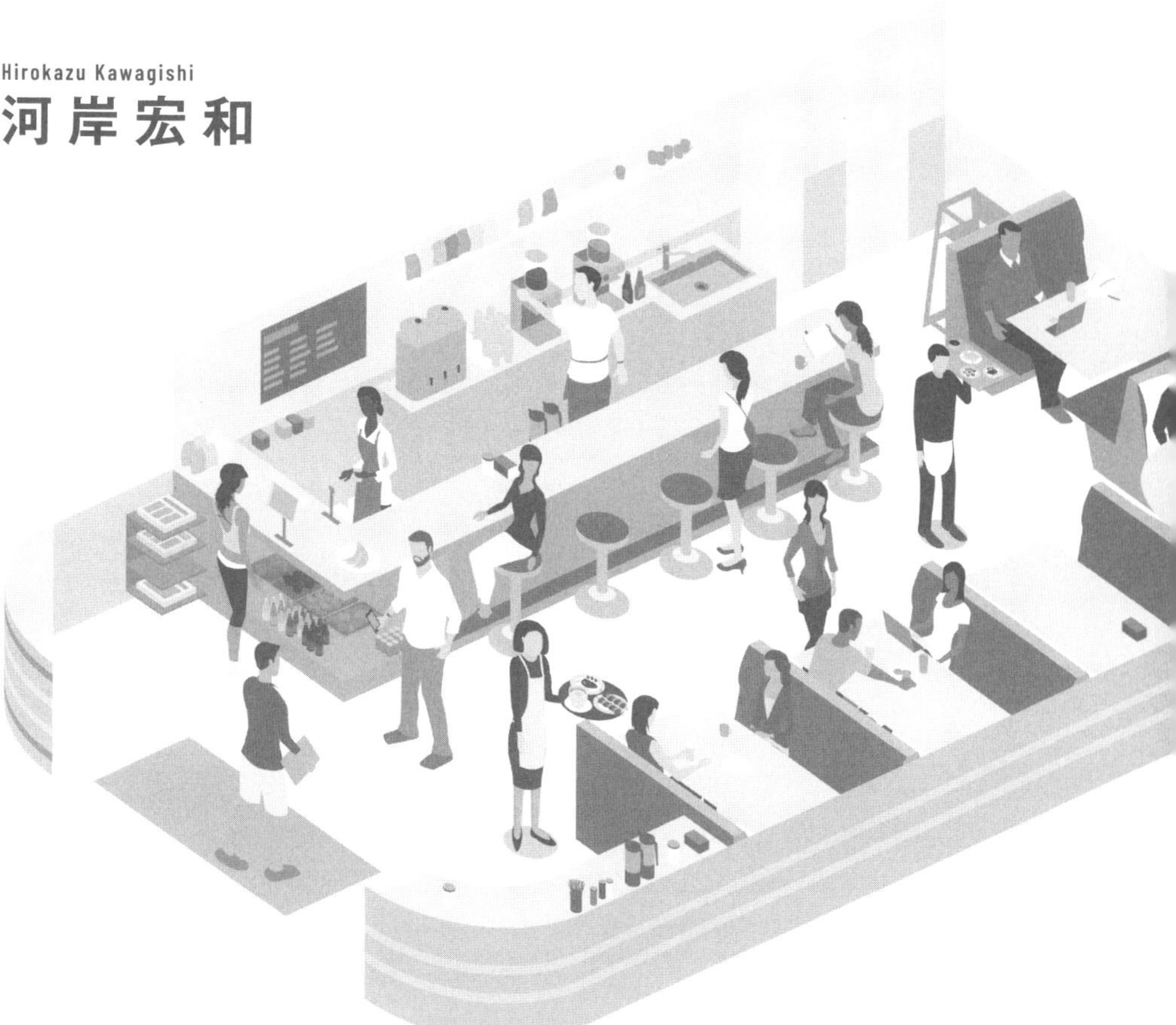

日本実業出版社

はじめに

末曾有の危機に飲食店はどう立ち向かうか？

２０２０年はじめに確認された新型コロナウイルスの感染拡大で、飲食店は大打撃を受けています。「飲食店」、さらに「アルコールを飲むこと」は、スケープゴートにされました。飲食店を５人以上で利用しない、夜８時以降は使用しないというルールが導入されています（２０２１年９月現在）。

また、新型コロナウイルスの影響で、海外からのお客さまも町から消えてしまいました。ピークでは年間４０００万人以上の方が食べていた量がなくなってしまったので、影響は非常に大きなものになっています。

飲食店ではお弁当の販売、デリバリーの利用など工夫をしていますが、売上、利益とも、政府からの補助金では賄えないお店がほとんどです。現に、海外の旅行客を当てにしていたお店では、閉店に追い込まれるケースも増えています。

そのような中で、幼い頃に学んだ衛生対策の基本である「食事の前の手洗い・うがい」などが改めて見直されています。また、地元のお客さまが来やすい環境を提供することも大切です。そうすれば、外国人需要が減っても地元のお客さまでにぎわうお店になれるでしょう。

感染症が流行る時代の飲食店の仕事は、「安全安心な栄養のあるおいしい食べ物を提供する」ことです。本書には私がさまざまな食品工場や世界的に有名なチェーンで培った衛生管理の知識をもとに、「安全」を担保する方法を紹介しています。

ＨＡＣＣＰに基づく新しい衛生管理

２０２１年６月からは、飲食店でもＨＡＣＣＰ（Hazard（危害）・Analysis（分析）・Critical（重要）・Control（管理）・Point（点）の５つの単語の頭文字に由来する衛生管理の手法）に基づく衛生管理の運用が始まりました。

ＨＡＣＣＰでは、食中毒を出さないために、食材から従業員管理、加熱調理工程までの記録が求められています。

「記録が必要」といわれると身構えてしまいますが、ポイントをつかめば、大学ノート一冊でＨＡＣＣＰで必要な管理帳票は記録できます。また、ＨＡＣＣＰでは食材の正しい温度管理も重要です。本書では、ＨＡＣＣＰに則った衛生管理のポイントをわかりやすくまとめているので、飲食店の方には、これを機に正しい衛生管理を学び、衛生意識をアップデートしていただけたら幸いです。

ＨＡＣＣＰ運用と新型コロナ対策で求められる衛生管理は、食に携わるなら当たり前のことです。ただ、日本の飲食店ではこれまで「当たり前の衛生管理」ができなくても大きな問題にはなりませんでした。しかし、ＨＡＣＣＰの運用が始まり、新型コロナ対策が求められるいま、世界基準の衛生管理の導入、運用、そして衛生管理意識の徹底が求められています。

そして衛生管理は、新型コロナウイルスが収束すればすべて終わりではなく、これからも新たな感染症が出てくることを忘れてはなりません。

また、従業員教育のツールとしても本書をぜひ活用してください。イラスト部分を大きくコピーすれば、下に教育のポイントを一行で記載してあるので、紙芝居のように教育できます。教育後、掲示板に貼り出すことで、教育の成果が上がります。本書がみなさんのお役に立つことを願っています。

２０２１年９月

食品安全教育研究所　代表　河岸宏和

目次

HACCPへの対応が具体的にわかる
図解 飲食店の衛生管理

第3章 厨房のHACCP・コロナ対応の衛生管理

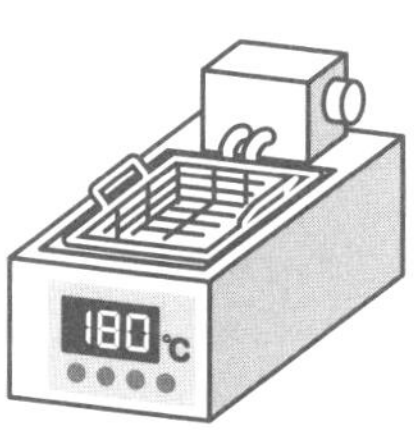

第4章 コロナ、食中毒…危害を防ぐ食器管理

第5章 HACCP・コロナ対応の清潔管理

第6章 テイクアウト・デリバリーの基礎知識

第7章 「バイトテロ」を防ぐ従業員教育

第8章 HACCPで求められる「記録」のつけ方

第9章 「いいお店」と言われるために大切なこと

全ページダウンロードできます

本書は全ページ、以下のURL、もしくはQRコードよりダウンロードできます。必要な図版をダウンロードし、プリントすると、従業員教育に有効なポスターとして使えます。

URL:https://drive.google.com/file/d/1qvAWyTtw_kPHbHyYakrVEqd7U1zePIWZ/view?usp=sharing

※ダウンロードできないなど、不具合が生じた場合は以下のアドレスまでお問い合わせください。
insyokutenhygiene@gmail.com

カバー装丁●菊池祐（ライラック）
本文デザイン・DTP●関根康弘（T-Borne）
本文イラスト●佐藤克利　Shutterstock

第1章

飲食店のＨＡＣＣＰ対応の基本

——コロナ禍とＨＡＣＣＰで大きく変わる衛生意識

ＨＡＣＣＰ導入、コロナ禍による要請で
変革を求められている飲食店の衛生意識。
最低限知っておくべき
基本の衛生管理を紹介します。

1-1

コロナ禍とＨＡＣＣＰで変わる衛生意識

新型コロナやＨＡＣＣＰ導入で、より適切な管理が求められている飲食店。新しい衛生管理とは？

感染源とされた飲食店

新型コロナウイルスは、２０２０年のはじめに日本でも流行の兆しがみられ、大型クルーズ船でのクラスター発生から本格的に流行が始まりました。

マスクの着用と三密を避けることが対策とされる一方、日本では飲食店をスケープゴートにし、夜の営業や酒類の提供が禁止され、大きな影響が出ています。

現在、飲食店の新型コロナウイルス対策は、入店時の検温、アルコール消毒、換気、アクリル板の設置、マスク飲食の徹底などが行なわれています。

また、従来からあるノロウイルス、赤痢などに限らず、新しい感染症が今後も発生する可能性があります。強制吸気、強制排気のできる換気装置、入店時の手洗い設備など、**感染症対策は、つねに考えられる最新の情報をとり、対策していく必要があります。**

世の中の変化に対応していく

飲食店のＨＡＣＣＰは、２０２１年６月に完全施行されました。食品工場的な考え方でなじめないという方も多いのですが、ＨＡＣＣＰは、食中毒を出さない考え方として理解し、従業員教育を実施することが必要です。

ＨＡＣＣＰ対応＝記録が大切と、コンサルタントからｉＰａｄの購入を勧められるケースがあります。しかし、大切なのは**ｉＰａｄを導入・記録することではなく、危害を正しく理解して記録し、記録を保管すること**です。

プラスチックストローなど環境問題、ゲージ飼いの鶏卵など動物福祉の問題、日本人全員が毎日おにぎり１個を捨てているといわれるフードロス問題など、食に関する世の中の問題意識が変化しています。

食に関する変化を働く方全員が理解、対応していくことが他店との差別化につながる時代になってきたのです。

食の問題に対する意識を変えていく

感染症、食中毒、フードロス、環境問題、動物福祉など、飲食店経営が直面する問題、課題に気づき、対策することが経営者の責務です。

Point

1 世の中の変化をつねに感じる

2 考えられる危害を防ぐ対策がとられている

3 従業員に対し、危害を防ぐための教育を行なう

1-2

HACCP対応＝「食中毒」を起こさない

調理後だけではなく、原料の安全性と、原料の入荷～食べるまでを正しく行なった記録が必要です。

各作業のハードルの高さを説明できるか

ＨＡＣＣＰ対応を鶏肉の唐揚げで考えてみます。使用する鶏肉はどんなものを仕入れるか、仕入れ先と大きさ、値段などを取り決めた「原料規格書」で約束します。

この約束が、いわば陸上競技におけるハードルになります。細菌が飛び越えたら競技終了です。また、ハードルが低すぎて誰もが飛び越えられても競技として成立しません。**競技者＝細菌、安全基準＝ハードルと考え、細菌が飛び越えてしまわないように、決められた高さがあることを毎日記録することが大切**なのです。

鶏肉の保管温度が5℃以下と約束したら、入荷時に６℃では返品しなければなりません。

まして、仕入れ先とお店が近くだからといって、５℃以下で管理すべき鶏肉を常温管理のライトバンで運んできてはならないのです。

ルールを守っていた記録があるか

唐揚げの調理のルールは、１７５℃、５分とします。面倒でも、油の温度が１７５℃あるか温度表示を確認し、タイマーを使用してきちんと5分測ります。

ＨＡＣＣＰは記録をつけることが目的ではありません。入荷時の温度が5℃と決められていれば、６℃のときに返品したと、**異常時に正しく処置したと記録することが大切**なのです。

フライヤーの温度が１６０℃と表示されていれば記録して調理を続けるのではなく、１７５℃に上がるのを待って調理を開始することが大切です。温度が上昇しないなら、フライヤーが故障していたと記録します。

温かいまま盛りつけた料理を宅配に依頼する場合も、何時間後まで安全においしく食べられるか科学的に判断し、事前に設定しておくことが必要です。

HACCPは「正しい処置」を記録する

お客さまに安全に届けるには たくさんの「ハードル」がある

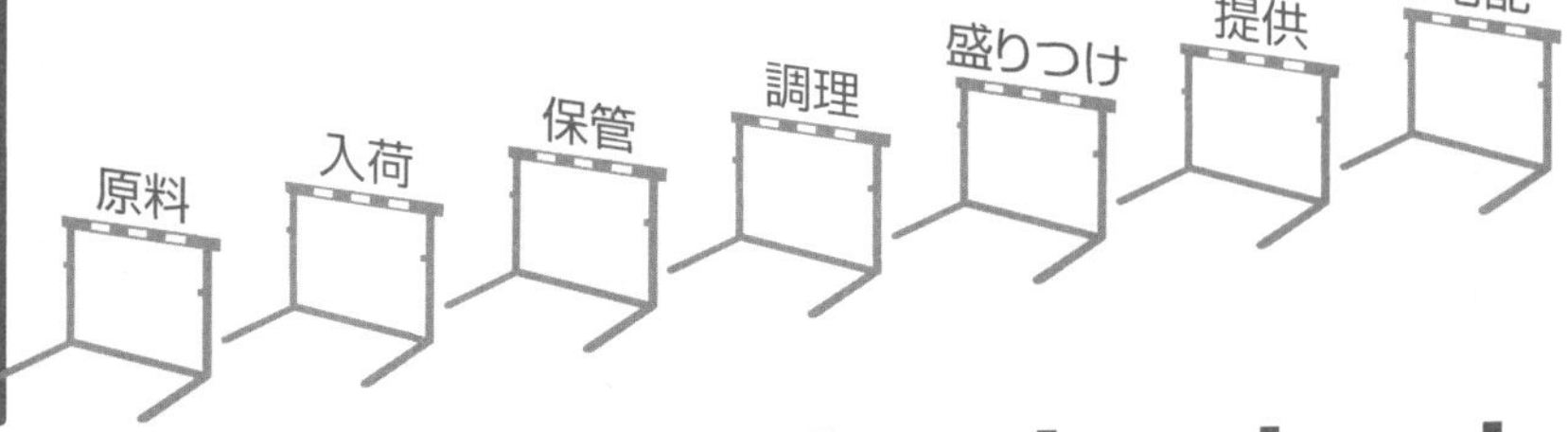

ステップ	原料	入荷	保管	調理	盛りつけ	提供	宅配
条件	産地	温度 産地 状態	温度	温度 時間 調理者	温度 担当者 保存	時間	温度 時間
記録	原料規格書 産地記録	温度・産地 破損の有無	温度 記録	加熱記録 調理記録	担当者記録		……

記録 ＋ 確認

ハードルごとに記録し、
異常がないか確認する

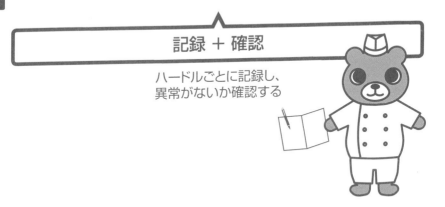

Point

1 各作業のハードルの高さの説明ができる

2 ハードルが倒れていたときの処置の記録ができる

3 宅配時も調理から計算した消費期限設定ができる

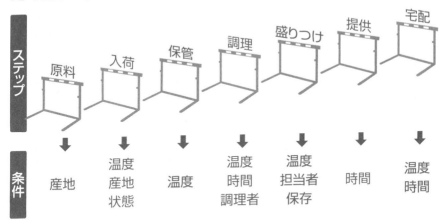

1-3

タブレットがないと保健所に指導される？

HACCPに基づく衛生管理の義務化に伴い、タブレット端末、ソフト、クラウドの営業が増えています。

タブレット管理は本当に必要か？

「毎日の衛生状態の記録がＨＡＣＣＰの基本です。紙の帳票による管理は汚れ、改ざんの恐れがあるのでタブレットがお勧めです」「クラウド上でデータを保管すれば、毎日のデータが自動で送られ、保健所の方が確認するときも簡単です」という宣伝文句で、システム会社の方が営業に来ることが増えています。

行政書士も記録・保管も方法や、必要な帳票について教えるといって、飲食店を回っています。

しかし、**ＨＡＣＣＰに基づく衛生管理では記録をつけ保管すること以上に、鶏肉の保管温度はなぜ０～５℃なのか理屈を理解し、管理することが大切**です。つまり、鶏肉が入っている冷蔵庫の温度計が12℃を指していたらどう対応したらいいか、理解し、処置ができることが大切なのです。

大学ノートの管理がお勧め

タブレット導入の前に、ノートをつけてみましょう。レジを導入する前は売上、客数、メニューごとの売れた数をノートに記載していたはずです。ノートよりも速く、楽に数値の分析ができ、税金の申請もスムーズなのでレジを導入したはずです。「国税局がレジがないとダメと言っている」からと導入したわけではないはずです。だからＨＡＣＣＰ対応もまずはノートで始めましょう。

ノートには、天気、気温などと共に、従業員の健康状態、冷蔵庫の状況、食材の入荷状況、設備の状況、お客さまからの問題点などを記録します。この記録は、スキャンしてパソコン保存でも、紙ベースのままでも問題はありません。**毎日温度を確認して記録し、異常があれば処置することが大切**なのです。温度計をＩoＴ化して、自動で異常値の記録をつけ続けても意味はないのです。

HACCP対応の記録のポイント

○ 大学ノートにつけるだけでOK

年　月　日	
・人件費　　　　累計	・売上　　　　累計
・仕入額　　　　累計	
・始業点検	
・従業員の状況	
・冷蔵庫の温度	・お客さまからの問題点
・加熱機器の状況	
・就業点検	
・仕入れ品・原材料の問題点	
・原料の廃棄状況	

× タブレット、クラウドがマストではない

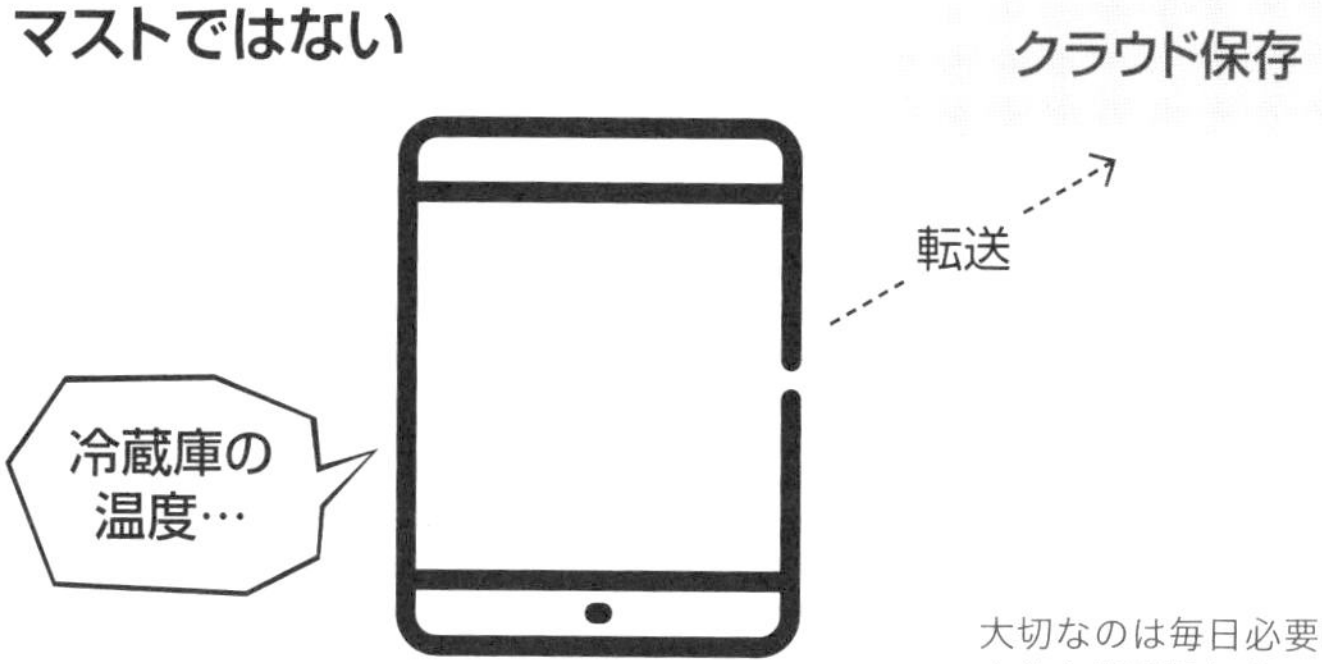

タブレット
（iPadなど）

大切なのは毎日必要な記録をとり、十分な期間保存することです。使いこなせないかもしれないのに、無理にIT化する必要はありません。

Point

1 HACCP対応の基本は毎日の売上管理と同じ

2 記録ではなく数値の意味が大切

3 従業員の健康状態を記録する

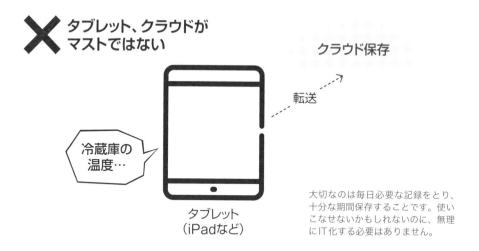

1-4

売上・客数以外に必要な記録

売上の数字と同じように、原料、冷蔵庫の温度、従業員の健康状態にも興味を持つべきです。

いい原料からしかいい商品はできない

鶏肉の入荷時に温度確認を行なっていますか？　入荷時の温度は、仕入れ業者と何度から何度の約束になっていますか？　鶏肉が不足したとき、温度管理がされていないライトバンで運んできたとしたら受け取りますか？　段ボール箱を開けて鶏肉の状態を確認していますか？

日本では、箱を開けて検品しているのは食品工場でも見たことがありません。私が**中国のスーパーで入荷の検品作業を確認したときには、箱を開けて確認し、重量を計測していました。**納品業者を信じていないためだそうです。箱を開けて確認すると、箱の表面は冷えていたものの中身は温かく、ドリップが溜まっていました。温度が高い場所に保管されていたようです。もちろん受け取りを拒否し、大学ノートに記録しました。あなたのお店では箱を開けて検品し、記録をしていますか？

安全なものは健康な従業員からしかできない

従業員は、責任者も含めて出勤時に健康状態を確認していますか？　理想的には、厨房の外で手を洗う前に体温を測定し、体調を確認、記録することが必要です。もちろん、デリバリーなどの配送の方も体温を測定し、体調を確認します。

新型コロナが落ち着いても体調の確認は必要です。従業員は、作業中に体調が悪くなることもあります。その場合も、対応状況を記録することが大切です。

店内、配達先で、お客さまからクレーム、お褒めなどの申し出があった場合も記録が必要です。**「今日は本当においしかった」と言っていただいた場合も記録します。**

後日、なぜあの日はおいしかったのかの分析に使えるからです。

品質・サービスを担保する2つのハードル

① 仕入れのハードル

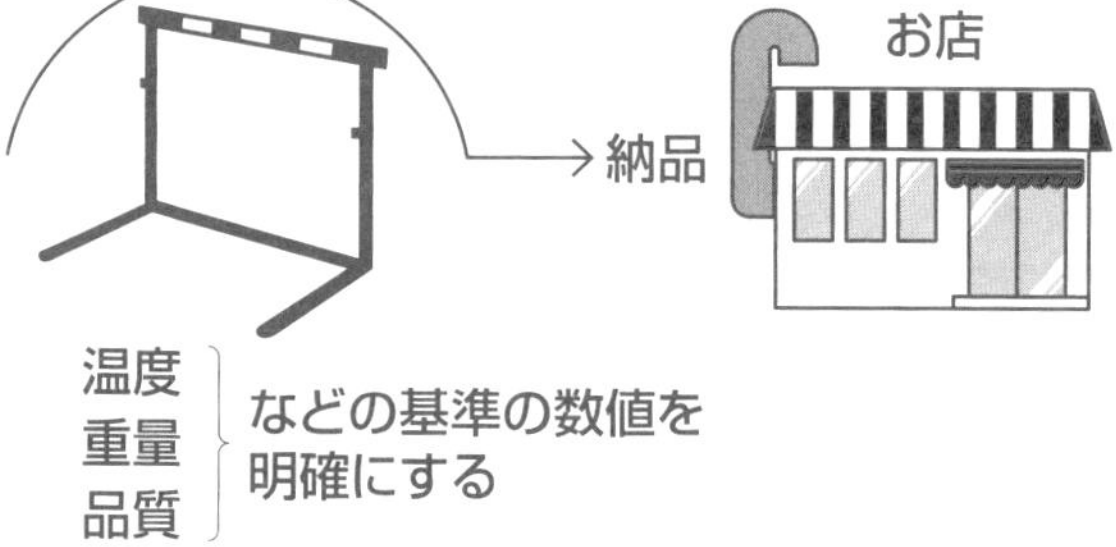

② 従業員のハードル

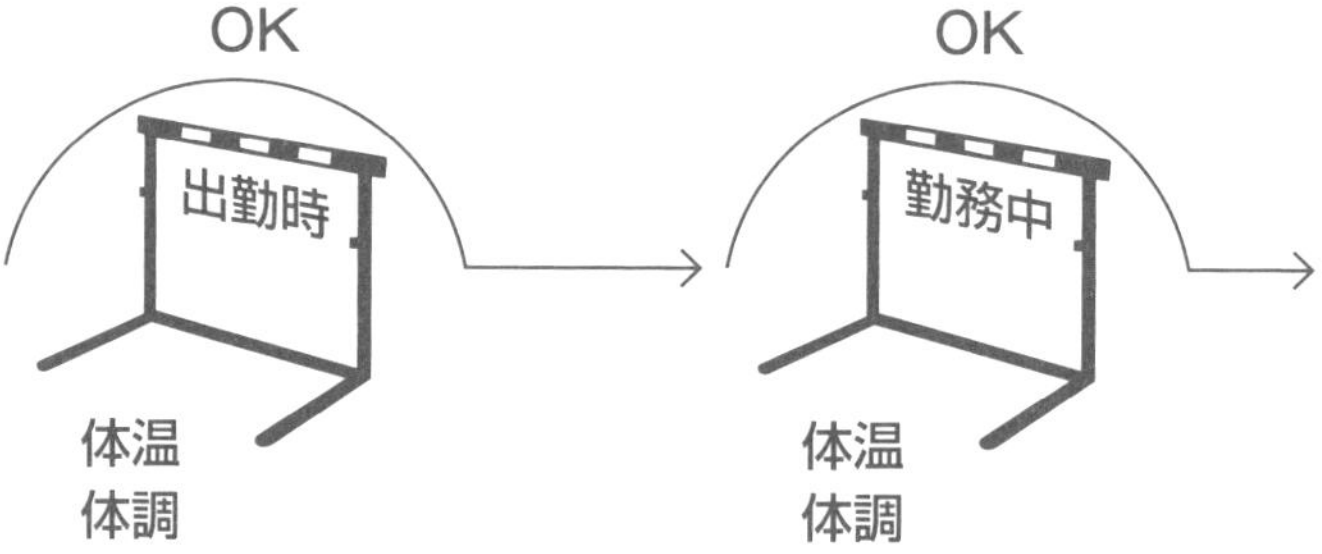

体調の確認は出勤時だけというお店も多いかもしれませんが、勤務中にも確認しましょう。確認した内容は記録することも大切です。

Point

1 原材料入荷時に異常があったら記録する

2 従業員の健康状態を記録する

3 お客さまからの申し出を記録する

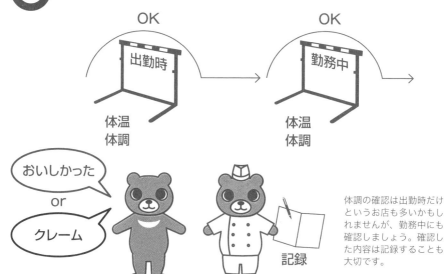

1-5

HACCPは記録が目的ではない

「鶏肉が温かいから温度記録を確認したら異常だった」では、記録の意味がありません。

記録をつけることが目的ではない

ホイップクリームを保管している冷蔵庫が、0℃になっていたとします。この冷蔵庫の管理温度は5～8℃と幅が少なく、管理が難しい冷蔵庫でした。

温度記録を担当したスタッフは、0℃と記録していました。表示温度より低い分には問題がないと思っていたのです。しかし、ホイップクリームは保管温度が低すぎると泡が立ちにくくなります。一度冷えたクリームは使用できず、その日のデザートは提供できませんでした。

記録は異常に気づき、対処するためにつけるものです。ただ記録しただけでは、結局、このような事故が起きてしまいます。

フライヤーの油も、天ぷらと唐揚げでは、酸化度によって、揚げ色、味が異なってきます。油の酸化度の意味を理解し、対応することが必要です。

あとから気がついても処置が必要

小麦粉を使用していたとします。仕入れ業者から「あるロットに異物が混入したかもしれない」という連絡があったら、そのロットを使用した日を特定し、異物に気がついたお客さまがいなかったかの確認が必要です。

「黙っていればわからない」と考えがちですが、お店の信用には、情報の透明性をもった公開が必要です。来店されたお客さまには、しばらくの間、このメニューに使用した小麦粉に異物が入っていたかもしれないという旨の、店頭ＰＯＰを表示します。

ホームページを持っているお店は、ホームページにも掲載します。デリバリーをした場合、電話番号などがわかれば連絡すべきです。

透明性をもって公表することが、お店の信用につながります。

大事なのは記録のその先

○ 記録に基づき対応する

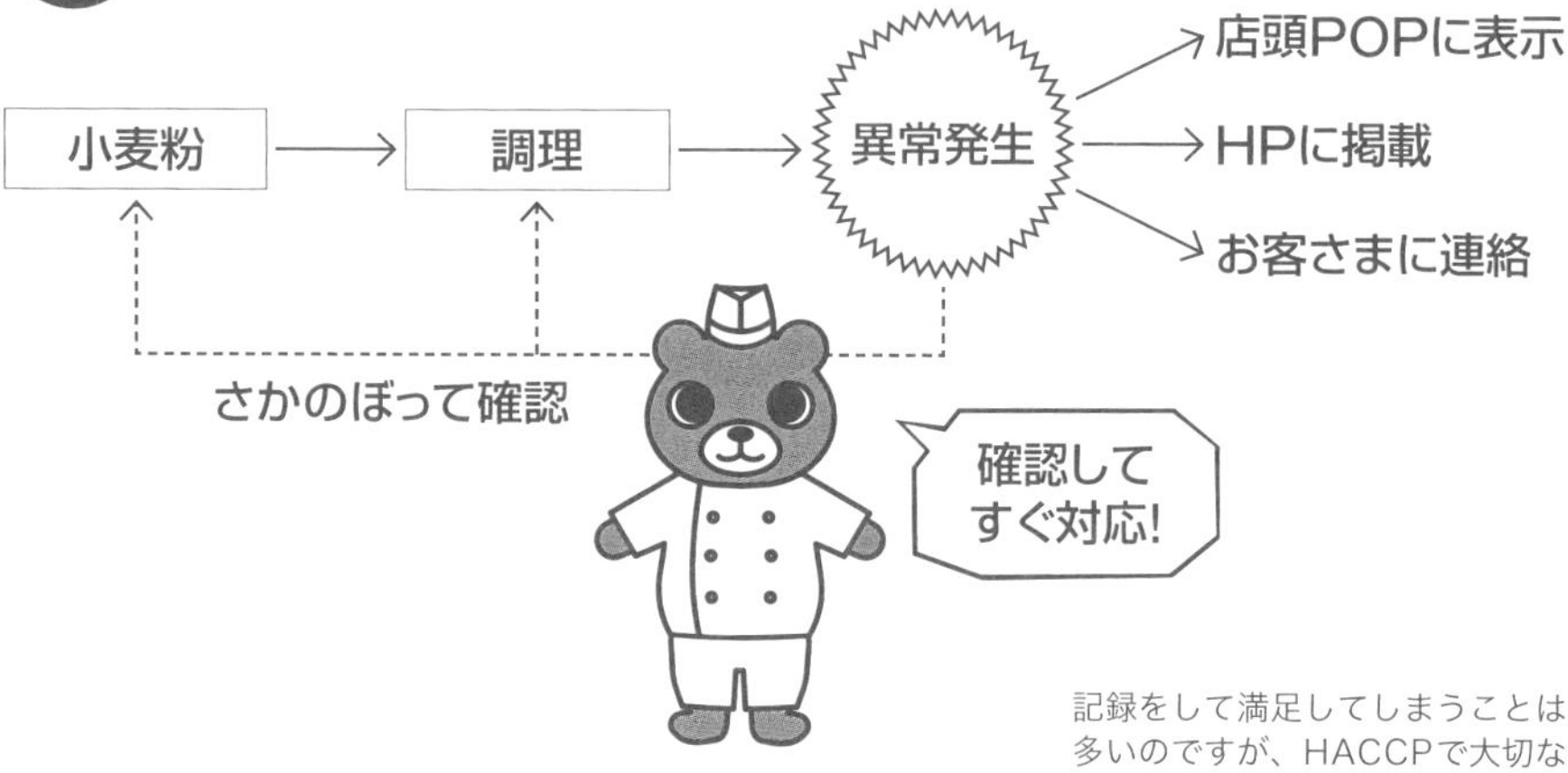

記録をして満足してしまうことは多いのですが、HACCPで大切なのは記録ではなく、異常を検知し、適切に対応することです。

× ただ記録する

記録だけで処置なしは意味がない!

Point

1 管理基準とのずれがあったら処置をする

2 処置を行なったことを記録する

3 調理を行なったあと、異常に気がついたとき処置をする

1-6 責任者の倫理観を越えることはない

「賞味期限を過ぎても大丈夫」「明日は忙しいから今日から作っておこう」と責任者が考えてはいけません。

登る階段を間違えると

「店長、銘柄牛の注文が入ったんですけど、牛肉の賞味期限が切れています。どうしますか？」

「どのお客さま？」「窓側のカップルの方です」

「はじめての方？」「はい」「どうせわからないから、そのまま出しておいて」

こんな会話が交わされている厨房はあるはずないと思いますか？　しかし、私が現実に事実確認したなかでは、期限がとっくに切れている牛肉を凍結し、毎日使用していたお店もありました。

一度でも登る階段を間違え、安全の土台を軽視し、店の利益を優先する判断を店の責任者がしてしまうと、倫理観の欠如した状態から戻れなくなってしまいます。目の前の利益よりも大切なお客さまの信用、従業員からの信用を忘れてはいけません。

お客さまにいつでも説明できるか

厨房の中の会話をいつでもお客さまに聞かせることができますか？　たしかに、牛肉の賞味期限が1日すぎても、すぐには食中毒にはつながりません。銘柄牛の注文に対して、国産牛の刺しの入った部分を提供すれば、利益的にはおいしいかもしれません。手がつけられていない宴会料理を別のお客さまに盛り直して提供しても、サンドイッチに盛りつけたパセリを洗って再度提供しても、食中毒は発生しません。

しかし、**従業員は見ています。**

オーナー1人の店であっても、食材を入れる業者は、銘柄牛を仕入れていないことを明確に知っています。

厨房の中で行なわれていることをいつでも、お客さまに透明性を持って説明できるか、振り返りましょう。レジを打たないで会計しているお店も、同じです。

安全意識が責任者の考えを超えることはない

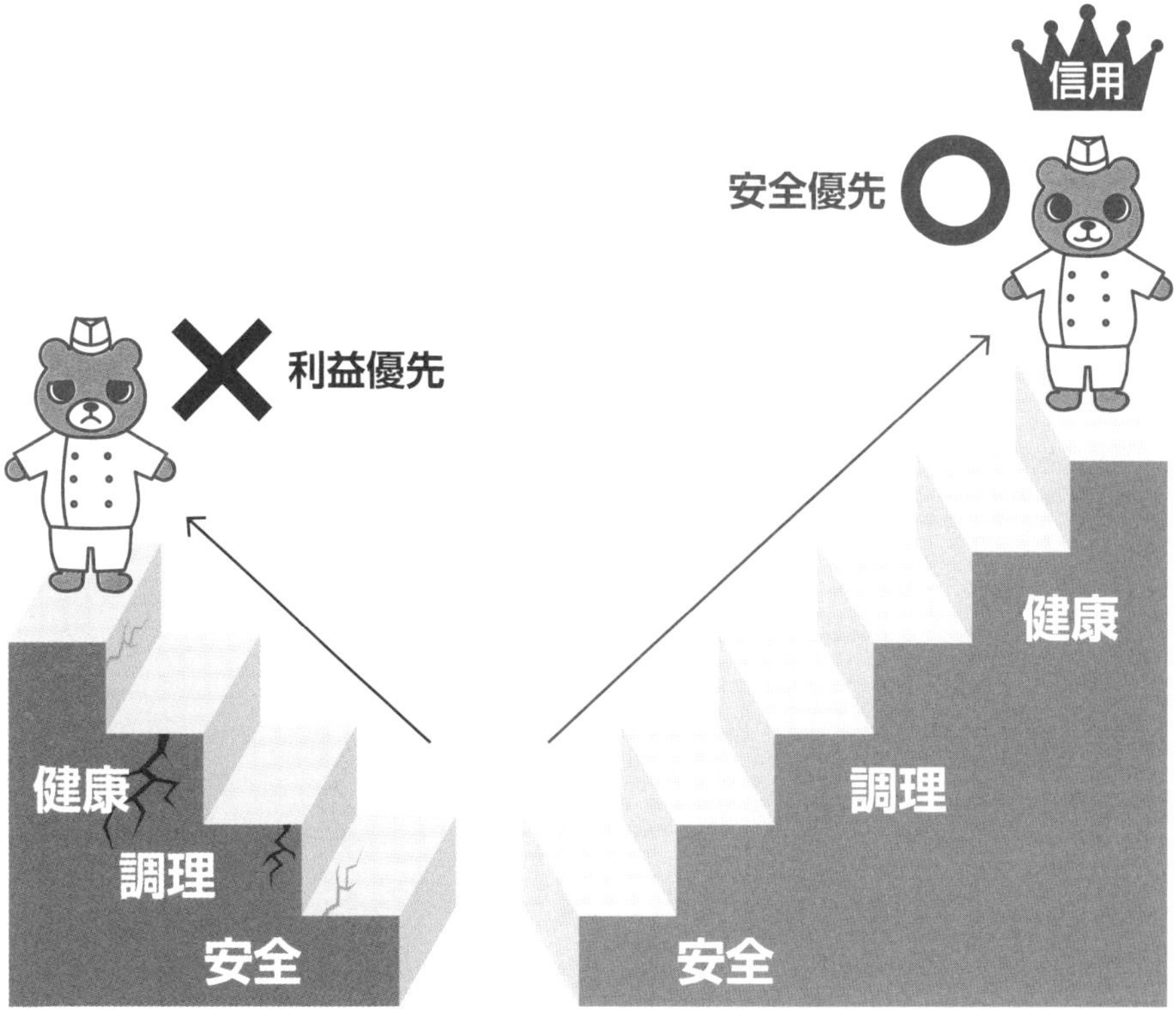

安全な食材を正しく調理することで、お客さまの健康が保たれます。
どこかで倫理観を失うと信用が減り、利益も減ってしまいます。

Point

1. お客さまにいつでも透明性を持って説明できる仕事をする
2. つねに安全を最優先で考える
3. 「廃棄しなくても使える」など、利益優先の考えは捨てる

1-7

食中毒は、下痢、嘔吐だけではない

「入っていたガラスで口を切った」「塩味が強すぎて吐いた」「ゴキブリの足が出てきた」なども食中毒です。

料理が残っていたら

お客さまが席を立った後の皿に、料理が一口食べただけで残っていたらあなたは、どのように対応しますか。

私もあるとき、あんかけ焼きそばを一口食べてあまりの塩からさに席を立ったことがあります。しかし、お店に対し、特に理由を伝えませんでした。そのときの私のように、飲食店のお客さまの多くは「サイレントカスタマー」です。おいしいとも、まずいとも伝えず、まずければ二度と来店しないだけです。

そもそも、市場調査などで何件も回っている方をのぞけば、注文した料理を食べたくて注文しているはずです。**料理が残っていたら味がおかしいか、異物が入っているか、におっていないかを考えなければならない**のです。全く気にしない方もいますが、残った料理を味見し、観察すると、ゴキブリが動いていたりする場合もあります。

ほとんどの方は声を出さない

大手スーパーに勤務していた頃、固まっていない豆腐を2万丁出荷したことがあります。誰が見てもぴちゃぴちゃの豆腐です。しかし、連絡してくれたお客さまは、たった2名でした。おいしくない、しょっぱすぎる料理を出しても、**ほとんどの方は声を出さずに黙って帰り、二度とお店には来てくれないもの**なのです。

お客さまが残した料理の中に物理的、化学的な原因がありませんか？　腐った味がしませんか？　料理に問題がなくても、ネズミが目の前を走ったのかもしれません。小鉢の中でゴキブリが動いていたのかもしれません。

「お客さま、よろしければ、なぜ、一口しか召し上がらなかったか教えていただけますか」

この一言が、お店をよくすることにつながると信じています。

食中毒の原因・症状はさまざま

「おいしくない」の原因は?

1
物理的危害
ガラス、金属などが入っている

2
化学的危害
洗剤、殺虫剤などが入ってしまった

3
生物的危害
腐敗臭がする

4
ペストの問題
ネズミのふん、ゴキブリが入ってペストの危険

5
表示に原因
弁当の日付表示などが間違っている

6
アレルゲン
メニューや表示にないアレルゲンが含まれている

このほか、そもそも「しょっぱすぎる」「焦げている」など、味覚的においしくなさを感じさせる原因もあります。

Point

1. お客さまのご意見は素直に聞く
2. お客さまのご意見は記録する
3. 再発防止をつねに考える

Column

食中毒の原因を整理しよう

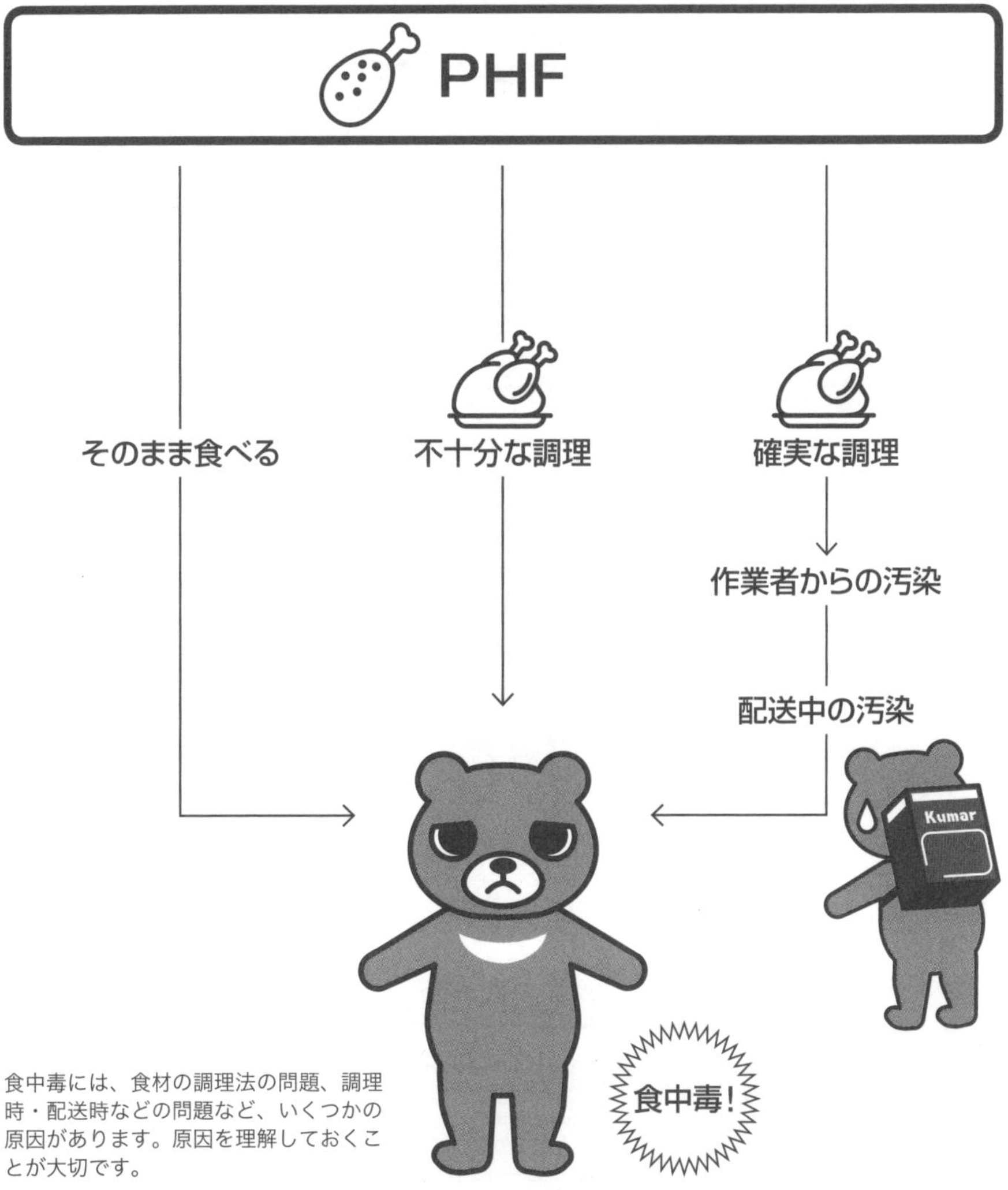

食中毒には、食材の調理法の問題、調理時・配送時などの問題など、いくつかの原因があります。原因を理解しておくことが大切です。

Point

1. 食材が原因で起こる食中毒について理解する
2. 作業者が原因で起こる食中毒について理解する
3. 出前が原因で起こる食中毒について理解する

第2章

知っておくべき食中毒を起こさない管理

——ＰＨＦ・ＲＴＥについて正しく知る

飲食店のいちばんの脅威が食中毒です。
食中毒を起こさないためには、
ＰＨＦ(Potentially Hazardous Foods)と
ＲＴＥ(Ready To Eat)の知識が必要です。

2-1

「危害の起こし方」を説明できるか

異物など物理的危害、食中毒など生物的危害の「起こし方」を従業員全員が解説できますか?

危害の起こし方が解説できる

物理的危害について、炊きたてのごはんで考えてみましょう。

・米粒に石が入っている
・水に異物が入っている
・茶碗の欠けたものが混入する

原料からお客さまの口に入るまでの各工程で危害が混入する可能性があります。米自体にも農薬、放射能などの危害が考えられます。厨房の中だけでなく、原料から宅配の温度管理などを含め、お客さまの口に入るまでに起こりうる危害をつねに考えていることが大切です。

危害管理は**「種からフォークまでの品質管理」**などともいわれます。「種から」というからには、「本当に新潟産コシヒカリなの?」と、お客さまに質問されたときに、透明性を持って説明できることが必要なのです。

保管状態で大きく変わる

炊きたてのごはんを盛りつけて、宅配でお客さまに届けるとします。生物的危害を考えたときに、何時間以内に届けて食べていただくのが安全か、科学的に解説できることが大切です。

ごはんを炊飯して60℃程度で保温しておくと、細菌も増殖することなく変色もせずに保管できます。店内で食べていただくのであれば、60℃のまま盛りつけて、おいしく食べることができます。

しかし、宅配用の弁当が、50個入ったとします。弁当容器に60℃で盛りつけて、そのままの状態で何時間後までなら安全に食べていただけるか、科学的に解説する必要があります。逆に室温が30℃のときに、弁当を何時間置いておくと食中毒が発生する可能性があるかも解説できる必要があります。

食中毒はどうしたら起こせるか

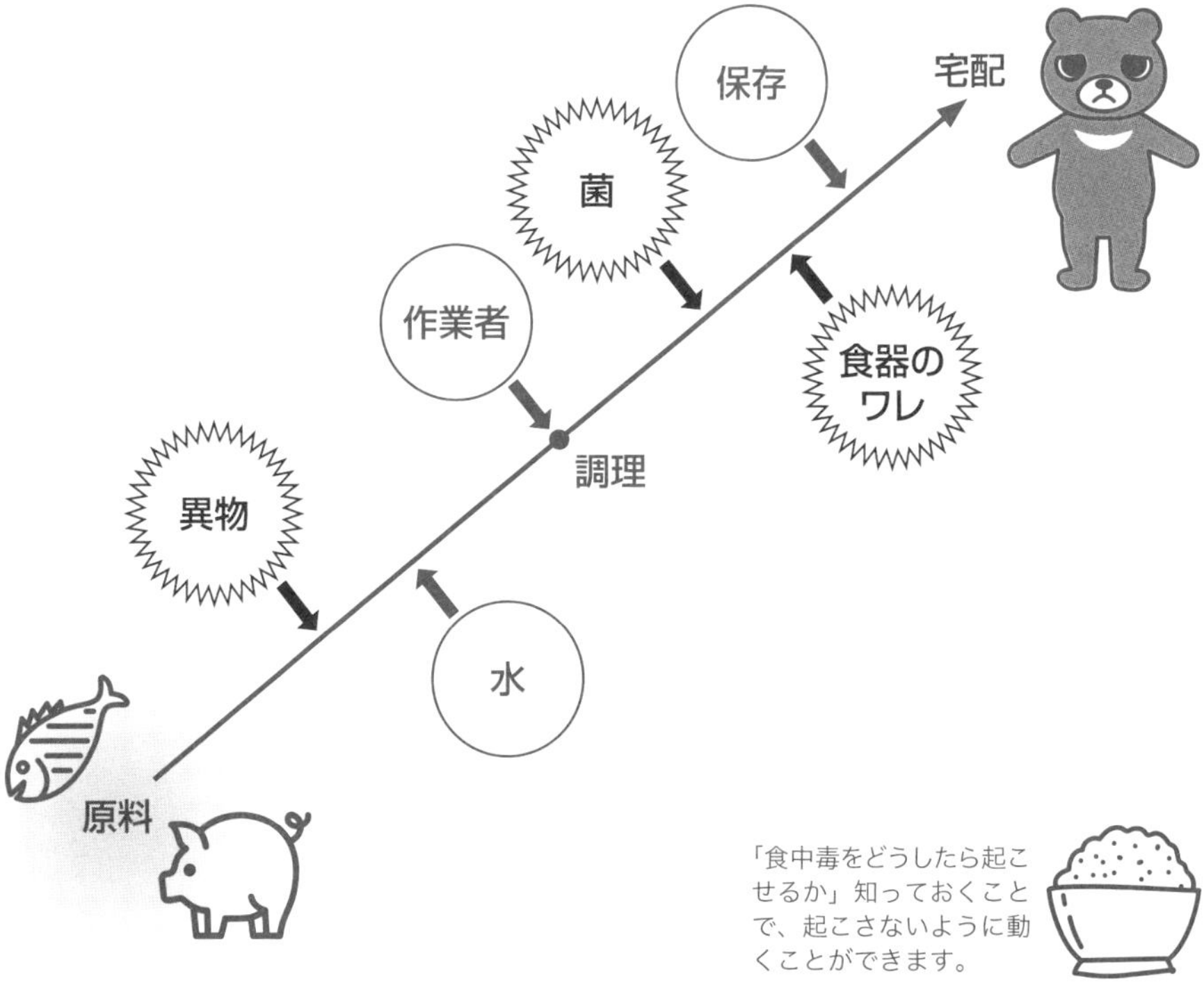

「食中毒をどうしたら起こせるか」知っておくことで、起こさないように動くことができます。

物理的危害	洗っているときに割れた茶碗の破片が混入する
化学的危害	茶碗を殺菌のため漂白剤につけていて、洗わずに使ってしまった
生物的危害	盛りつけるときに作業者の髪の毛が入った
ペストの問題	ゴキブリやネズミのふんが混じり、ペストの恐れ
表示に原因	朝6時に温かいごはんを盛りつけ、夜12時まで常温で保存可能と表示してしまった
アレルゲン	表示をせずに、たまごかけごはんの卵に牛乳を入れた

Point

1 白ごはんを例に、どうしたら食中毒を起こせるか解説できる

2 厨房の危害のある食品を理解し、どんな危害があるか解説できる

3 ごはんを何度で保管して、何時間安全か解説できる

2-2

お客さまのクレームにはどんなものがあるか

クレームは接客から、品質、出前時のクレームまでさまざま。記録と再発防止策が大切です。

過去のクレームを繰り返さない

よくあるクレームとして「料理の味がおかしい」というものがあります。どんな対策を立てますか?

「必ず味見をする」→この考え方は「できた料理を検査して大丈夫だったら提供する」ことになり、調理工程でその都度確認し、最終的においしく安全な料理を提供するという考え方とは考えが異なります。

品質に対するクレームについては、「正しい工程の積み重ねが安全でおいしい料理になる」という考え方で再発防止策を考え、各工程を見直すことです。

これをチャーハンで考えてみます。しょっぱすぎるというクレームの再発防止策は、「ごはんの量を計量する」「塩などの調味料は、必ずスプーンなどで計量する」ことです。最終的な味の検査ではなく、起きないようにどうするかという考え方が必要です。

同業他社のクレームもつねに対策する

牛肉のユッケを食べた中学生が亡くなった大きな食中毒事故が過去に発生しました。

飲食店での大きな食中毒の報道を見たときには、事故があったことを記録し、「私ならこうする」と想定する「他山の石」の考え方が必要です。つまりクレームを分析し、情報をまとめ、対策や再発防止策を整理します。

ユッケの例であれば、死に至る食中毒の潜在的危害を確実に取りのぞけない食材は使用しない。すなわち、「生肉での提供はしない」という対策があります。

どうしてもユッケを提供するのであれば仕入れ先の原材料工場を監査し、配送状況も確認し、自社の調理方法を確実にし、自信が持てる状態にすることが必須です。

ちなみに仕入れ先の監査はお互い信用するために行なう監査で、信じていないからの監査ではないのです。

お客さまからの代表的なクレーム

クレームの原因	具体的な内容
おいしくない	しょっぱくて食べられない 麺が硬くて食べられない
物理的危害による苦情	髪の毛が入っている ガラス片が入っている 瀬戸物のかけらが入っている 肉に骨のかけらがくっついている
化学的危害による苦情	シンナー臭い なんだか嫌なにおいがする
生物的危害による苦情	ごはんがにおうけど 味噌汁が臭い ハンバーグがレアで気持ち悪い
ペストの混入にまつわる苦情	ゴキブリが小鉢に入っていた ハエが店内を飛んでいる ネズミが走るのが見えた
表示に対する苦情	内容量に比べてカロリーが低すぎる お米の産地がわからない 中国産の食材を使用していますか? 保存料の表示がないけど、 化学調味料を本当に使用していませんか?
アレルゲンに対する苦情	子どもの唇が腫れてきた
デリバリー時の苦情	配達が遅い、冷めている 盛りつけが汚い、汁が漏れている ぬるい アイスなどが溶けている 虫がついている 挨拶が悪い 注文と違う

デリバリー時の遅い、冷めているなどは基本的ですが起こりがちなクレームです。
何事も基本をしっかりすることでクレームを防ぐことができます。

Point

1 いままで起きたクレームがまとめられている

2 いままで起きたクレームの再発防止策が説明できる

3 同業他社のクレーム情報をつねにまとめて対策する

2-3

これからは「起こる前に潰す」が基本姿勢

従業員に細菌の説明をしても心に残らないもの。実例での教育が必要です。

世の中の情報を集めているか

「新聞を取っている方手を上げてください」とセミナーなどで声をかけても、ほとんど手が上がらなくなってきました。まして週刊誌、業界紙などを定期的に読んでいる方は本当に少なくなってきました。みなさんネットから情報をとるようになってきているからのようですが、**ネットでは自分が興味がある情報しか目にしないので、飲食店関連の情報を積極的に取りにいかないと入ってきません。**

新型コロナウイルス対策の最先端はどうなっているのか、新しい感染症が出てきていないか、最近の食中毒はどんなことがあるのかなど、世間の情報を手にいれるため、アンテナを高くあげ、あらゆる方向から入ってくる情報を手に入れ、自分で理解し、従業員に説明することが必要です。

世の中のニュースから考える

出勤前に「勉強会で提供された弁当を食べて3名が食中毒」との情報をネットニュースで確認したら、従業員に食中毒の怖さを教えるチャンスです。記事によると食べるまでに放置した時間があり、宅配業者が運んでいたようです。症状から黄色ブドウ球菌の食中毒のようです。

こういったニュースは**「対岸の火事」ではなく、「他山の石」としてとらえ、「もし自分の店で同じケースが起きたら」と考え、対応を確認すべき**です。「他山の石」とは、どんな石でも自分を磨くために使うということです。

この場合では「どうしたら黄色ブドウ球菌の食中毒を発生させることができるか」を教育します。黄色ブドウ球菌は体のどの部分に潜在的に付着しているか、どうしたら増殖するか、食中毒を起こすためには、何時間の増殖時間が必要かなどを具体的に教育することが大切です。

何事も、起こる前に対処する

① 世の中のニュースは他山の石にする

どんなニュースにも、あなたや従業員にとって有益な情報が含まれています。何事も「自分だったら」と置き換えて考える癖をつけましょう。

② 食中毒を未然に防ぐ知識をもつ

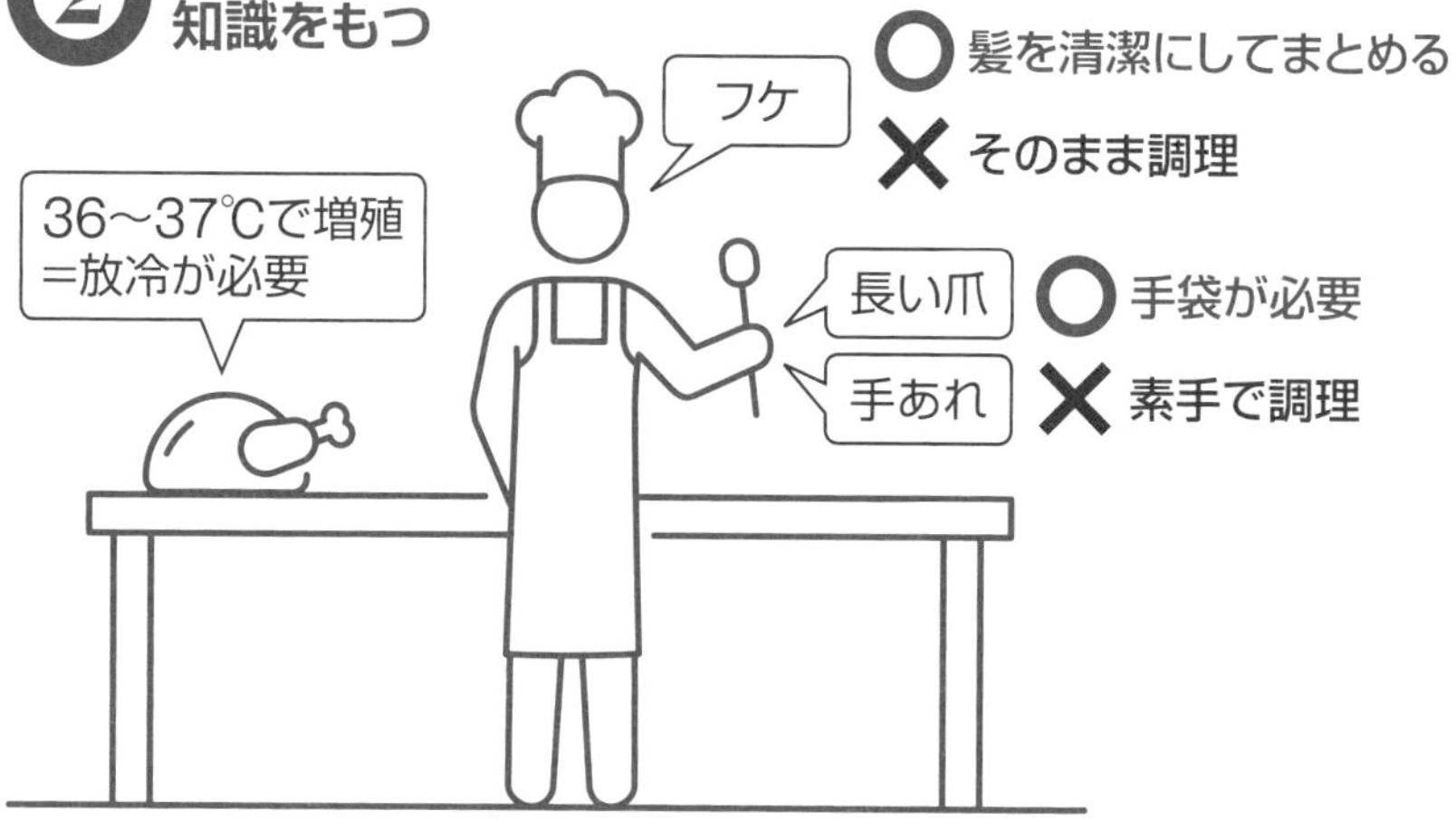

Point

1. 朝礼で食中毒の情報などを周知する
2. 食中毒の情報などをファイルし、いつでも閲覧できる
3. 他社の事例を「他山の石」として、確認する

2-4

トイレ掃除は誰が行なっていますか？

トイレ掃除が不十分なお店は多い。トイレは食中毒や感染症の原因にもなるので掃除を徹底します。

清掃チェック表が貼られていても…？

清掃チェック表が貼られていても、においがあったり、床の角が黒ずんでいたりすることがあります。これでは、トイレ掃除ができているとはいえません。

多くの感染症、食中毒は、糞便からも感染するので、感染防止のためにもトイレ掃除は重要です。しかし、トイレ掃除を行なったスタッフが掃除をした作業着のままで刺身を調理している、デザートを調理しているとしたら、それは汚染を広げていることになってしまいます。

理想的には、トイレ掃除専用のスタッフがいればいいのですが難しいのが現状でしょう。**厨房のスタッフがトイレを掃除する場合には、靴、上着などは、トイレ掃除専用のものを準備すべき**です。

トイレ用の掃除道具、洗剤は個室の床などに置かず、掃除のたびに道具置き場から運ぶことも大事です。

殺菌と施工時の工夫が大事

私は飲食店に入ると、はじめにトイレに入ります。トイレから異臭が漂っているお店は、そのまま外に出るようにしています。

トイレはにおいがなく、床が隅々まで磨き込まれていることが大切です。施工時に床材を15㎝程度上げると、床掃除が確実に行なえます。便器も床に直接設置するのではなく、大便器・小便器とも床から浮かして設置することで床掃除が容易になり、においの元を絶つことができます。

個室の鍵など、用を足して手を触れる前に触るところは、定期的にアルコールなどで殺菌します。鍵などの部材は殺菌に耐える材質のものを採用する必要があります。便座なども定期的に交換することで、清潔感を出すことができます。

トイレ掃除のチェックポイント

○ 掃除がしやすいトイレになっているか？

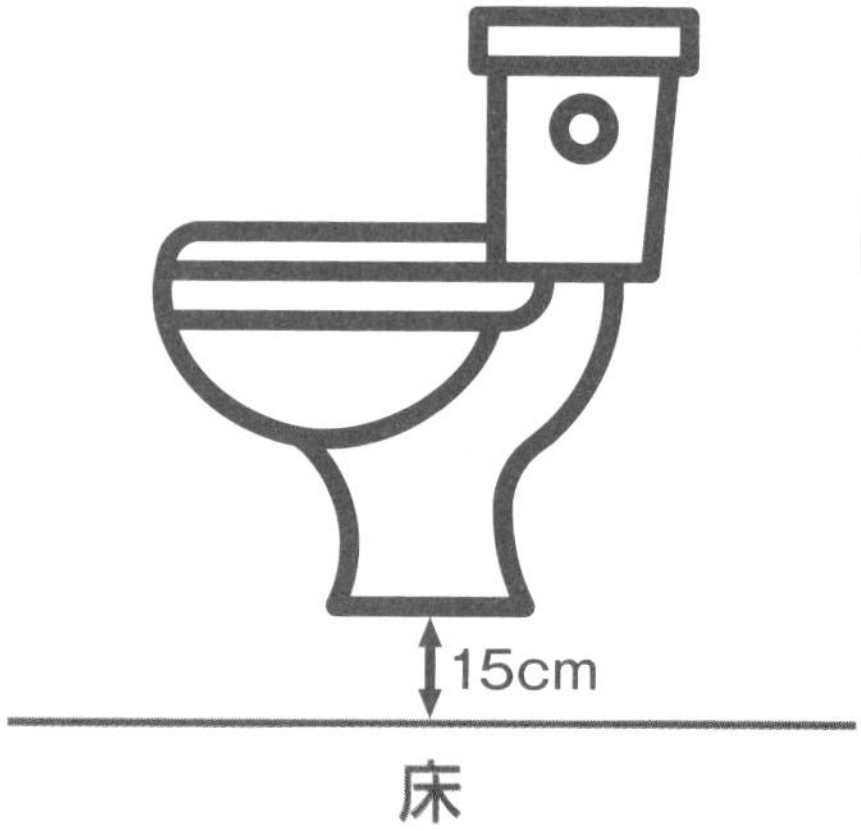

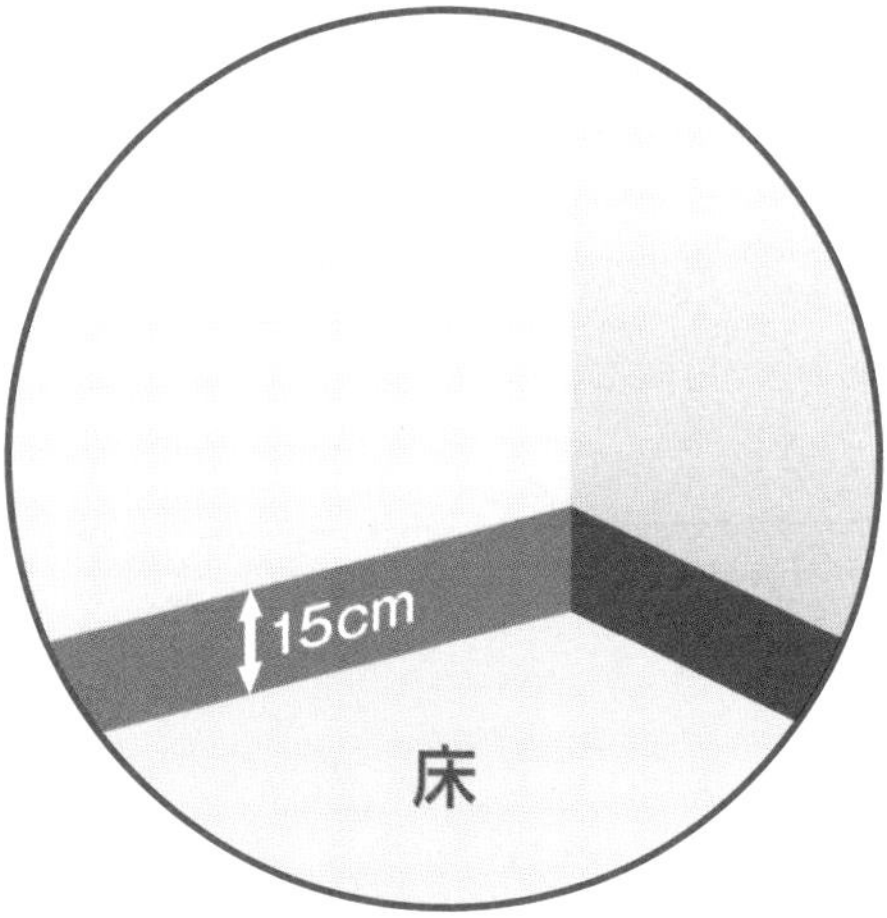

便器を床から浮かせる。幅木をあげるなどは、オープン前の施工時にできるとベストです。掃除道具を個室に置かないだけでも清潔を保ちやすくなります。

× 最低限、掃除道具は置きません

Point

1 トイレから食中毒、感染が広まる例は多いことを認識する

2 トイレは、においがないこと、見た目にきれいであることが大切

3 トイレは、定期的に掃除する

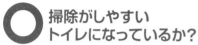

2-5

野菜の仕入れの注意点は？

「料理人の腕次第」だけでなく、特にサラダなど素材の質が伝わるものはいい原料がやはり大事。

注文書と合っているか

届いた野菜が軒下に放置された状態を目にすることがありますが、安全でおいしい野菜を手に入れるには八百屋さんに任せっきりにせず、入荷時の検品が大切です。

野菜・果物類は産地だけでなく、銘柄もあります。特にメニューに銘柄を表示しているものは、銘柄が合っていなければ不当表示になってしまいます。「八百屋さんに任せているから大丈夫」ではなく、注文書と入荷時の伝票、現物の産地、銘柄、数量が合っているか、お互いに確認することが大切です。

スーパーから仕入れる場合も同じで、メニューに謳っている銘柄・産地と同じものを購入しましょう。ただし、スーパーから購入すると、お客さまから求められても産地証明などがないため、銘柄を謳ったメニューの材料は八百屋さんから伝票つきで仕入れることがお勧めです。

受け入れ時品質確認を行なっているか

野菜には冷蔵管理の必要なもの、室温管理がいいものがあります。レタスなどは早朝に収穫し、収穫後すぐに真空冷却で冷やし、冷蔵車で市場まで運ばれてきます。反対に、ジャガイモなどは室温で保管します。

たとえ30分程度の配送であっても、適切な温度で運ばれているか確認する必要があります。

レタスであれば、収穫時の切口が時間と共に変色してきます。変色した切口を新鮮に見せるために、納品直前に切り落とす業者もありますが、その場合はレタスの葉に鮮度感が感じられないものです。ジャガイモであれば、太陽に当たるところで保管されていると、表面が青くなり使用できない状態になってしまいます。これらの異常は一目でわかるので、受け入れ時に検品すれば防げることです。

野菜の仕入れで気をつけること

○ メニューと原料が合っているか確認する

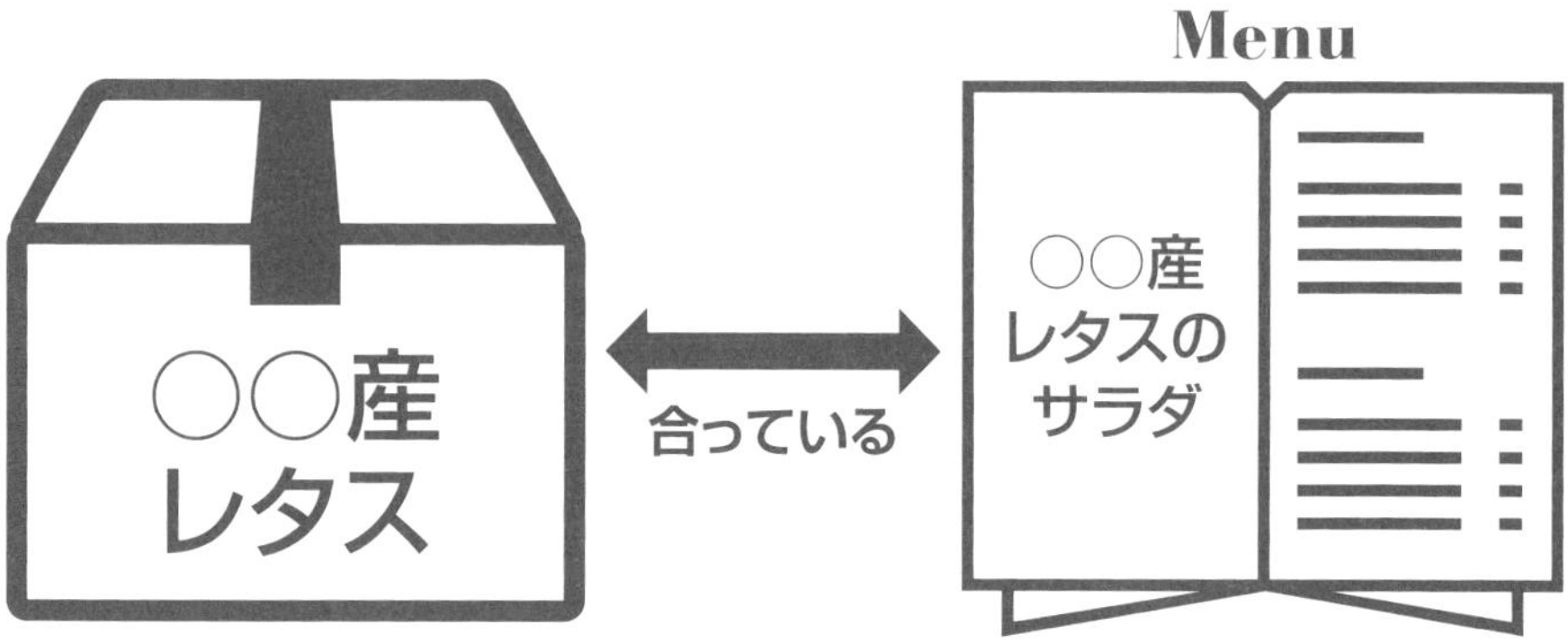

× 届いた野菜はすぐ検品しているか？

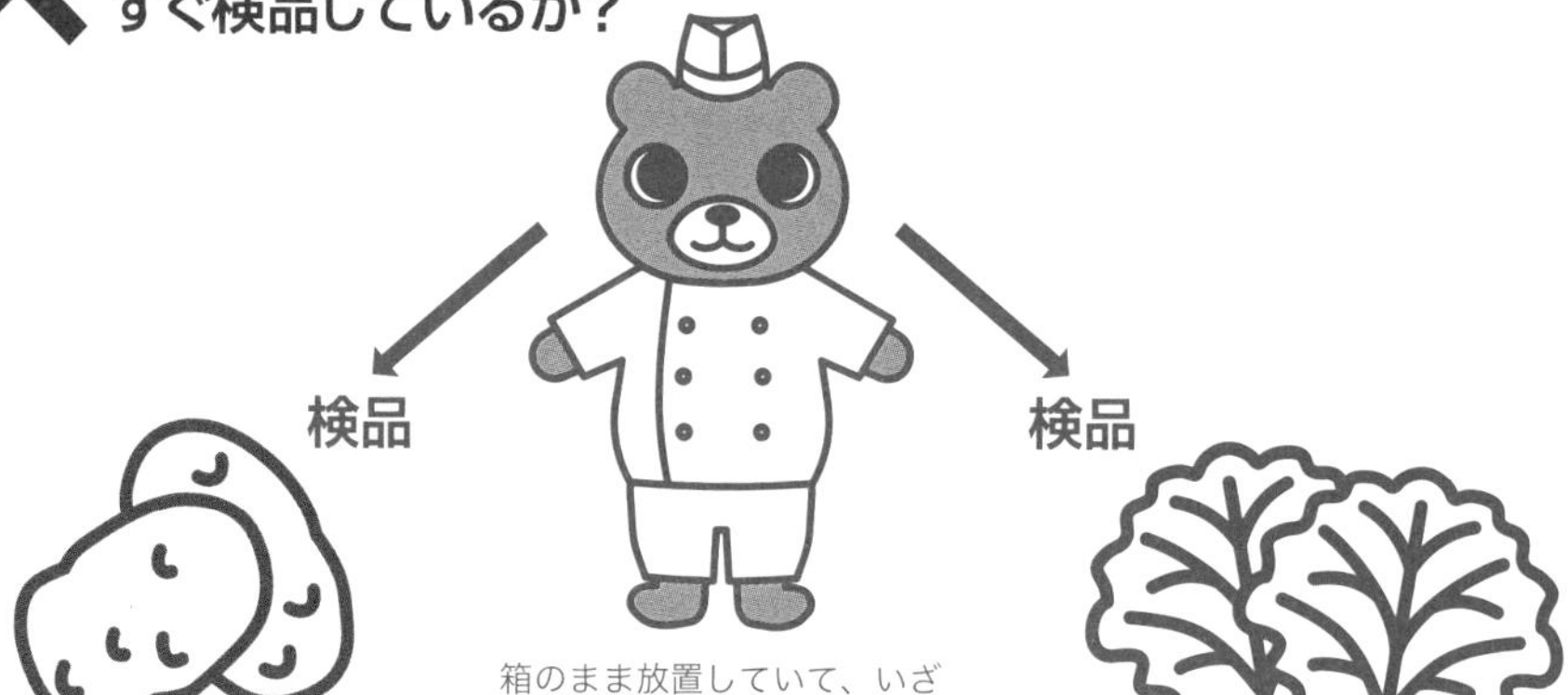

箱のまま放置していて、いざ使おうと思ったら産地が違う、野菜が傷んでいる、ということのないように、届いたらすぐ確認します。

Point

1. 注文書と伝票、現物が合っているかの確認をする
2. 室温配送、冷蔵配送されるものの区分けを行なう
3. 入荷時に品質の確認を行なう

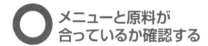

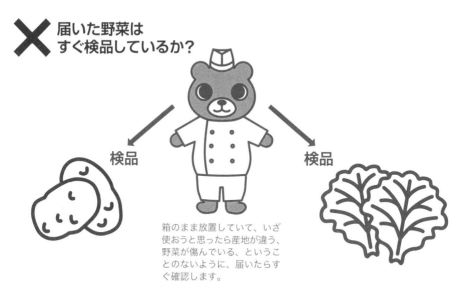

2-6

調理するとき何を記録したらいいですか

異常があったとき、誰が宅配・調理したか、材料、備品、設備に問題はなかったか確認できる記録が必要。

iPadは必要なし

行政書士の方、パソコンシステム会社の方が、飲食店を回って、「このシステムを導入しないとＨＡＣＣＰが取れません」などと言って、システム、ｉＰａｄなどを月額料金で勧誘している例があります。

しかし、**ＨＡＣＣＰはあくまでも自主管理ですから、記録を電子化する必要も、記録をクラウド化する必要もなく、第三者に確認してもらう必要もありません。**

①記録する前に異常値が出たら対処すること

②お客さまから連絡があったときに、⑴調理当日の材料や入荷日、⑵作業者、⑶備品の確認がすぐにできること

以上の2点が大切なのです。

つまり、異常や問い合わせがあったときになんでも答えられるように、原料、作業者、道具や備品の安全性を記録、確認さえできればいいのです。

すぐに確認できるか？

売上、客数、気温、天気などと同様、記録はノートで十分です。作業者は、体温、体調（下痢の有無、家族の体調など）を毎日記録します。特に海外旅行・国内旅行に行ったなど、日常と異なる動きがあった場合は記録が大事です。

備品では、材料や半製品の冷蔵庫の温度を確認し記録します。包丁、揚げ網等は始業、終業時に破損を点検し、結果を記録。フライヤー、コンベクションオーブンなどの加熱温度計が正しく稼働していたかの記録もします。

野菜、肉など原材料は、いつ入荷したかを記録します。特に小麦粉などは記録をしておかなければ、メーカー段階で異物が入っていたと連絡が来ても入荷日と伝票がつながらず、どのロットを使用したかわかりません。項目は多いものの、大学ノート一冊で必要な記録は可能です。

調理時に必要な記録とは？

① さかのぼれるよう記録する

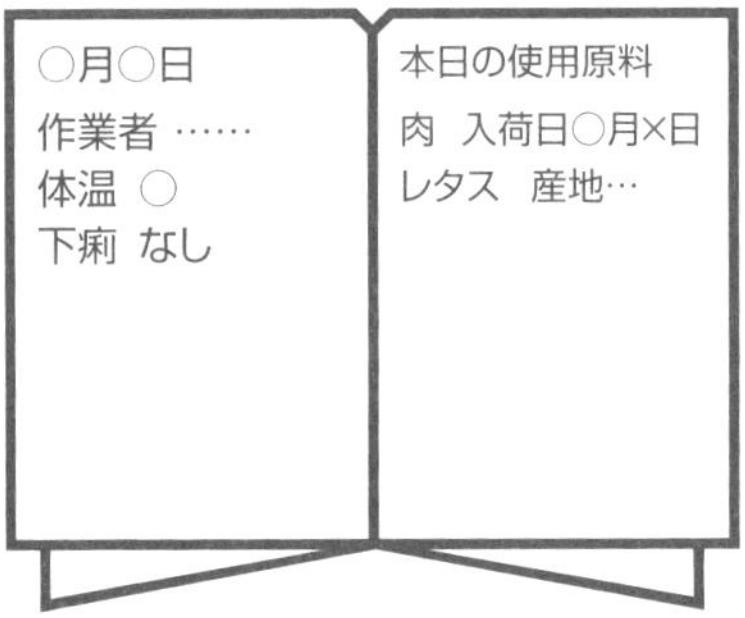

お客さまからクレームがあったとき、原材料までさかのぼれるよう記録します。備品が壊れてクレームの原因を生まないよう、備品の状態も記載します。

② 備品の状態も記載する

包丁の欠けはないか

壊れていないか

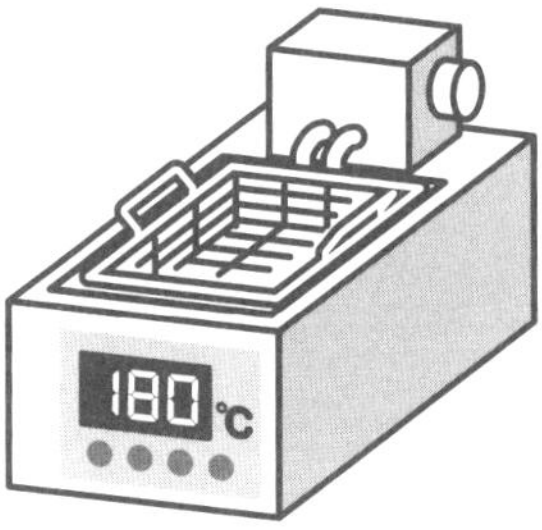

温度表示は正しいか

Point

1 営業日ごとの使用原料の入荷日がわかる

2 営業日ごとに誰が調理したかわかる

3 営業日ごとに、調理に使用した備品の安全性が確認できる

2-7

クレームにはどう対応する？

電話は録音、対面なら目の前でメモをし、言った言わないの二次クレームの防止を。記録が対応の第一歩。

電話は録音できるように

予約やクレームの電話を受ける電話機は、録音できるものを準備します。最近は録音した音声を自動で文字起こししてくれる電話機も出てきました。たとえば「料理を食べて下痢をした」と連絡があったら、苦情対応カードを手元に置いて、名前などを漏らさず記載します。

クレーム対応で大切なのは、お客さまの言い分を素直に聞き、書き留めることです。決して、「今のところほかのお客さまからのお申し出はありません」などとは、言わないことです。言った言わないなど、二次クレームになる言葉を避ける必要があります。

「この場で解決してくれないと保健所に届けるぞ」などと言われても電話口、店先で解決せず、苦情対応カードの項目に従って質問し、「調査の上、ご連絡します」と一度、電話を切ることが大切です。

素直に聞き、病院に行くことを勧める

苦情対応では、症状が①いつから出たか ②現状はどんな症状かを聞き、病院に行くことを勧めます。

また、可能であれば、**病院へは同席することをお勧めします。**医師に症状から可能性のある食材を聞き、その日のメニューを確認します。お客さまには、発生するまでに食べたものを聞き取ります。なかなか素直に話していただけないことが多いですが、**「いつ、何を食べたか」を聞き取ってください。**

もし、少しでもお客さまと揉めるようであれば、管轄保健所に届けることです。保健所も発症者が1人であれば、特に大きな問題にはしない場合が多いようです。

同日、同じメニューを食べて同じ症状が出た方が2名以上連絡してきたときは、躊躇《ちゅうちょ》なく保健所に届け出て、指示を待つべきです。

苦情対応カード

受付番号	
受付日	
受付者	
苦情申し出者　氏名	
電話番号	
住所	
メールアドレス	
回答の必要性	
申し出内容	
初期対応	
考えられる原因	
すぐにできる対策	
再発防止策	
恒久策	
かかった経費	
保健所等への連絡	

Point

1. お客さまの申し出は先入観なく素直に聞き記録する
2. 申し出の該当日の記録を確認する
3. 同じ日、同じメニューの申し出がないか確認する

2-8

PHF（Potentially Hazardous Foods）について知っておこう

潜在的に危害のある食品（PHF）＝加熱等の処理をせずに食べると食中毒を起こす恐れがある食材。

PHFとは何か

潜在的に危害のある食品（PHF）とは、食べることで必ず食中毒になるわけではないけれど、文字通り**潜在的に食中毒になる可能性のある食材のことをいいます。**たとえば、うろこのついた魚は腸炎ビブリオ、鶏肉はカンピロバクター、サルモネラ、牛肉は腸管出血性大腸菌の、豚肉は寄生虫が入っている可能性があります。鶏卵も生で食べるとサルモネラの可能性があります。

私たち日本人は生卵かけごはんを躊躇なく食べますが、アメリカ人は生卵かけごはん、黄身の固まっていない目玉焼きは、決して口にしようとはしません。子供の頃から、生卵は食中毒の可能性があると教育されているからです。

加熱されていない生肉を刺身などで食べるときには、なぜ安全に食べることができるかの理論が必要です。

どこに保管し、どこで作業するか

とんかつ屋で考えてみます。豚肉はPHFで赤色（危害あり）の管理とします。揚げたとんかつは青色の管理（危害なし）とします。冷蔵庫、作業台、扱う作業者は、赤と青が混じってはいけません。

生で食べるキャベツを保管する冷蔵庫と豚肉を保管する冷蔵庫は別である必要があります。キャベツを切るまな板、包丁、作業台も豚肉とは別にする必要があります。

腸管出血性大腸菌中毒を出した惣菜店は、鶏肉を切る包丁まな板と、サラダを切る包丁まな板が同じだったと報道されていました。従業員の誰が見ても一目でわかるよう、赤色、青色のように区分しておくことが必要です。

フライヤー担当者は、揚げる前の肉は左手で作業し、揚がったカツは右手で作業するなど、手を区分することが大切です。

PHFについて知っておこう

食材	危害	対応
ウロコのある魚	腸炎ビブリオ	ウロコをとる専用の流し台を使う
鶏肉	カンピロバクター	生で使う野菜と調理器具を分ける
牛肉	腸管出血性大腸菌	ひき肉にしたら中までよく加熱する
豚肉	寄生虫	とんかつに使うキャベツを同じ包丁で切らない

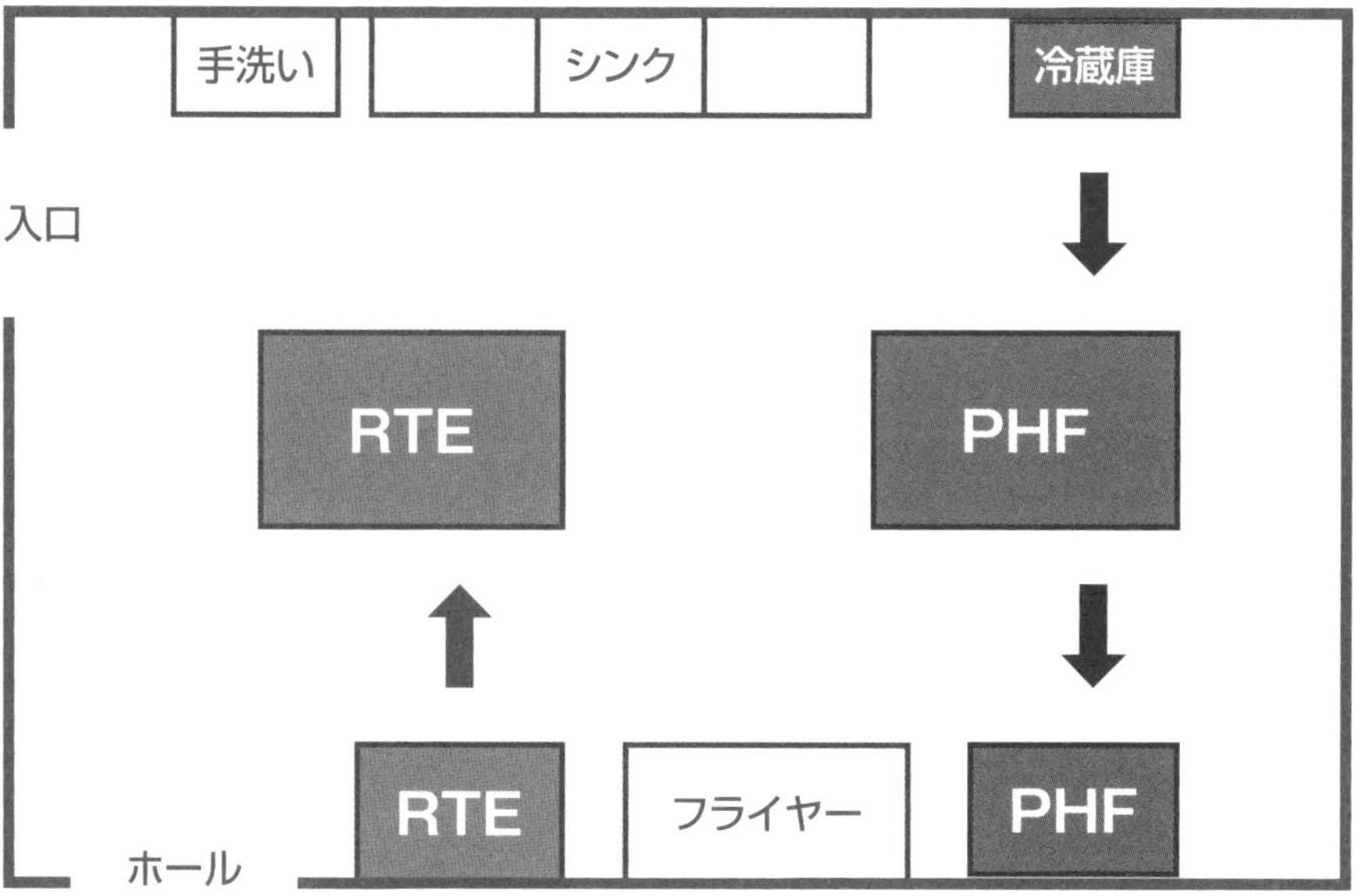

食中毒の危険を取りのぞくことが衛生管理の目的の1つです。頭で考えていてもわかりにくいので、色分け、ゾーン分けが有効です。

Point

1 厨房にあるPHFについて、何があるか説明できる

2 PHFの保管をどの冷蔵庫に保管するか決まっている

3 PHFを処理する作業台がどこか理解している

2-9 潜在的危害は菌だけではない

ジャガイモは太陽が当たって表面が青くなると天然毒素を生成し、食中毒を起こすこともあります。

いつもは問題ないのに…

ジャガイモの芽に天然毒素があるということは知っている方が多いのですが、表面が青いジャガイモ、緑色のジャガイモは、皮を剥いても毒素が残っているということを、小学校の家庭科の先生たちが知らないことにびっくりしてしまいます。小学校などでジャガイモの食中毒が起こる原因のひとつです。

そもそも日本では当然のように透明な袋にジャガイモを入れ、日光の当たるところで販売していますが、表面が青くなると毒素を生成しています。

鰹などの青魚も、保管温度が高くなるとヒスタミンを生成し、食品アレルギーと同じような症状を発症します。一度、魚の体内で生成されたヒスタミンは、加熱しても分解されません。つまり、流通経路で保管温度が上がってしまった魚は、食することはできないということです。

食べてはいけないものもある

季節感を出すために、刺身のツマに秋は紅葉の葉を添え、初夏はあじさいの葉を添えたとします。間違えて紅葉の葉を食べても問題はありませんが、あじさいの葉を食べると嘔吐する場合があります。また、毒キノコ、ふぐのキモ等は有名ですが、ニラと間違えて、スイセンを食べてしまう事故なども、毎年報道されています。道の駅などで間違えて販売してしまうこともあるようです。

スズランの赤い実も猛毒を持っています。季節感を出そうと庭に咲く季節の花、葉を盛りつけに使用する場合は、間違えて食べても問題ないものを使用することです。

サバ、アジ、秋刀魚、鰹などには、寄生虫がいる可能性があります。酢（しめサバ）、ワサビなどでは寄生虫は死にません。刺身で提供する場合は鮮度のいいものを注意して調理し、提供することが大切です。

潜在的危害は菌だけではない

ジャガイモ		表面が青、緑になっている場合は中身にも毒素が回っている
あじさいの葉		身近に生えているが毒がある
フグ		致死性の猛毒に注意が必要
カツオ		保管温度が高いとヒスタミンを生成する。アニサキスなどの寄生虫も。
キノコ		毒があるキノコも多い。

よく知っているものから、あまり知られていないものまで、
食中毒の原因は菌だけでないことを把握しておきましょう。

Point

1 天然毒素の生成について例をあげられる

2 食べてはいけない、身近な植物の例をあげられる

3 刺身で食べるとき、注意が必要な例をあげられる

2-10

ＲＴＥ（Ready To Eat）について知っておこう

回転寿司も注文したて＝温度管理されたネタと、温かい酢飯を握った瞬間が一番おいしいものです。

コンビニのおでんはなぜ腐らないか

ＲＴＥ（Ready To Eat）とは、加熱調理することなくすぐに食べられる食材をいいます。とはいえ、ＲＴＥもいつまでも食べられるわけではありません。室温にしばらく置くとカビが生えたり、腐ったりしてしまうため、食材に応じた適切な保管方法が必要になります。たとえばレタスは茶色く変色してしまいますし、ケーキなどもクリームがだれてしまうと、商品価値がなくなってしまいます。

ＲＴＥの食材を煮ているコンビニのおでんは、なぜ、腐らないか考えたことがありますか？　そもそも、コンビニおでんは、煮詰まってカピカピになっても食中毒を起こすことはありません。つねに60℃以上を保っているため細菌が増殖しないのです。ＲＴＥの食材を保管するためには、正しい理論、理屈が必要なのです。

カウンターの寿司はなぜおいしいか

おいしい寿司は、温かいシャリに限ります。座るだけでも高そうな寿司屋の寿司はシャリが人肌で、ネタも握る前に切り身の状態で室温に戻します。そして口に入れるとほどける程度の強さで握ってくれます。

しかし、このおいしい寿司も「おみやげにするから」というと、シャリを冷やしてから固く握ってくれます。同じように、食べるまで時間がかかる回転寿司のシャリは25℃程度まで冷やして、ネタは冷たいまま握ります。

スーパーの寿司は、売り場自体が15℃と冷えているので、シャリのおいしさが伝わりづらいものです。

どのように保存すれば、ＲＴＥの食材をおいしく安全に食べることができるか、科学的な考え方で説明できることが大切です。

RTEについて知っておこう

○「安全でおいしい」にもいろいろある（お寿司の場合）

提供の形態	シャリの温度	さしみの温度
カウンターのお寿司	35℃くらい	5℃から室温に戻して使う
回転寿司	25℃くらい	5℃
持ち帰り寿司	15℃くらい	5℃
スーパーの寿司	15℃くらい	5℃

×室温で放置すると…？

ごはん	食パン	レタス	さしみ	ケーキ デザート

腐敗 していく	カビが 生える	変色 してしまう	腐敗 していく	クリームが だれていく

「加熱調理せずおいしく食べられる」温度や状態について、きちんと把握しておくことは大切です。

Point

1 RTEの取り扱いの注意点を説明できる

2 RTEの適切な保存温度を説明できる

3 RTEを室温に放置した場合の注意点を説明できる

2-11 PHFがRTEになるのはなぜか

PHF食材を確実にRTEにすると、その後の汚染に注意すれば食中毒は発生しません。

食材ごとに条件が異なる

肉類は、完全に火を通してたんぱくが凝固《ぎょうこ》したものよりも、レアのほうがおいしいものです。しかし、牛肉はレアでも安全に食べることができて、なぜ豚肉、鶏肉はレアで食べてはならないか説明できますか。

牛肉の潜在的危害は腸管出血性大腸菌類です。この菌は牛の腸に存在し、牛を解体するときに肉の表面に付着してしまいます。すなわち牛肉は、表面を加熱すれば、肉の内部は生で食べても安全ということなのです。

しかし、**鶏肉、豚肉はカンピロバクター等の潜在的危害があるので中心部までしっかり加熱する必要があります**。鶏肉の鮮度がよければ、レアで食べてもたまたま食中毒にならないかもしれませんが、必ず安全ではないので注意が必要です。安全を必ず担保できなければ避けるべきです。

ハンバーグのレアは厳禁

牛肉は表面に腸管出血性大腸菌が付着していると考え、ステーキ状にカットしても、包丁、まな板からステーキの表面に再び菌が付着してしまうことも考えられます。牛肉をハンバーグにするために挽肉にすると、挽肉のすべての表面に菌が付着してしまいます。すなわち、**ハンバーグの場合、中心までしっかり加熱されないと食中毒の危険性がある**という理屈になります。

また、魚のうろこを取る場所は、刺身を切る場所と別の場所にすべきです。

うろこを取るときに飛んだうろこが刺身につくと、汚染してしまう可能性があるからです。釣った魚を目の前で調理し、刺身にするアトラクションを行なう飲食店がありますが、よく水で洗っても、うろこが完全に区分されているとは思えません。

PHFをRTEにする方法は?

○ 正しく調理すると RTEになる

鶏肉  → 中心を75℃で1分以上加熱 →  唐揚げ

牛肉  → 表面を焼いて殺菌する →  タタキ

生魚  → 真水でよく洗う →  刺身

レタス  → 真水でよく洗う →  サラダ

× 調理方法を 間違えると…

牛肉 

→ 

ステーキ

表面を焼くとPHFがRTEになるので、ステーキはレアでもおいしく食べられる

→ ハンバーグ

ひき肉にすると、牛肉の表面についている菌が全体に混ざるので、レアではRTEにならない

正しい調理法を把握しておけば、PHFをRTEにして提供することができます。

Point

1. PHF食材ごとのRTEになる条件を説明できる
2. 牛肉のレアはいいけど、鶏肉のレアがダメな理由を説明できる
3. 牛肉のハンバーグのレアはダメな理由を説明できる

2-12

万が一、食中毒が起こったらどうなりますか

40℃のごはんに半熟卵を乗せた弁当を室温で消費期限を10時間後にし、販売することはあり得ません。

なぜ食中毒が発生するか

「食中毒を起こすには資格はいらないが、食中毒患者を治すためには6年間大学で勉強し、国家試験に合格する必要がある」。私がよくセミナーでお伝えすることです。

食中毒が発生した場合、お客さまから店に連絡が来ればいいのですが、病院から保健所に連絡が行く場合、または直接保健所に連絡が行く場合があります。どちらのルートでも、食中毒患者が1名だけなら特定されるケースは少なく、複数の中毒者が出た場合は、「共通で食べた場所」として特定されるケースがほとんどです。

飲食店での食中毒は、垂直感染といって食材に問題があって食中毒を起こす、加熱不足で食中毒を起こす、二次汚染といって、調理者の便、傷口などから汚染した場合の3つが考えられます。

確実な再発防止策

食材に問題があったなら、仕入れ先との関係、監査を十分に行なうなどの改善が必要です。牛肉のユッケで食中毒事故を起こしたお店は、本来、生食できない牛肉をユッケに使っていたとされています。これは仕入れ先の問題ではなく、調理したお店の体質の問題だと思います。

食中毒は、加熱不足などたった1つの要因で起きることは稀です。本来は、仕入れ段階からさまざまなハードルが立っていて、食中毒菌がゴール＝お客さまの中毒にたどり着かない管理ができてしかるべきなのです。

それなのに食中毒事故が起きたということは、加熱不足で、加熱後の保管温度が高く、提供まで数時間保管していたなど、複数のハードルが倒れたということです。

もし食中毒を起こしてしまったら、ハードルが倒れない防止策を真剣に作ることです。

食中毒の対処法

【店舗から保健所への主な提出物】 日常的に準備が必要

- 調理手順のわかる調理方法マニュアル
- 衛生管理マニュアルや記録類（冷蔵庫の温度チェック表など）
- 従業員の検便結果（後日実施の場合もあり）
- 検体（原因と疑われるメニューなど）
- 仕入れ先、仕入れ履歴がわかるもの（伝票など）
- 必要に応じて、細菌検査

食中毒が発生した場合の主な流れ

対象者	店舗	保健所	保険屋	広報活動
食中毒発生	営業自粛	届け出	届け出	お詫び書の公表
対象者の把握	原因調査			
病院の確認	再発防止検討			
お見舞い		報告書の提出		
今後の説明	従業員教育			
		現地確認	保険手続き	
保険の支払い				
				新聞報道の確認
今後の対応の説明				改善の報告
				今後の報告

Point

1 食材に問題があって食中毒を起こす、垂直感染の例を説明できる

2 加熱不足で食中毒を起こした場合の例を解説できる

3 二次汚染で、調理者から汚染した場合の例を説明できる

2-13 検便って本当に必要なの？

飲食店は食品衛生責任者の設置が必要。該当資格がない場合保健所で講習を受け、検便もそれに従います。

項目を確認する

検便は、一般的な3項目検査（腸管出血性大腸菌O157、サルモネラ属菌（パラチフスA菌、腸チフス菌を含む）、赤痢菌）、5項目検査（腸管出血性大腸菌O157・O26・O111、サルモネラ属菌（パラチフスA菌、腸チフス菌を含む）、赤痢菌）、ノロウイルス検査（リアルタイムRT-PCR検査）などがあります。最近はノロウイルスの検査も行なうところが増えてきました。検便検査は、管轄の保健所によって必要性の有無、回数が異なります。

回数、項目を保健所に相談するときは、お弁当を作っているかどうか、主な配達先などもリスト化して相談することをお勧めします。

病院、保育園、幼稚園にお弁当を定期的に納めるためには、独自の基準で検便結果を毎月提出させているところもあるので、お弁当の届け先にも確認が必要です。

新人をいつ検査するか

コンビニのお弁当工場などでは、従業員の採用時に検便を行ない、陰性を確認してから出社させています。特に海外の方を雇うときには、陰性確認を行なうべきと考えます。

採便の方法を正しく従業員に説明していますか？

私の経験でも、全く採取できないまま提出してきた方、犬の便を提出してきた方（検査会社から指摘されました）などがいたため、正しい採便方法を説明する必要があります。

私のお勧めは、おしりから少し便が出た状態で我慢し、トイレットペーパーを重ねて、便をお尻から少し取り、スティックで採便する方法です。便器の中に便を落としてしまうと水にぬれてしまい、採便が難しくなってしまいます。

正しい検便の採取方法

❶ 洋式便座では水洗タンクと向かい合うように座ると便がとりやすい。普通の向きに腰掛けた場合は浅めに座る

❷ 和式便器の場合は、便器の後ろよりにトイレットペーパーを敷いておくと便がとりやすい

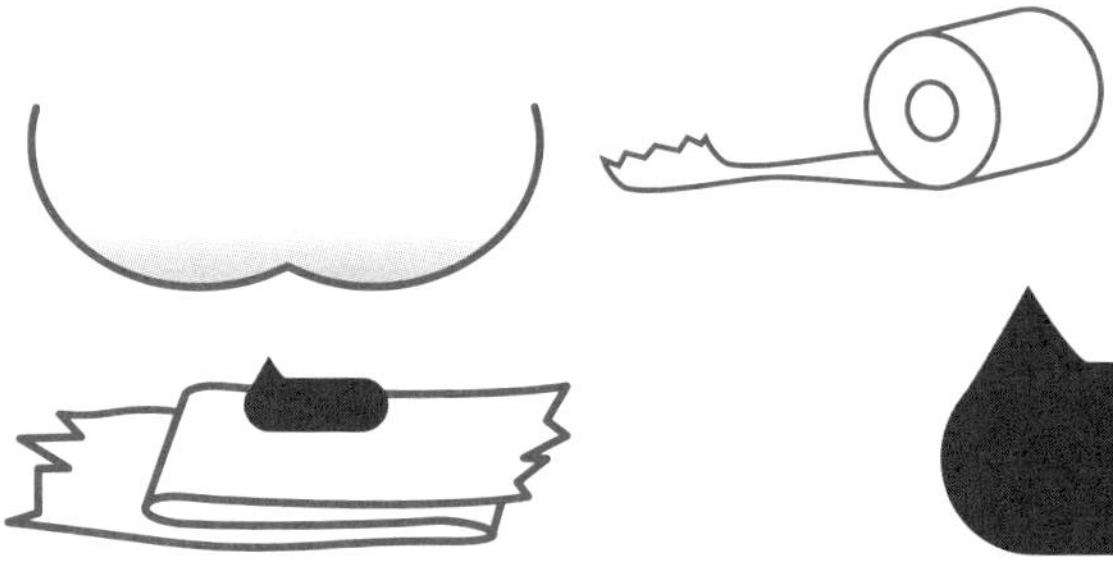

❸ 洋式、和式のどちらもトイレットペーパーを重ねた上に便を出す

❹ 重ねたトイレットペーパーの上に出した便をスティックで採取する

検便は苦手な人も多いものですが、コツがわかれば簡単です。
義務なので淡々と済ませるようにしたいものです。

Point

1 検便の頻度、項目を説明できる

2 採便方法をわかりやすく説明できる

3 検便を提出したかどうか、陰性かどうかリスト化している

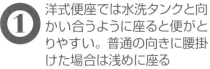

2-14

洗剤を間違えて飲んでしまった！

ペットボトルなどに洗剤を小分けし、冷蔵庫に入れておくと誤飲の原因に。小分け容器に注意します。

洗剤は専用の容器に入れる

洗剤などには、必ず専用の小分け容器を使用すべきです。アルコールと中性洗剤のように透明な液体で見ただけでは判別できないものは色をつけ、すべての液体洗剤は、色で識別できるようにもすべきです。

ただ、スクリューキャップの栄養ドリンクのビンやペットボトルなどは、洗剤の小分けに非常に便利なため、休憩時に飲んだ栄養ドリンクのビンに家に持って帰ろうと洗剤を入れ、厨房の冷蔵庫に保管するケースがままあります（ガラスビンの飲み物を厨房に持ち込むこと自体、ガラス片が混入する可能性があるので避けるべきですが）。

作業が終わって帰るときに、洗剤を入れたことを忘れて一口飲んでしまう、ということも意外とあります。

すぐに吐き出したとして、その後の対処方法はどうしたらいいか、マニュアルはありますか？

誤飲したときの対処法

洗剤は、ＳＤＳがメーカーで準備されているので、必ず取り寄せ、保管しておきます。ＳＤＳとは、安全データシート（Safety Data Sheet）の略語です。

洗剤などの化学物質および化学物質を含む混合物を譲渡、または提供する際に、その物理化学的性質や危険性・有害性及び取扱いに関する情報を相手方に提供するための文書です。

ＳＤＳに記載する情報には、化学製品中に含まれる化学物質の名称や物理化学的性質のほか、危険性、有害性、曝露《ばくろ》した際の応急措置、取扱方法、保管方法、廃棄方法などが記載されます。すなわち、ＳＤＳに誤飲したときの対処方法が記載されています。

病院に行くときにも、誤飲した洗剤と、このＳＤＳを持参することが必要です。

「洗剤を間違えて飲んだ」際の対応&防止

○ SDS（安全データシート）を取り寄せ保管する

SDS

・危険性

・有害性

・曝露した際の応急処置

⋮

➡

× 洗剤を間違えて飲まないために

厨房で扱う薬剤のSDSを取り寄せ、保管しておくことはもちろんですが、そもそもドリンクの瓶に洗剤を入れるような紛らわしいことはやめましょう。

Point

1 洗剤はラベルの貼った小分け容器以外に入れない

2 洗剤を持ち帰ったりしない

3 誤飲したときのマニュアルの場所はどこにあるか説明できる

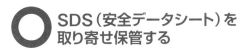

2-15 アレルギー対応の基本

「メニューで可能性のあるアレルギーを教えてください」と言われたら従業員全員が答えられますか？

厨房内のアレルギーを確認する

　アレルゲンは、表示義務のある特定原材料7品目と、表示義務のない21品目があります。トマト、しいたけ、米などに反応する方もいるので、使用している食材は、いつでもお客さまの質問に答えられることが必要です。

　お店の入口には、「アレルゲンに対する当店の考え方」を明確に掲示します。牛乳と豆乳を使用していれば、豆乳メニューに絶対に牛乳が混じらないことはありません。

「豆乳メニューは提供できますが、必ずしも牛乳が排除できるわけではありません」

「最終的に飲食されるかお客さまで判断してください」

などと明確な表現で掲示すべきです。

　また、敏感な方だと、牛乳をついだコップを水洗いして水を提供したとしても、牛乳に対するアレルギー反応が出る場合があるので、注意が必要です。

つねに再点検を行なう

　メニューには使用しているアレルゲンを特定原材料の7品目だけでなく、28品目すべて記載することが、お客さまへの透明性をもった情報公開のあり方だと思います。

　一般的には、牛乳を使用している商品を「豆乳」に変更した場合などは、商品自体に「豆乳」のシールを貼る、豆乳専用のカップにするなど、調理する人、お客さま双方の間違いを防ぐ工夫が必要です。

　新メニューの切り替え時、食材の入れ替え時は、食材メーカーから原料規格書を取り寄せ、アレルゲンの確認が必要です。豚肉のベーコンのメーカーを変えたところ、いままで含まれていなかった「乳」が含まれていた事例もあります。たとえば、そばとうどんを同じ釜でゆでている場合、うどんにそばが入る可能性があります。こういった場合は、店頭、メニューの両方に明記すべきです。

アレルギーにはどう対応するか？

●アレルゲン教育

特定原材料 （表示義務あり）	えび　かに　小麦　そば　卵　乳　落花生

21品目 （表示義務なし）	アーモンド　あわび　イカ　いくら　オレンジ　カシューナッツ　キウイフルーツ　牛肉　くるみ　ごま　さけ　さば　大豆　鶏肉　バナナ　豚肉　まつたけ　もも　やまいも　リンゴ　ゼラチン

これらは従業員にも周知し、誰もが答えられる状態にします

●「アレルゲンに対する当店の考え方」を店頭に表示する

例

当店ではすべてのお客さまに安心してご利用いただけるよう、朝食メニューに含まれる特定原材料７品目についてメニュープレートに表示しております。当レストランで使用している食材は製造元からの情報に基づいて表記しています。また、他のメニューと同一の厨房で調理しているため、加工または調理の過程でアレルギー物質が微量に混入する可能性があります。調理洗浄器具などについても、他のメニューと同じものを使用しております。ご利用の際は上記をご勘案のうえ、お客さまによる最終的な判断をお願いいたします。

●メニューや商品に表示する

メニューや商品に表示する内容の一例です。このような表示を掲げ、お店のスタンスを明らかにします。

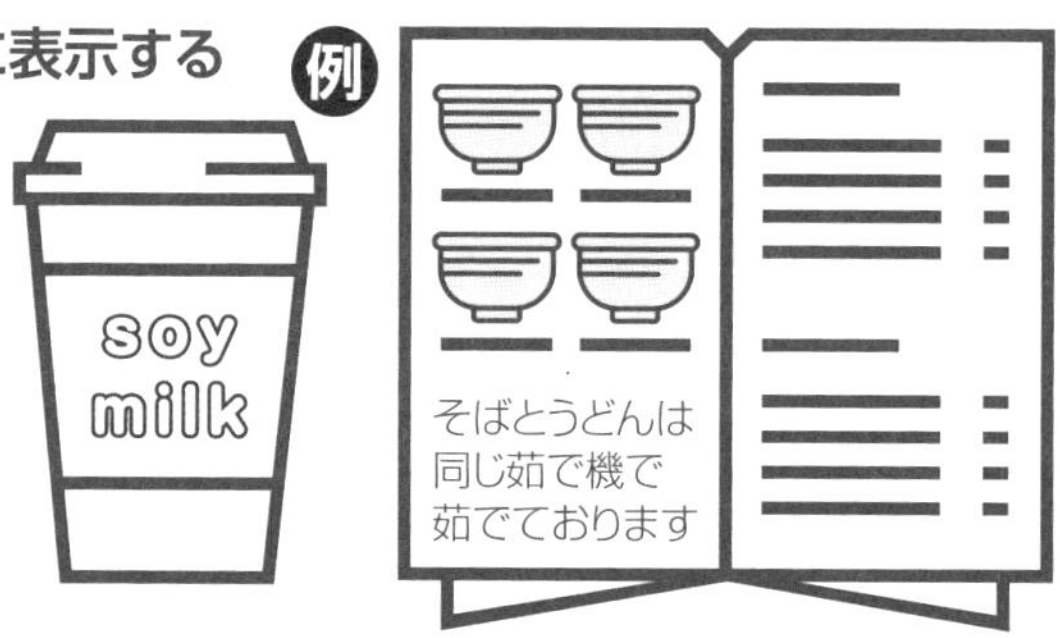
例
soy
milk
そばとうどんは
同じ茹で機で
茹でております

Point

1 厨房内で使用している食材のアレルゲンをすべて答えられる

2 新メニューを出すたびに、アレルギー表示の再点検をしている

3 お客さまにアレルギー反応が出た場合の対応を検討している

Column

食中毒の原因① ぶどう球菌

菌のイメージ	
主にいるところ	鼻腔・おでき・ふけ・あかぎれ
特徴	人や動物に常在している エンテロトシキンという毒素を生成する 毒素は100℃、30分の加熱でも無毒化されない
潜伏期	1～3時間
症状	吐き気、嘔吐、腹痛、下痢
食中毒になる 原因食材	乳製品、卵製品、畜産製品、おにぎり、弁当、 魚肉練り製品、和洋生菓子など  
注意すること	手指の洗浄 調理器具の洗浄殺菌 手あれのある人は直接食品に触れない 防虫防鼠対策 食材の低温保管 いったん生成された毒素は加熱調理では分解されにくいので注意

Point

1 ぶどう球菌食中毒が発生した場合に原因と考えられる食材は何か?

2 ぶどう球菌食中毒が発生した場合の作業者の原因は何か?

3 ぶどう球菌食中毒が発生した場合の出前での原因は何か?

第3章

厨房のHACCP・コロナ対応の衛生管理

——危険要素を排除する

厨房は飲食店の衛生管理の砦になります。
厨房には食中毒などの原因菌や危害を
持ち込まない、排除することが大切です。

3-1

調理場は把手と蛇口を清潔にする

厨房内に手洗いがついていると、手洗い前に照明のスイッチや蛇口を触りがち。つねに拭き上げます。

手の触れるところを拭き上げているか

私が厨房点検をするときには、厨房に入ると必ず手を洗います。しかし、この手洗い設備が小さく汚れていて、蛇口が回転式の蛇口だと、（衛生管理以前の問題で）点検をやめて帰ろうかと思います。

食品衛生、感染症防止の基本は、手洗いです。

手首まで十分に洗えないシンクの大きさで、なぜ保健所の許可が下りたのか、不思議なシンクもあります。ひどいお店では、保健所の検査が終わると手洗いシンクをはずしていることもあります。

手を洗う前に触った照明のスイッチ、換気扇のスイッチなどは、定期的にアルコールなどで拭き上げていますか？　スイッチの汚いお店も、点検をやめて帰ろうかと思ってしまいます。よく触るところほど、気をつけて拭き上げ、清潔に保ちます。

使用しやすい蛇口にしているか

回転式の蛇口は、手を洗うときに蛇口をひねる必要があります。手を洗ったあとに、また蛇口をひねって水を止めます。手を洗う前に触れた箇所にまた触れることになり、せっかく洗った手が汚染されてしまいます。**厨房の蛇口はせめてレバー式にして、水を止めるときには、水を出すときに触った反対側を触るようにするべき**です。

作業中に手の触れる冷蔵庫のドアの把手なども、定期的に拭き上げることが必要です。

厨房の電気のスイッチを自動で点滅するようにする。手をかざしただけで水が出るようにする。ペーパータオルが手をかざすと出るようにするなど、最先端の技術で、手を触れることなく、作業ができる工夫もあります。

すぐに変更しなくても、つねに最先端の技術の情報を仕入れておくことが大切です。

調理場の把手と蛇口は清潔か？

○ スイッチもきれいに 蛇口はレバー式がおすすめ

よく触るところは頻繁にアルコールで拭き、清浄に保ちます。特に厨房では、グリップ式の蛇口やドアノブはできるだけ避け、厨房ではレバー式を導入します。

× ドアの把手、蛇口は 握らずに済むものに

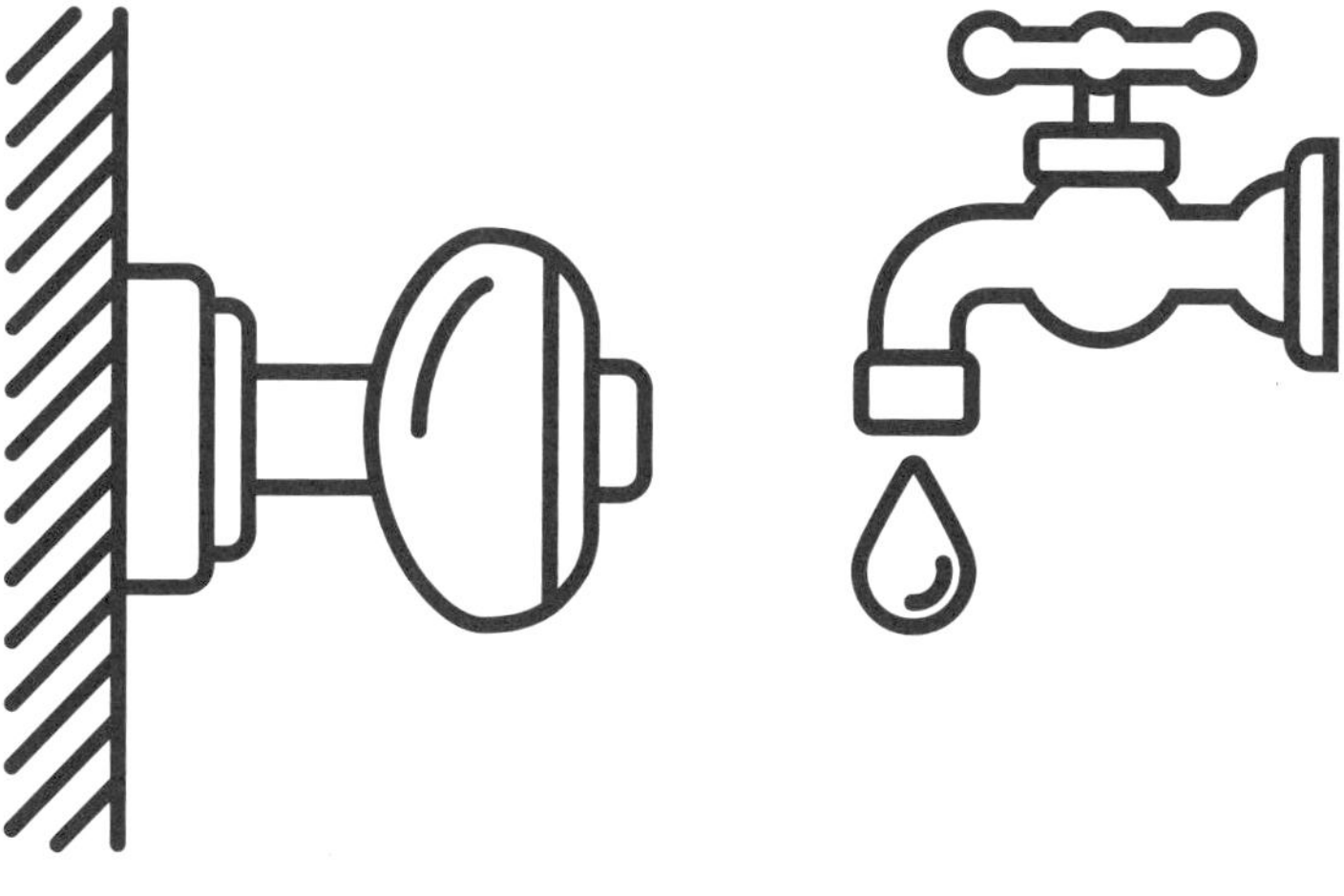

Point

1. 手の触れる箇所はつねに拭き上げている
2. 少しでも使用しやすいものにしている
3. 最先端の技術の情報を学んでいる

3-2

段ボールは厨房に持ち込まない

段ボール箱を厨房の床に直接置く、まして作業台の上に段ボールを置くことは絶対に禁止すべきです。

段ボールは異物混入の元

ホームセンターなどで新品の段ボールを買ってきて、テーブルの上で断面を下にしてポンポンとたたいてみてください。紙片、ゴミ、虫などが確認できるはずです。

野菜を収穫するときは、畑の土の上に直接段ボールを置いて収穫作業をする農家も多いものです。また、段ボール箱の波々の箇所はゴキブリなどの巣にもなります。

つまり、**段ボール箱は異物混入、細菌などの汚染源、ゴキブリなどの巣になりやすいため、厨房には、決して入れてはならないもの**なのです。

また、10kgの段ボールに入っている業務用の卵は、そのまま冷蔵庫に入れがちです。本来は段ボール箱をはずし、中に入っている紙製の卵容器もはずして冷蔵庫に入れるべきです。面倒であれば、PET容器に入っている業務用の卵も販売されています。

労災、火災の要因にもなる

食材だけでなく、食器、備品、衛生用品が入荷してきたときも段ボール箱から出し、内箱だけの状態にして棚などに保管すべきです。**厨房の中には、段ボール箱、段ボールの用紙は一切あってはならない**のです。

床が汚れる、滑る、冷たいなどの理由で厨房の床に段ボールを敷いているお店があります。段ボールを敷いていると、つま先が、段ボールに引っかかり、転倒する可能性があります。

フライヤーの油が飛ぶところ、フライヤーの周りに段ボールを敷いている厨房も目にしますが、もし、フライヤーから火が出たら火事になってしまいます。

つまり、**安易に段ボールを使用すると、労災、火災になる可能性がある**ので、その意味でも厨房内では禁止にすべきです。

段ボールの扱い方を復習しよう

〇 卵などは段ボールから出して保存する

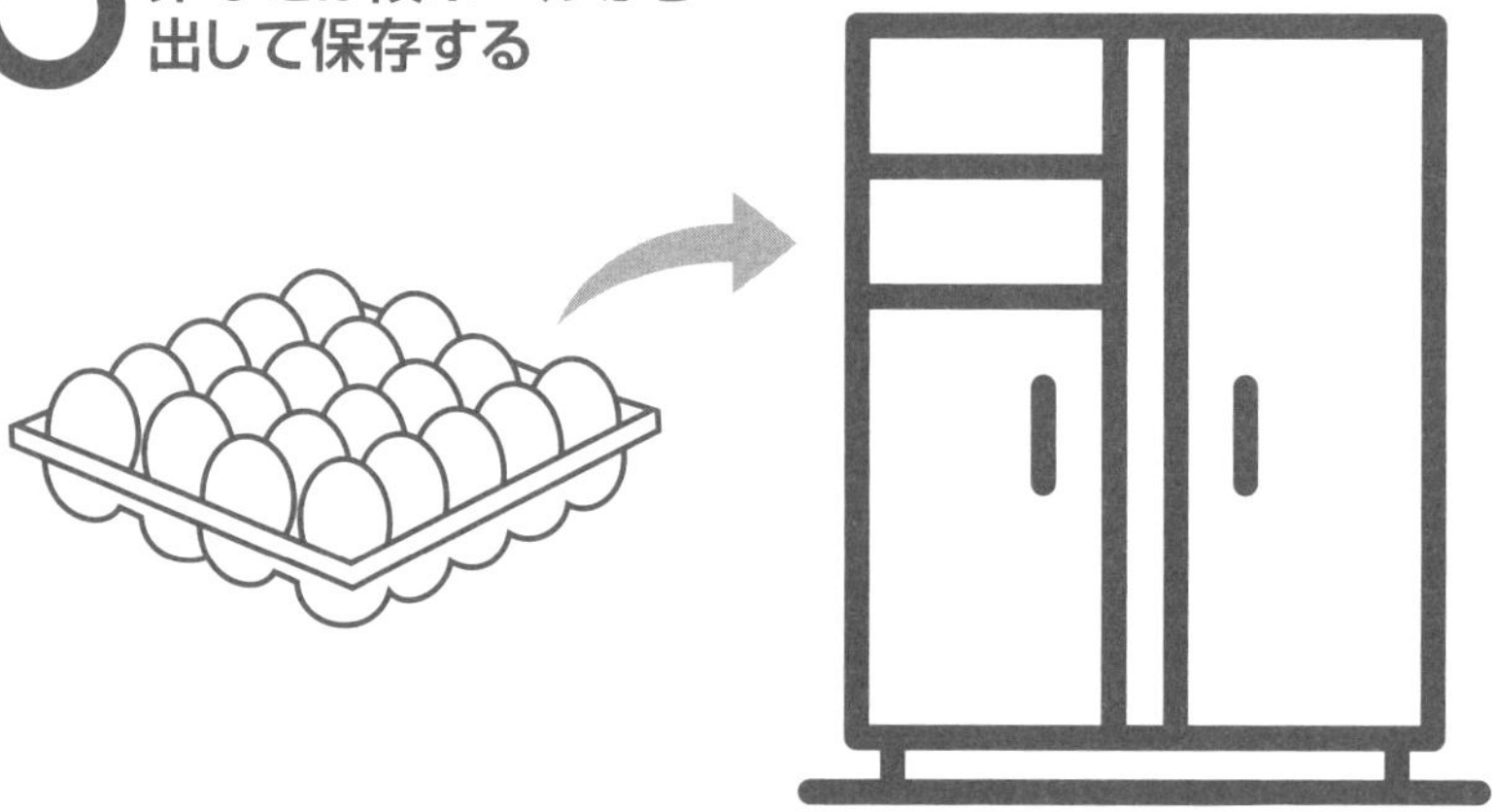

× 厨房、テーブルには段ボールを置かない

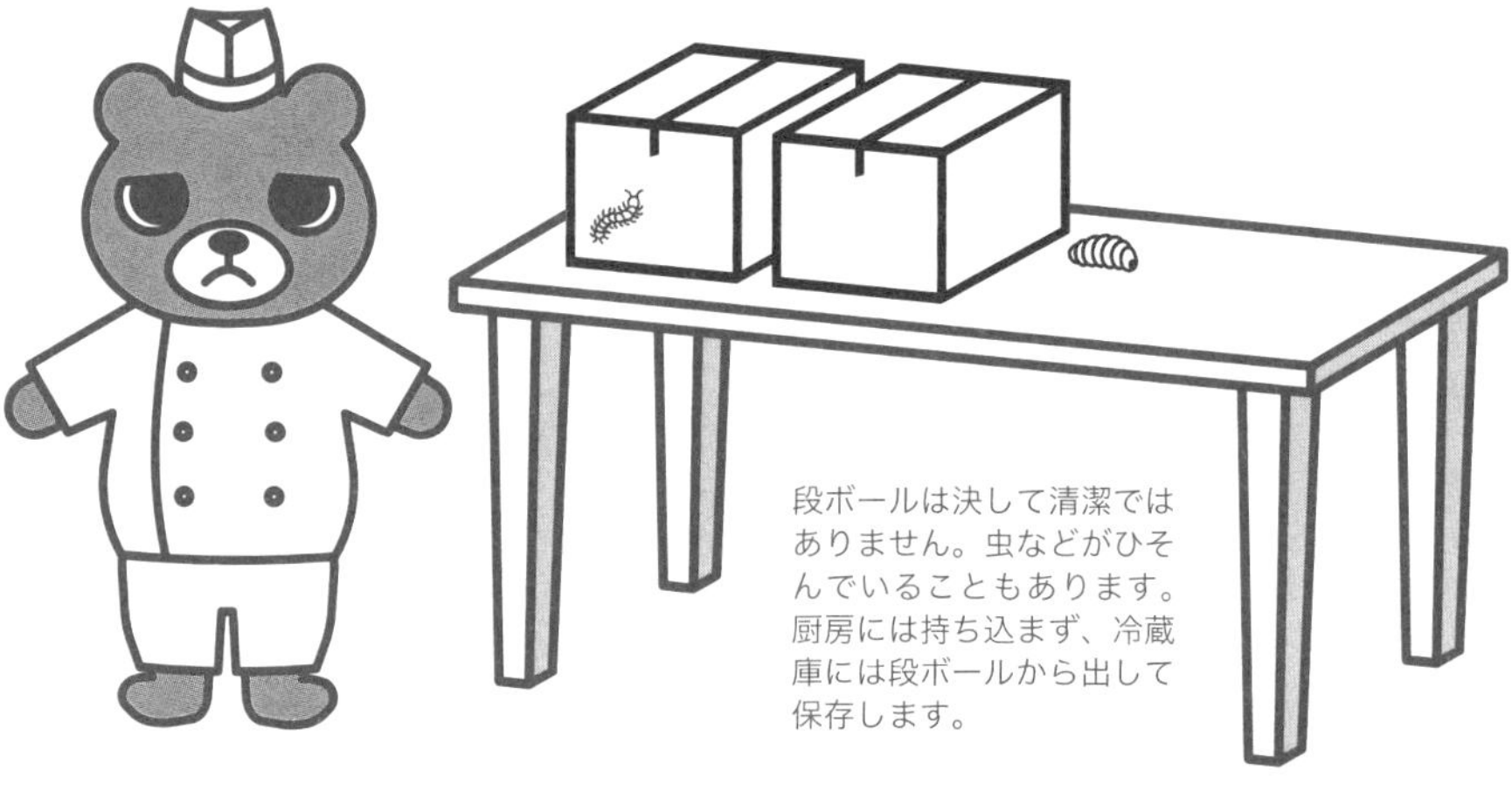

段ボールは決して清潔ではありません。虫などがひそんでいることもあります。厨房には持ち込まず、冷蔵庫には段ボールから出して保存します。

Point

1. 段ボールを厨房に持ち込んではいけない
2. 段ボールを床に直接置いてはならない
3. 段ボールに入った卵を直接冷蔵庫に入れてはならない

3-3

調理道具は洗っただけでは不十分

クリームの絞り袋などRTEに使用する調理用具は「洗浄」だけでは不十分で、「殺菌」が必要。

何に使用する調理道具か

調理してすぐ料理を提供する場合は神経質になることはありません。しかし、調理してから数日にわたり提供する、たとえばケーキに使用する器具、杏仁豆腐など甘さを控えたデザート類を調理する器具は注意が必要です。

また、ジャム、梅干しなどの食品は細菌による腐敗を防ぐために砂糖、塩などを加え、水分を制御し保存性を増しています。ジャムを作るときに甘さ控えめにし、砂糖の添加量を単純に控えると、ほんの少しの細菌汚染で腐敗してしまいます。

その場で調理し提供する商品ではなく、事前に仕込むデザート類は、なぜ事前に仕込んでも、腐敗しないかの科学的理論が説明できることが必要です。説明できない場合は、安易に昔ながらの砂糖の配合、塩の配合を減らすべきではないのです。

洗浄＋殺菌、殺菌中は表示が必要

クリームの絞り袋などは洗剤で洗っただけでは細菌が残ってしまい、日持ちする商品は作れません。ホールのケーキを作り、数日間にわたって提供する場合は、焼いたスポンジ以降に使用する調理器具類は殺菌する必要があります。

まずは洗剤で洗浄し、十分にすすいだ後、殺菌します。殺菌方法は、蒸気で蒸す、塩素につける、アルコールに漬けるなどがありますが、調理器具の材質により適切な方法を選ぶことが大切です。

また、茶渋を取る目的でコーヒーサーバーに塩素を入れたところ、別のスタッフが水が入っていると思って中身を捨てただけで使用し、お客さまから「塩素臭い」と言われた……というクレームの例があります。

殺菌中の器具は、貼り紙をするなどの表示が必要です。

調理器具は用途によって洗浄＋殺菌を正確に

すすぎ
・何回
・何分間

↓

洗浄
・洗剤の種類、濃度
・こする道具、時間

↓

殺菌
・殺菌方法
・温度×時間
・塩素濃度（ppm×時間）
・アルコール殺菌の時間

↓

保管
・汚染されない保管方法

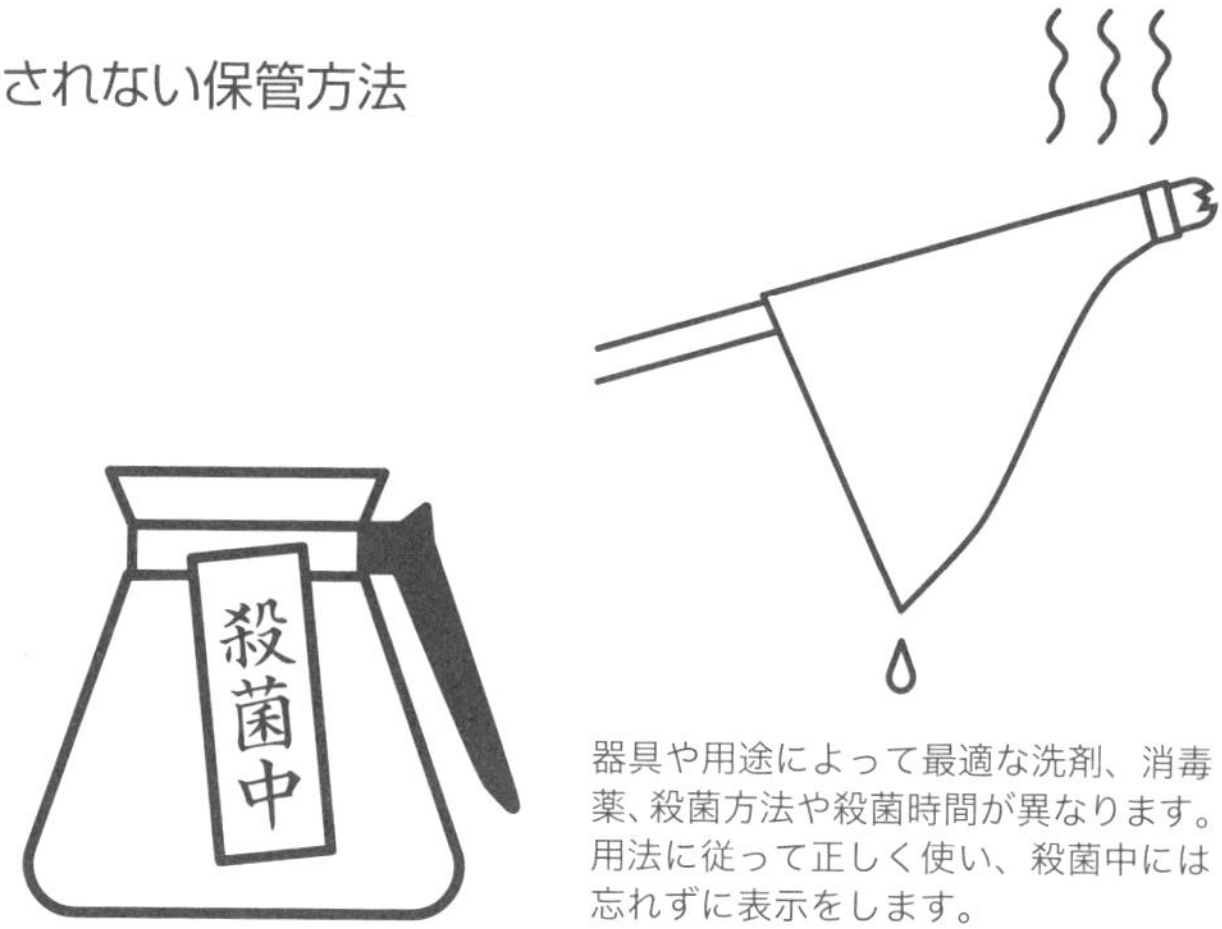

器具や用途によって最適な洗剤、消毒薬、殺菌方法や殺菌時間が異なります。用法に従って正しく使い、殺菌中には忘れずに表示をします。

Point

1 殺菌の必要な調理器具を把握する

2 殺菌中の表示を確実に行なう

3 殺菌したものと、してないものの区分を確実に行なう

3-4

洗剤の置き場所はどこが正しい？

洗剤を混ぜると有毒ガスが発生する場合があります。洗剤容器が倒れても大丈夫なように管理します。

倉庫での保管の方法

洗剤の種類によっては、混ぜると有毒ガスが発生したり、発火したりするものもあります。洗剤のＳＤＳ安全データシート（Safety Data Sheet）を取り寄せ、混ざったときの問題点を把握し、有毒ガスの発生、発火の可能性のある洗剤はできるだけ使用しないことです。どうしても使用する場合は、**使用後は厨房ではなく倉庫に鍵をかけて保管するなどの危機管理が必要**です。

倉庫などで洗剤を保管する場合も、こぼれたときに食材にかからないように棚の一番下で保管します。大容量の洗剤を小分けにする場合は、受け皿を敷くなど液漏れしても床に液体が落ちないような工夫が必要です。

小分けにした洗剤は中身を間違えないように、洗剤の色と置き場所のプレートの色、小分け容器のラベルの色などを統一すべきです。

厨房内での置き場所

厨房内では醤油、酢などと洗剤を同じ場所に置きがちです。しかし、食材と洗剤は同じ場所に置くべきではありません。

また、シンクで洗い物に使用する洗剤はそのシンクの上に置いても問題ありませんが、野菜を洗うシンクの上には置かないようにします。

たとえば、キャベツの千切りを水洗いするシンクの上に洗剤ボトルが置いてあると、もし落ちたときにキャベツに洗剤が入ってしまい、危険です。

野菜を洗うシンク用の洗剤は、シンクの外に置けるように工夫すべきです。

洗浄機などの洗剤、自動希釈器がついている洗剤の場合は、本当に洗剤が出ているかどうか、定期的に確認することも必要です。

洗剤の正しい置き場は?

棚の下の段、野菜を洗うシンクに落ちない位置に置く

棚の上の段や野菜洗い用シンクの上など、もし倒れてこぼれてしまったら事故になる場所には置きません。野菜洗いシンクなら脇に吊り下げるのもおすすめ。

Point

1. 地震などで洗剤が倒れ、混じっても問題ない管理をする
2. シンクの中に洗剤ボトルが落ちない管理をする
3. 洗剤と食材を間違えない管理をする

3-5

冷蔵品、冷凍品は受け取ったときが大切

温度管理の必要な材料は、配送時に確認、または配送してきた人に冷蔵・冷凍庫に入れさせるべきです。

入荷時に立ち会うことが大切

飲食店の店先に、冷蔵の必要な鶏肉が段ボールの状態で放置されている状態を目にします。入荷の時間と従業員の出社時間が合わないためと推察できますが、冷蔵品を室温で放置すると材料が劣化してしまいます。

どうしても配送車と時間が合わないようであれば、店の鍵を渡し、冷蔵庫、冷凍庫に納品してもらうべきです。

少しの時間でも冷蔵庫、冷凍庫の外に放置することは異物混入の要因にもなり、危機管理上、あり得ないことです。銀色の保冷バックに入って店内に運ばれてくる場合もありますが、それでもすぐに冷蔵庫、冷凍庫に入れるべきです。

宅配便で運ばれてきた鶏肉などを、厨房に放置している様子も目にします。温度管理品は、受け取ったらすぐに冷蔵庫などに入れるべきです。

材料の状況を確認しているか

食材の配送車には、冷蔵、冷凍、常温のすべての食材を運べる配送車もありますが、冷凍車に冷凍品、冷蔵品を積んで配送している車もあります。短い距離であれば問題がないという方もいますが、**冷蔵品を冷凍管理で運ぶことで品質が落ちる食材もあります。**

逆に、冷凍品を冷蔵車で運んでくる例もあります。「営業所から10分だから」と言われたとき、あなたはなんと答えますか。また、すぐに鶏肉が欲しいとき、「ライトバンなら届けられるけど」と言われたらなんと答えますか？「すぐに使う鶏肉だからいいや」と思うか、「温度が上がると菌数が上がるから」と思うかが分かれ目です。

冷凍品は一度溶けて再度凍結したものを運ばれてきていないかも注意します。**段ボール箱が潰れているものは、再凍結されたものの可能性があるので要注意**です。

冷蔵、冷凍品を扱うポイント

○ 適切な温度で配達され、受け取る

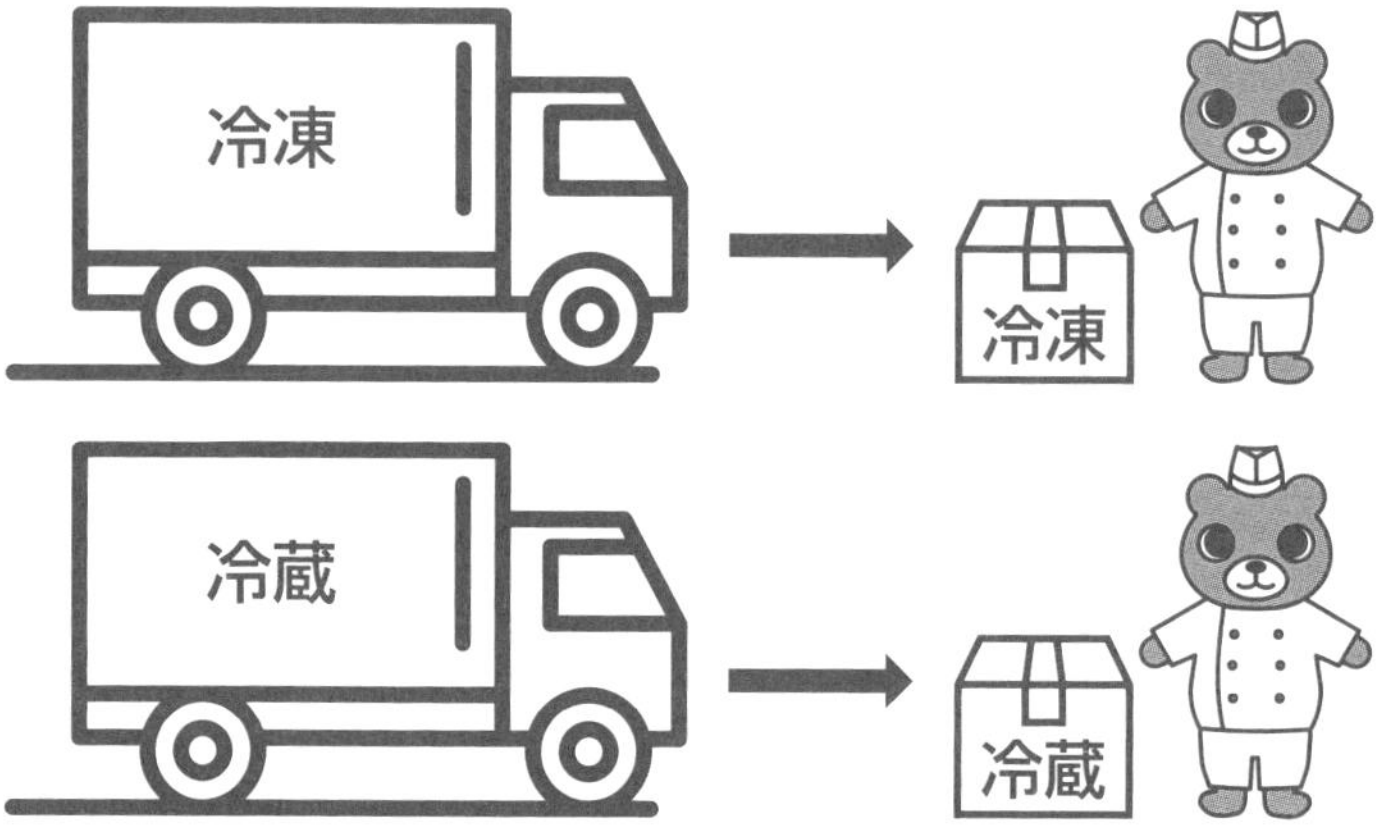

× 冷蔵便で冷凍品、冷凍便で冷蔵品はダメ

肉、野菜、魚などの食材が正しい温度で管理され、運ばれてきたか品物の受け渡し時にチェックします。正しい状態でなければ受け取ってはいけません。

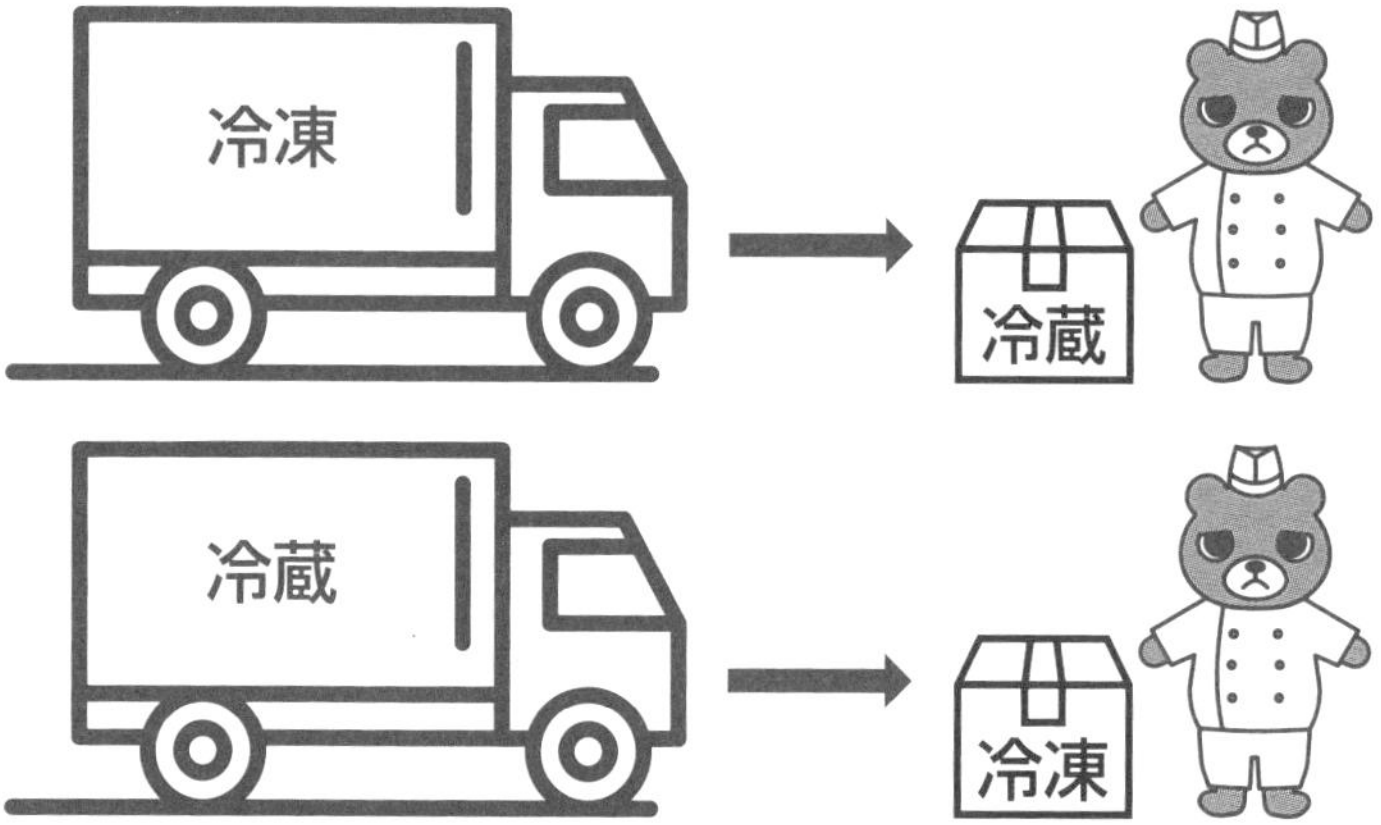

Point

1 温度管理が必要な食材は、入荷時に立ち会う

2 冷蔵品は冷蔵車で運ばれ、冷えていることを確認する

3 冷凍品は冷凍車で運ばれ、溶けていないことを確認する

3－6

野菜とケーキが同じ冷蔵庫なんて…

泥野菜などのＰＨＦ食材とケーキなどのＲＴＥ食材を従業員が理解し、冷蔵庫の区分けを行なっているか。

ＰＨＦとＲＴＥの区分を行っているか

厨房にある食材をＰＨＦとＲＴＥに区分します。できればホワイトボードを用意して赤ペンでＰＨＦを、青ペンでＲＴＥを列記します。厨房内に段ボールは持ち込まないので、冷蔵庫の中にも段ボール箱は当然入れません。**生魚、生肉、生卵などは専用の冷蔵庫が望ましいですが、無理な場合は冷蔵庫の区分を行ないます。**同じ空気が流れる空間では、区分したことになりません。つまり、棚だけで区分けを行なうのでは意味がないのです。

刺身を提供するなら専用の冷蔵庫が必要です。焼き魚だけなら生肉と兼用でも問題はありません。生肉、生魚は、包装が破れたときにドリップが漏れる可能性があるので、真空包装してあってもバットなどで保管します。

野菜は泥野菜と洗った野菜が同じ冷蔵庫に入ることは避けるべきです。

専用の冷蔵庫が必要

ほかの食材のにおいを吸う可能性のあるケーキなども、専用の冷蔵庫を準備すべきです。

特にデザートは、お客さまが選ぶ楽しみもあるので専用の冷蔵庫を設置し、客席から見えるようにします。

ビール、ジュースなどを冷やす冷蔵庫と、ジョッキを冷やす冷蔵庫を、同じにしているところがあります。しかし、ビールビンは綺麗に拭いたとしても、表面のほこりや、特に栓のところの汚れは取れないものです。ジョッキ、グラスを冷やす冷蔵庫も専用のものが必要です。

何度に冷やすとおいしいか考えていますか？　ケーキは何度、ビンビールは何度、水は何度がおいしいか、**保存性を考えて冷やすものと、おいしさを考えて冷やすものがあります。**おいしさを考えたときに何度に冷やすのがよいか考えてみませんか。

冷蔵庫はゾーン分けが必要

○ 刺身やケーキ類は専用の冷蔵庫を用意する

Good!!

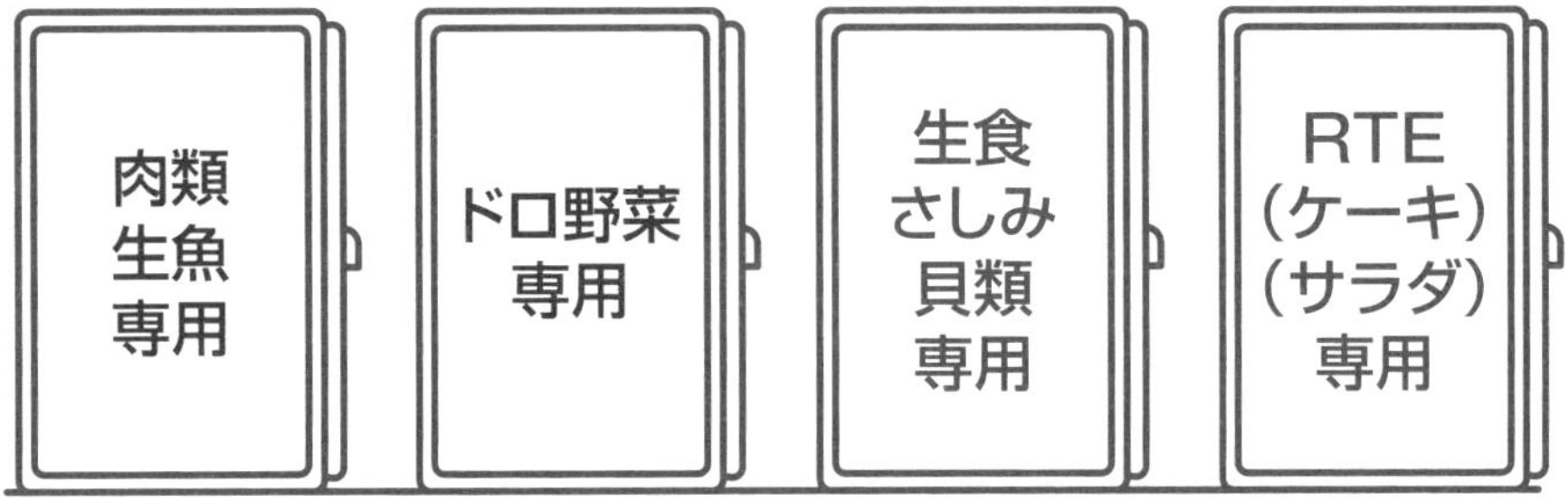

それぞれ独立した冷蔵庫がある

× 1つの冷蔵庫内のゾーニングは意味がない

上の段に野菜、下の段に肉、チルドに魚…のような分け方では、区分けしたことになりません。それぞれ専用の冷蔵庫が必要です。

Point

1. PHFとRTEの区分を理解する
2. PHFとRTEは同じ冷蔵庫に入れない
3. ケーキ、サラダなどは専用冷蔵庫に入れる

3-7

冷蔵庫のフィルターはいつ掃除した？

毎日飲んでいると気がつかないものですが、お客さまは水に異臭・異味がするとすぐ気づきます。

清掃スケジュールが立てられているか

厨房には毎日掃除する必要のある場所、定期的に掃除する必要のある場所、専門業者に依頼しなければならない場所などがあります。それぞれの設備に対して、清掃のスケジュールが立てられていますか？

気温が高くなる前の４月の平日に冷蔵庫のフィルターを掃除するなど、「なぜ、そのときに清掃が必要か」「清掃するなら何時がいいか」をはじめ、**清掃する人の出勤スケジュールを組むことも忘れてはなりません。**

最近の冷蔵庫はフィルターが清掃しやすくなっていますが、旧型のフィルターは踏み台が必要なので掃除を忘れがちです。しかし、冷蔵庫のフィルターにほこりが溜まると冷蔵能力が落ちるだけでなく、ゴキブリなどの巣になる可能性がありますので、忘れないようにします。

味に影響するところを認識しているか

清掃、フィルターの交換を怠ると、味に影響が出る設備があります。たとえば、浄水器のフィルターの交換時期はいつですか？　なぜ、その時期に交換するのですか？　交換を忘れたら気がつくよう「見える化」していますか？

浄水器のフィルターは、使用した水の量によって交換時期が変わります。浄水器が設置されているそばに次の交換予定日を表示しておくことで、交換忘れを防ぐことができます。

ビールサーバーの清掃状況も味に直結します。ビールサーバーは使用していると、酒石などが溜まってくるので定期的にプロに洗浄してもらうことも大切です。

厨房、ホールで使用しているクーラーもフィルター掃除は定期的に行ない、暑くなる前にフィンの掃除をプロに頼むべきです。

厨房の清掃は計画的・定期的に行なう

○「使いたい日」から逆算して清掃の予定を立てる

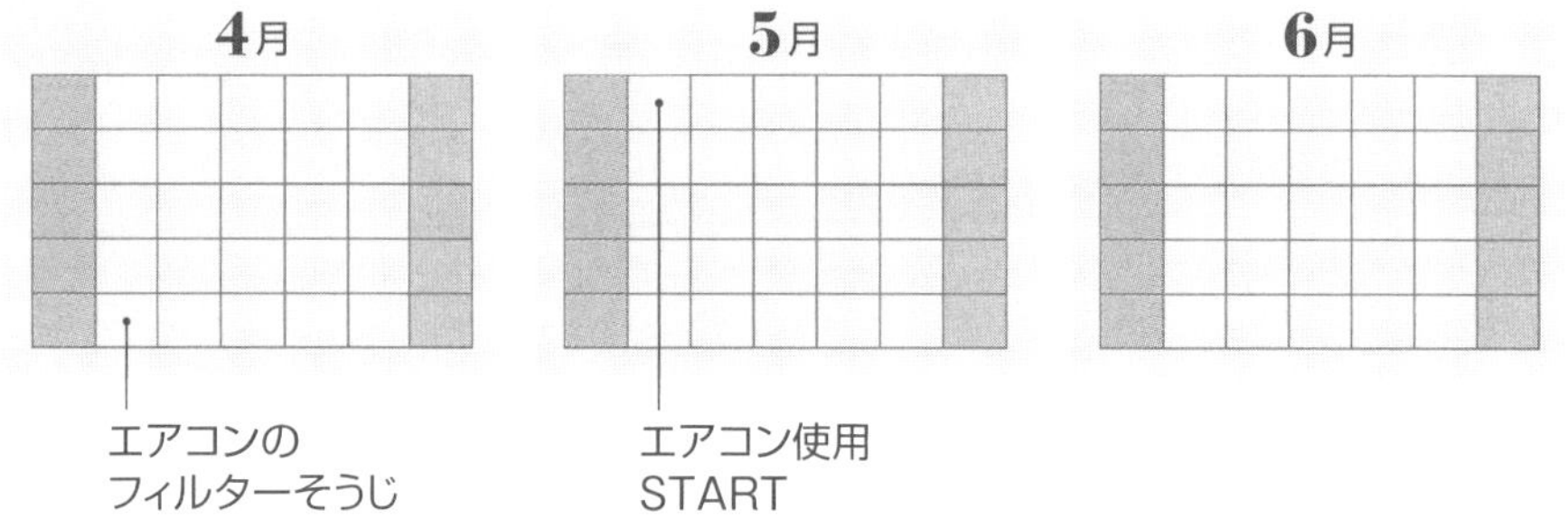

5月に入ると使うから、2週間前の店休日にそうじ…
など、スケジュールを立てる

×味に影響する掃除を忘れない

ビールサーバー、ウォーターサーバーなどの汚れ取りはついつい忘れがち。気づけばエアコンばかりそうじしている…ということのないように予定を立てます。

Point

1 清掃スケジュールが立てられている

2 清掃スケジュールからはずれたらアラームが出る

3 次の清掃（交換）予定日が「見える化」されている

3-8 透明なラップ、使ってはいけないの？

ラップの切れ端などが入るとお客さまが不快な思いをします。厨房では青色のラップがお勧めです。

透明なラップは使用しない

使いかけの食材を冷蔵庫に入れるときなどに多用するラップは家庭用は透明ですが、食材に混入してしまうと見つけづらいものです。青い色は食品では少なく、青い色のラップを使用することで、混入した場合に見つけやすくなります。宅配時には青いラップで表面をおおうことで、異物混入対策に取り組んでいるお店であることもアピールできます。開封した食材が残ったときは、青いラップでまわりをくるんで、冷蔵庫などに保管しましょう。

　また、食材の袋を開封する方法は統一されていますか？開封方法はさまざまに考えられますが、私は、袋の端を指でつまみ、一気に切り落として、切り落としたものは、すぐにゴミ箱に入れることをお勧めします。

使用期限日を記載しているか？

醤油、ソース、タレ類は、開封後は冷蔵庫保管が必要なもの、冷蔵庫保管しても1ヶ月程度しか保たないものなどがあります。

　また、開封してからどのくらい使用できるかメーカーに問い合わせても見解が出ないものもあり、いつまで使用していいか悩むことも多いものです。その場合は、**開封した日の1ヶ月後の日付を記載して使用期限日にするなど、社内ルールを定めることをお勧めします。**

　客席で使用するドレッシング類の空き容器を厨房での小分け容器に使用している場合は、元々記載してあった賞味期限がすぎている場合があるので、注意が必要です。

　反対に業務用の容器から小分けして客席で使用する場合は、賞味期限表示、保管方法などの表示がない、小分け専用容器の使用がお勧めです。

異物混入が起きない工夫、していますか？

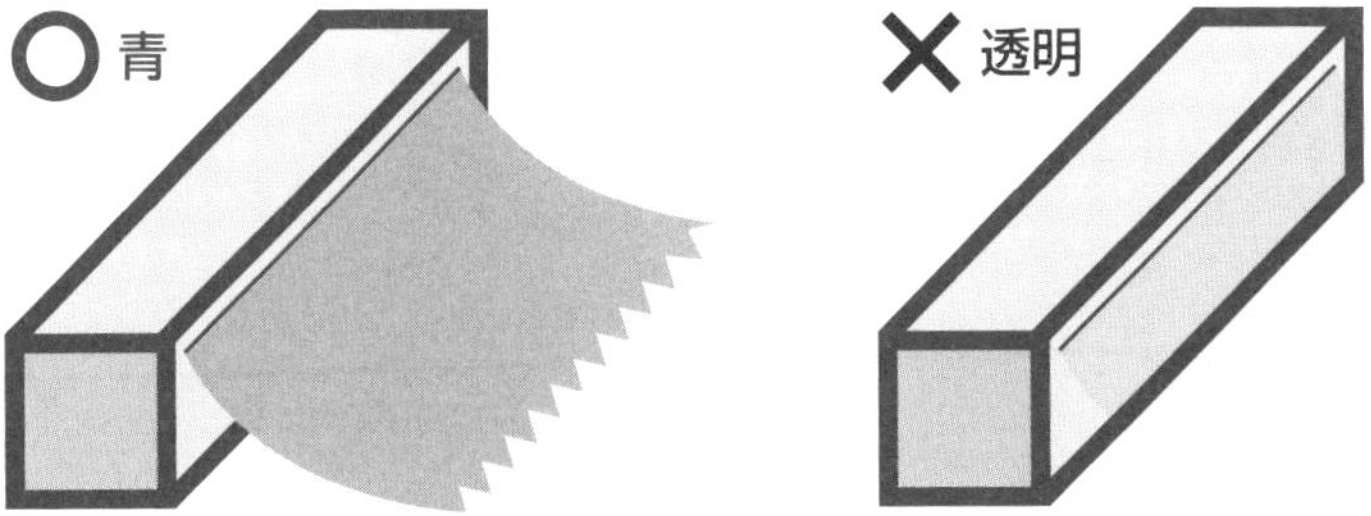

ラップは青、切れ端はすぐゴミ箱、瓶にはラベルで未然に防ぐ

異物混入を未然に防ぐには袋の切れ端は調理台に置かずに直接ゴミ箱へイン、ラップは色つき、ボトルには見やすい消費期限ラベルなど、工夫が大切です。

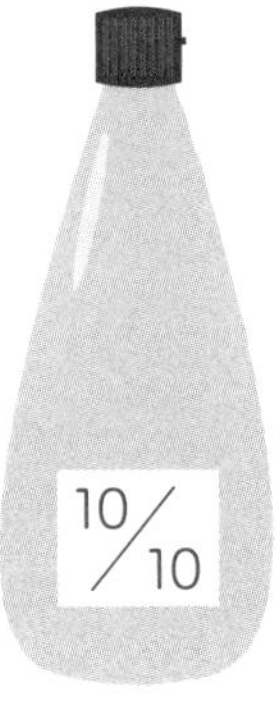

使用期限の表示

Point

1. ラップなど透明なものは使用してはならない
2. 袋物の開封方法は統一されている
3. 醤油、タレなどは使用期限日を記載している

3-9

フライヤーのそばで目眩がする？

とんかつ屋さんや縁日のフライを揚げているそばで、目がチカチカすることがあります。原因は？

毎日確認すること

揚げ物をしているそばで「目がチカチカ」したら、原因は酸化した油です。酸化した油は、ＨＡＣＣＰの危害にあたります。敏感な方は、においをかいだだけで食欲が失せてしまいます。全量の油を交換する必要はないにしても、使用頻度、量によっては毎日、毎朝、使用前に油の酸化度を測定し、記録することをお勧めします。

酸化の測定は、「においをかぐ」などの五感に頼ってもいいのですが、作業者が変わると基準も変わるので、簡単なリトマス紙状のものなどがお勧めです。

フライヤーは、毎日、油を抜き、油を網でこして清掃し、使用すべきです。天ぷらなど具材のおいしさを出す必要のあるお店は、毎日新しい油を使用することで店の特徴を出すこともできます、

ボヤでは済まない

油は、ジャガイモを揚げると酸化が進まないといわれています。メニューの中にジャガイモ製品を入れることで、自然と油が長持ちします。反対に、天かすが残っていると、酸化が進んでしまいます。

天かすといえば、閉店後に処理をしますが、注意が必要です。溜まった天かすをどのように廃棄していますか？　こし網の天かすをそのままゴミ箱に捨ててしまうと、天かすに残っている潜熱で発火し、火事になる場合があります。

天かす入れの天かすはたっぷりの氷を乗せ、天かすが完全に冷えてからゴミ箱に入れることです。

フライヤーのそばには万が一に備え、消火器を設置します。**逃げる方向、出口付近にも置くことを忘れてはいけません。**

フライヤーは清潔に

① フライヤーの注意点

毎日油を抜く
油は網でこしてきれいに
天ぷら屋さんなどは
毎日油を取り替える

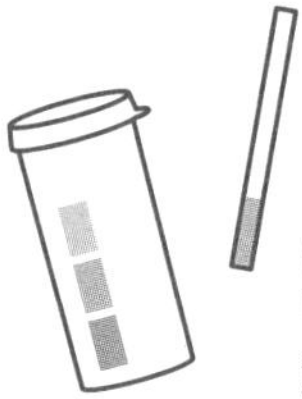

使用前に
リトマス紙状のもので
油の酸化度を測定

フライヤーの清掃を怠ると健康被害を引き起こしてしまいます。油の酸化は味も悪くなるので、油とフライヤーを清潔に保ちます。

② 天かすの捨て方も気をつけて

天かすは
冷やしてから
ゴミ箱へ

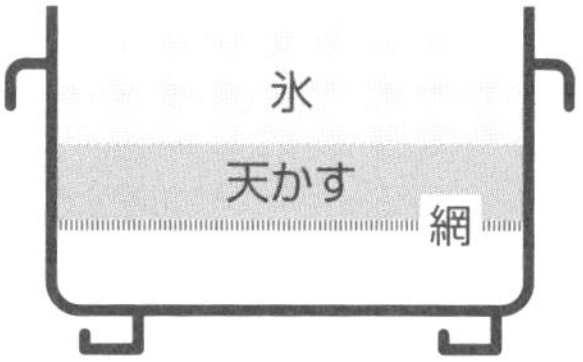

金属の天かす入れ

Point

1 油の交換頻度を決めている

2 フライヤーの清掃頻度を決めている

3 天かすの処理の方法を決めている

3-10

ゴミ箱も床に直接置かないように

厨房は簡単に移動できない構造が多いですが、ゴキブリを1匹でも見かけたら徹底的な清掃が必要です。

隠れるところをなくす

ゴキブリは背中が何かに触れていると安心するといわれています。すなわち、狭いところに隠れているのです。ネズミ、ゴキブリは、人間が動いていると姿を見せません。夜中、早朝など、人間の動きがないときに、厨房内に現れ、エサを食べて水を飲みます。

ネズミ、ゴキブリ対策は、隠れるところをなくすこと、エサになる食材を放置しないことに尽きます。

ゴキブリを見かけたら殺虫剤をまく前に、台下冷蔵庫などの下を掃除することをお勧めします。

床に直接置いているものはありませんか？　直接置いているゴミ箱を持ち上げた瞬間、黒い物体が、ごそごそ動きませんでしたか？

大きな寸胴、食材の入っているコンテナなど、直接床に置いたものは格好の巣になってしまいます。

理想は動かせること

台下冷蔵庫など、**床との間が狭く清掃しにくい設備は、定期的に移動できるように設計すべき**です。できれば下の空間を15㎝以上空けることで、ネズミ、ゴキブリは隠れることができません。

棚なども、一番下の棚板から床まで、15㎝以上空けることで掃除が容易になります。

理想的には、ゴミ箱も車輪をつけ、自由に移動ができるとよいでしょう。台下冷蔵庫も車輪をつけ、定期的に移動し、床面を定期的に清掃できるとなおよいです。

特にフライヤーまわりは、ゴキブリのエサとなる油が落ちているので、フライヤーを移動させ、床掃除ができるように設計すべきです。

厨房の下駄箱なども、床面との隙間を大きくとるようにすべきです。

ゴミ箱の選び方、置き方

○ 動かしやすくて床から15cm以上浮いているもの

ゴミ箱の下の掃除が大切です。掃除しやすいよう、床との隙間が15cm以上になるゴミ箱を選びましょう。いいものがなければ、自分で車輪をつけましょう。

× 直置き、動かしにくいゴミ箱は捨てましょう

Point

1. 食材、寸胴なども、直接床に置かないことを徹底している
2. 棚、台下冷蔵庫の下を定期的に清掃している
3. 台下冷蔵庫などを、定期的に移動し、清掃している

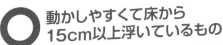

3-11

よく触れるところはつねに磨き込む

トイレのドア、照明のスイッチが手垢だらけの店は、すぐに出るようにしています……。

磨き混むことができるか?

トイレの入口のドアは、磨き込むことができる材質になっていますか? お勧めは、磁石がつかないステンレス製です。ステンレスも種類が多く、磁石がつくステンレス(ＳＵＳ400系)では、磨き込むうちにサビが浮いてきます。**磨き込むノブ、鍵類は、少し高くても磁石のつかないステンレス(ＳＵＳ300系)をお勧めします。**ノロウイルスの流行る冬に塩素を含んだウエスで磨き込んでも、錆びることはありません。

ドアノブ以外の手の触れるところは、なるべく自動化することをお勧めします。

トイレの照明のスイッチ、手洗いの蛇口、個室の水を流すレバーなどは、手を触れずに流せる自動スイッチが出ています。照明のスイッチを含め自動化しましょう。

厨房の出入り口も磨き込む

厨房とホールの仕切りのドアは、従業員が一番手を触れるところです。手の触れるところは、前述のように磁石のつかないステンレスを使用し、定期的に磨き込みます。磨き込むときには拭く方向を一定にすることで、ステンレスが綺麗に磨き上げられます。

足下を見てください。厨房とホールの出入り口が黒ずんでいませんか?

特に、ホールスタッフが料理を取りに厨房に入る、食器を片づけるのにホールに入るなど、厨房との出入りの激しいところは床が黒ずんできます。汚れの持ち出しともいいますが、**ホールの床は、黒ずみがない状態が基本**です。もし、黒ずみやすいようなら、ホールスタッフの靴裏の材質、フロアマットの変更などで、汚れの持ち出しを減らすことを検討すべきです。

ドア、スイッチまわりを清潔に保つ

○ 同じ方向で磨き込む

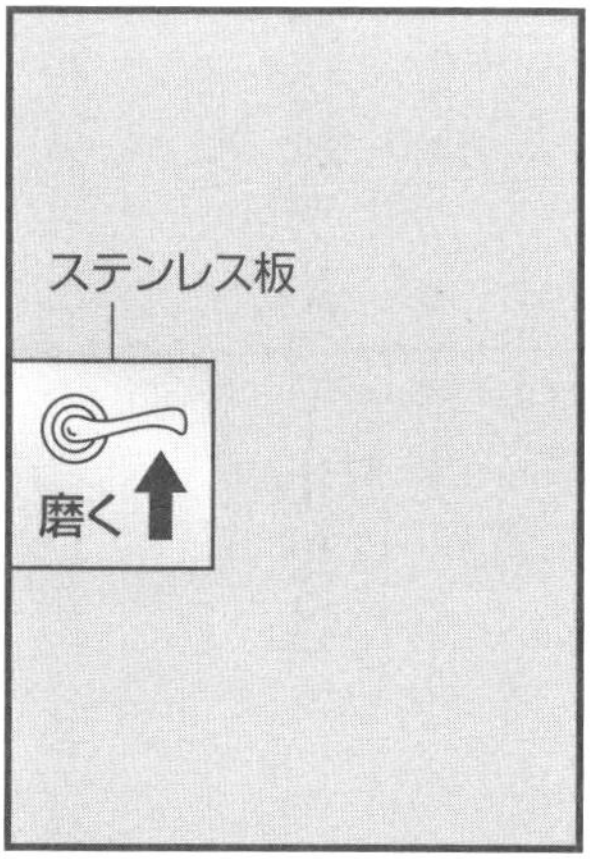

人の出入りが激しい場所はどうしても汚れます。厨房とホールの出入口や、トイレの鍵まわりの黒ずみはアウトです。清潔に保つには同じ方向に磨き込みます。

× 厨房とホールの出入口、トイレの鍵まわりが汚れている

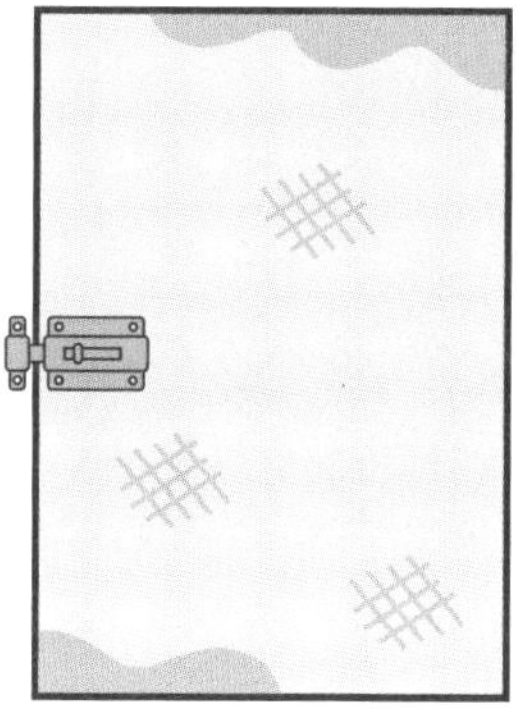

Point

1 トイレの個室の鍵まわり、ドアを磨き込んでいる

2 トイレの照明のスイッチなどは自動化にしている

3 厨房とホールの間のドアは磨き込んでいる

3-12 アルコールと洗剤を間違えた！

弁当容器にアルコールをかけたつもりが間違えて中性洗剤をかけた。あなたはどう対応しますか？

透明な液体はアルコールだけ

私は、衛生チェックで厨房に入り、アルコールスプレーを見つけると必ず手の平にかけて、中身の確認をします。コロナ渦で店頭にもアルコールスプレーが置いてあります。同じように確認すると、「アルコール」と表示してあっても中身が塩素だった例が数多くあります。

手指殺菌であれば問題ないですが、お弁当容器に塩素液をかけていると、異臭のクレームになってしまいます。

アルコール容器に間違えて中性洗剤を詰めて使用する例も多く報告されています。18リットルの大きな容器から4リットルくらいの中間容器に移し替えて、水で希釈し、表示をしていなかったためにアルコールと間違える……というパターンが多いようです。

もし、**弁当容器に中性洗剤を振りかけていたことが判明した場合は、保健所への届け出が必要**です。

すべて色で区分できている状態に

手洗い洗剤の多くは、赤か青の色がついています。ほかの洗剤と間違わないためと、容器から洗剤が減ったことが一目でわかるようにするための工夫です。

飲食店で使用する洗剤は手指用、中性洗剤、油汚れ用、トイレ用、窓拭き用、そしてアルコールなどがあります。

この中で窓拭き用、トイレ用は、市販の洗剤を使用する場合が多いと思います。残りの洗剤はすべて色つきを選び、小分け容器には洗剤と同じ色のラベルを貼ります。小分け容器に油性ペンで品名を書いているお店もありますが、だんだん薄くなり、間違いのもとになります。

色つきの洗剤を嫌がる方もいますが、危機管理上は色つきの洗剤が最適です。

外国人の方も多く働く業界ですので、文字ではなく色での区分をお勧めします。

洗剤、アルコールを間違えないために

○ 手洗い洗剤は色つきを選ぶ

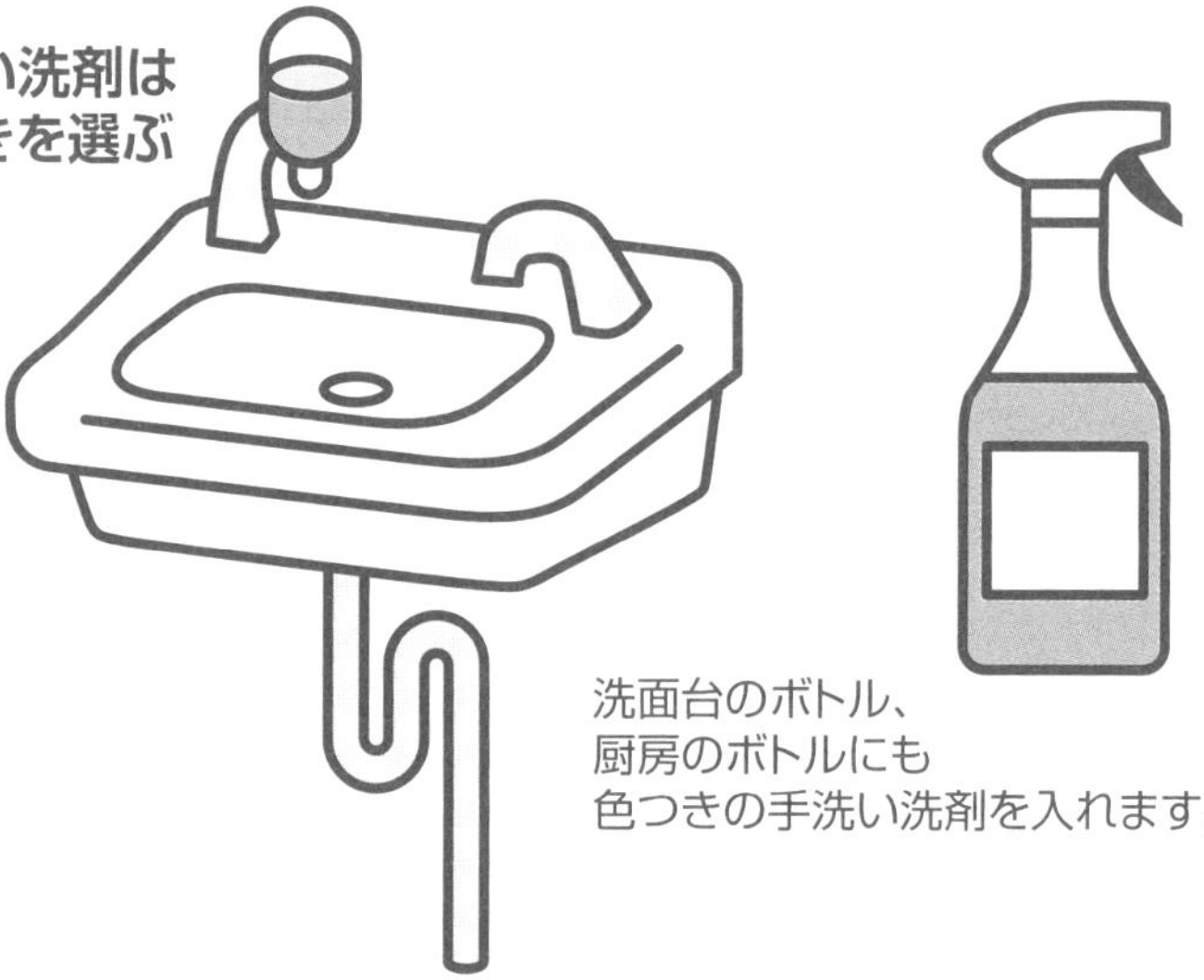

洗面台のボトル、
厨房のボトルにも
色つきの手洗い洗剤を入れます。

✕ 表示と中身が違うものを使わない

アルコールスプレーと書いてある容器に洗剤を入れたら必ず間違えます。色つき洗剤が選べるものは用途ごとに違う色を選び、ラベルと洗剤の色を揃えます。

Point

1. 洗剤、アルコールなどはすべて違う色で区分する
2. 洗剤の表示ラベルは、洗剤の色と同じにする
3. 小分け容器の色は、洗剤の色と同じにする

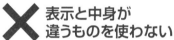

3-13

ハエが飛んでいるなんて

ホール内にハエが数匹飛んでいるお店。お客さまが「ハエが止まったけど」……どう対応しますか?

ハエが寄ってこない環境をつくる

ハエ、蚊などがホールの中を飛んでいると、せっかくの料理が台無しです。飛ぶ虫のことを飛翔昆虫といいます。換気に網戸のない玄関、窓を開けていると飛翔昆虫は必ず入ってきます。つまり、窓を開ける換気は飲食店にとって致命的なため、設備を使って機械的に吸排気することをお勧めします。

飛翔昆虫は330～370nmの光を好みます。これは人間に見えない「青い光」です。白熱灯、蛍光灯は、「青い光」を出しています。LEDは基本的に人間の見える光しか出しません。**窓を通して外から見えるお店の光をLEDに変更することで、飛翔昆虫が寄ってこなくなります。**

防虫防鼠会社に測定してもらうと、「青い光」が漏れていないか明確になります。ネオン、玄関の看板などの光も「青い光」を出していないか確認しましょう。

厨房で発生させない

厨房の中に蚊が卵を産みつけると、約10日で孵化してしまいます。そのため厨房で水の溜まるところは、最低10日以内に掃除することが大切です。「毎週水曜日」などと曜日を決めて、排水升、グレーチング、グリストラップなどをきれいに清掃しましょう。

お店の外周にも気を配ってください。雑草が生えている空き地が近くにありませんか? 雑草の中の水たまり、タイヤ、空き缶などが放置され、雨水が溜まると、10日で蚊が大量に発生してしまいます。地域の方と協力して、空き地の雑草対策を行なうことが必要です。

店の前に植木鉢を置いているお店もありますが、植木鉢の鉢皿も蚊の巣になってしまいます。

きれいな花も虫を呼んでしまいます。**店頭には何も置かないことをお勧めします。**

ハエや虫が来ない店づくりとは？

○ 白熱灯、蛍光灯は LEDに変える

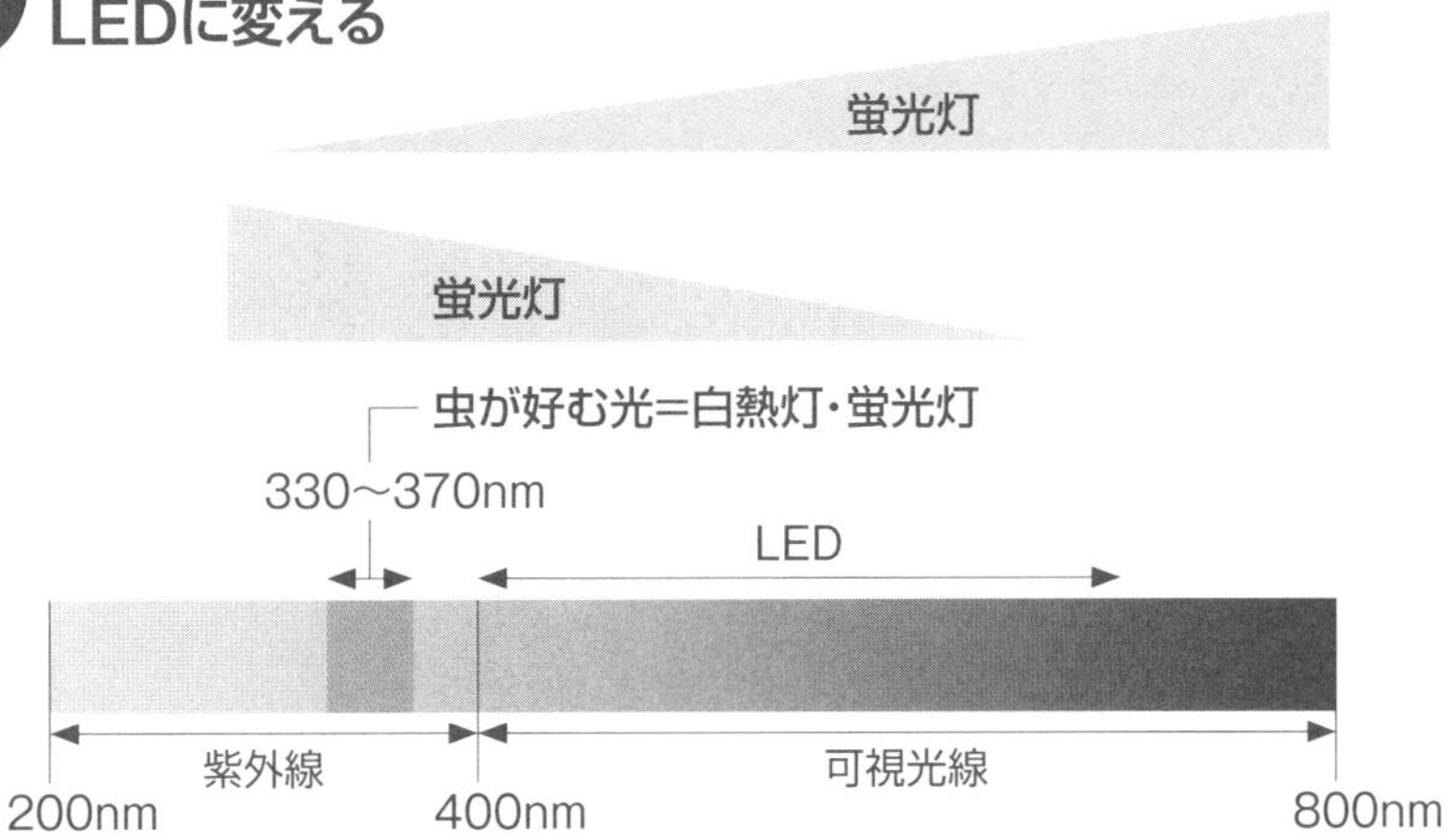

× 駐車場厨房に水を溜めない

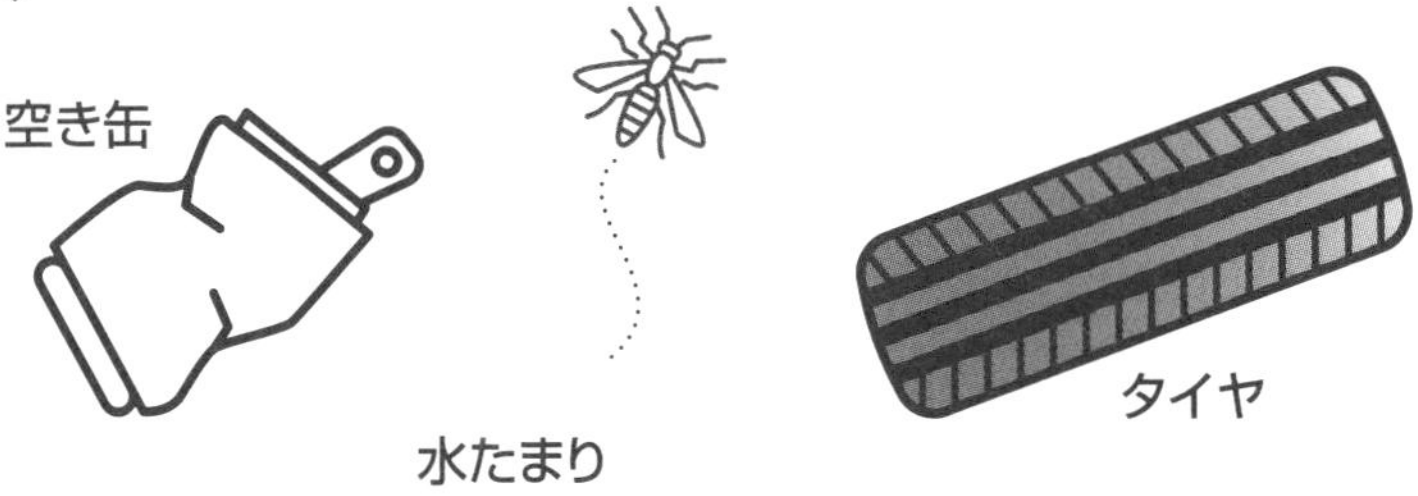

厨房の排水升やグレーチング、グリストラップ、駐車場の水溜りや空き缶、古タイヤなどは片づけ、蛍光灯や白熱灯をやめ、「虫が好まない環境」をつくります。

Point

1. 飛翔昆虫が好きな光を出さない
2. 水周りの清掃を毎週定期的に行なう
3. 店周りの環境を確認する

3-14 ゴキブリがいるお店がおいしいなんて!?

宴会中の小鉢の中で小さなゴキブリが動いていると、せっかくの料理が台なしです。

ゴキブリが隠れられない環境を作る

ゴキブリは狭いところが大好きです。植木鉢と鉢皿の隙間など「よく入れるな」と思うようなところに隠れます。**ゴキブリが好んで隠れるところをなくすことが、駆除の第一歩**です。

カレンダー、ポスターも厨房には貼らないようにします。ポスターの裏に隠れるからです。ゴキブリは高さ2mくらいは登っていくので、ポスターは格好の隠れ家になります。

私物の鞄を持ち込まないことも大切です。棚は、一番下の棚板から床まで15㎝は空けます。そのほか、段ボールを厨房に持ち込まない。作業台と作業台の隙間などが開いている場合は、ベイト剤（ゴキブリの殺虫剤）を隙間に注入することで大きな効果が出ます。ゴキブリを1匹でも見かけたら、厨房の再点検をします。

隙間を埋め、清掃あるのみ

台下冷蔵庫などの床との隙間も清掃します。清掃には「かき出し棒」などを用います。さらに横に走るパイプ、ガス管、水道管なども隙間のゴミを確認、清掃します。

それでも解決しなければ調理設備をすべてずらして壁際も含めて清掃し、フライヤーや冷蔵庫なども分解、清掃します。すぐに殺虫剤を噴霧する防虫防鼠会社もありますが、**殺虫剤は目先のゴキブリ退治にしかなりません。**

燻煙剤、殺虫剤を使用するときには、調理道具、食器、食材に煙、殺虫剤がつかないよう、確実に養生することが必要です。私の知る限り、養生を確実にしている殺虫現場は見たことがありません。

ゴキブリは暖かいところを好むので、冷蔵庫のフィルター裏などにトラップを置き、捕まっていないか、毎月確認をお勧めします。

ゴキブリが居心地悪い環境って？

① ゴキブリが隠れにくくする

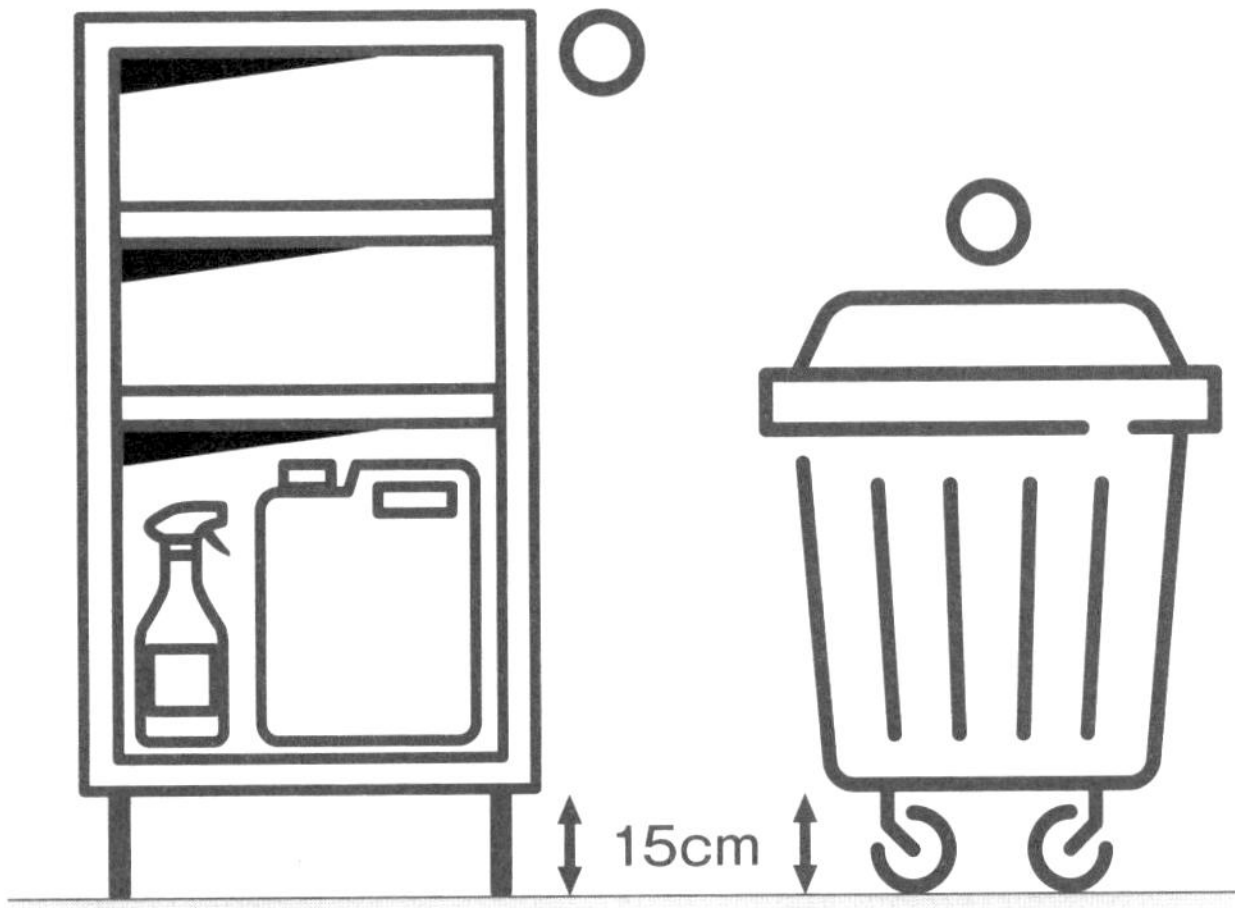

棚は床から
15cm以上空ける

ゴミ箱は動かせるもの
にして床から浮かせる

ダンボールは
置かない

② 手の届かないところは かき出し棒で掃除する

**隠れるところをなくすと
ゴキブリはいられなくなる**

ゴキブリは掃除できない場所に住み着きます。棚やゴミ箱と床は15cm以上空ける、ポスター、段ボールは置かない、手が届かない隙間は「かき出し棒」で清掃します。

Point

1 ゴキブリを厨房で見かけたら、厨房を再点検する

2 1の対策でダメなら、厨房すべてを清掃する

3 2の対策でダメなら殺虫剤やトラップも使用する

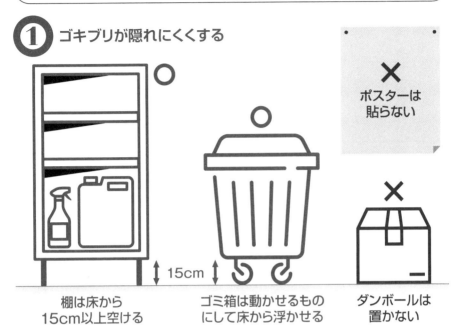

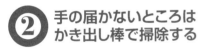

3-15

棚が黒ずんでいるんですけど

万が一、お客さまに「ネズミが走っている動画」をネット上にアップされたらどうしますか？

ネズミが生息すると痕跡が残る

棚が妙に黒ずんでいる、柱がタテに黒ずんでいる、このような場所がありませんか？

「なんでこの棚汚れているんだろう？」というところを見かけたらノートに記載し、きれいに清掃します。数日後、また汚れていればネズミが歩いた痕跡になります。

汚れをたどっていくと、黒い細長い、ネズミの糞が落ちていませんか？　さらにたどるとネズミの出入り口が見つかるかもしれません。

朝、厨房に細かいビニール片が落ちていませんか？　袋が破れ、米などが落ちていれば、ネズミが食べているかもしれません。**ネズミの痕跡を見つけるためには、毎日、床、食材庫をきれいに清掃しておくことが必要**です。

食材をかじられた跡があれば、タッパーなどに入れ替えます。食べ物がなければいなくなる場合もあります。

天井に穴が開いていませんか

ネズミは人の気配があると隠れます。棚の下、排水溝などに潜んでいるのです。また、ネズミは５００円玉大の大きさがあれば出入りでき、水道管などを伝えば２ｍ以上の高さまで登ることができます。天井に穴が開いているとそこから天井裏に行き、昼間は潜んでいます。

なんと、下水管から排水管の中を泳いで、グリストラップの排水管から厨房に侵入することもあります。グリストラップから下水管につながるところは、ネズミが入ることができないようにメッシュを入れる必要があります。

配電盤の配線部分に隙間があれば、ネズミが侵入してしまいます。配電盤の中にネズミが入り、感電する事故は結構起きています。**パテが外れていないかなど、毎月の配電盤の確認をお勧めします。**

ネズミ対策のチェックポイント

① こういうときはネズミがいる

飲食店を経営する限り、ネズミやゴキブリとは無縁ではいられません。しかしいくつかのポイントを守ることで駆逐できます。

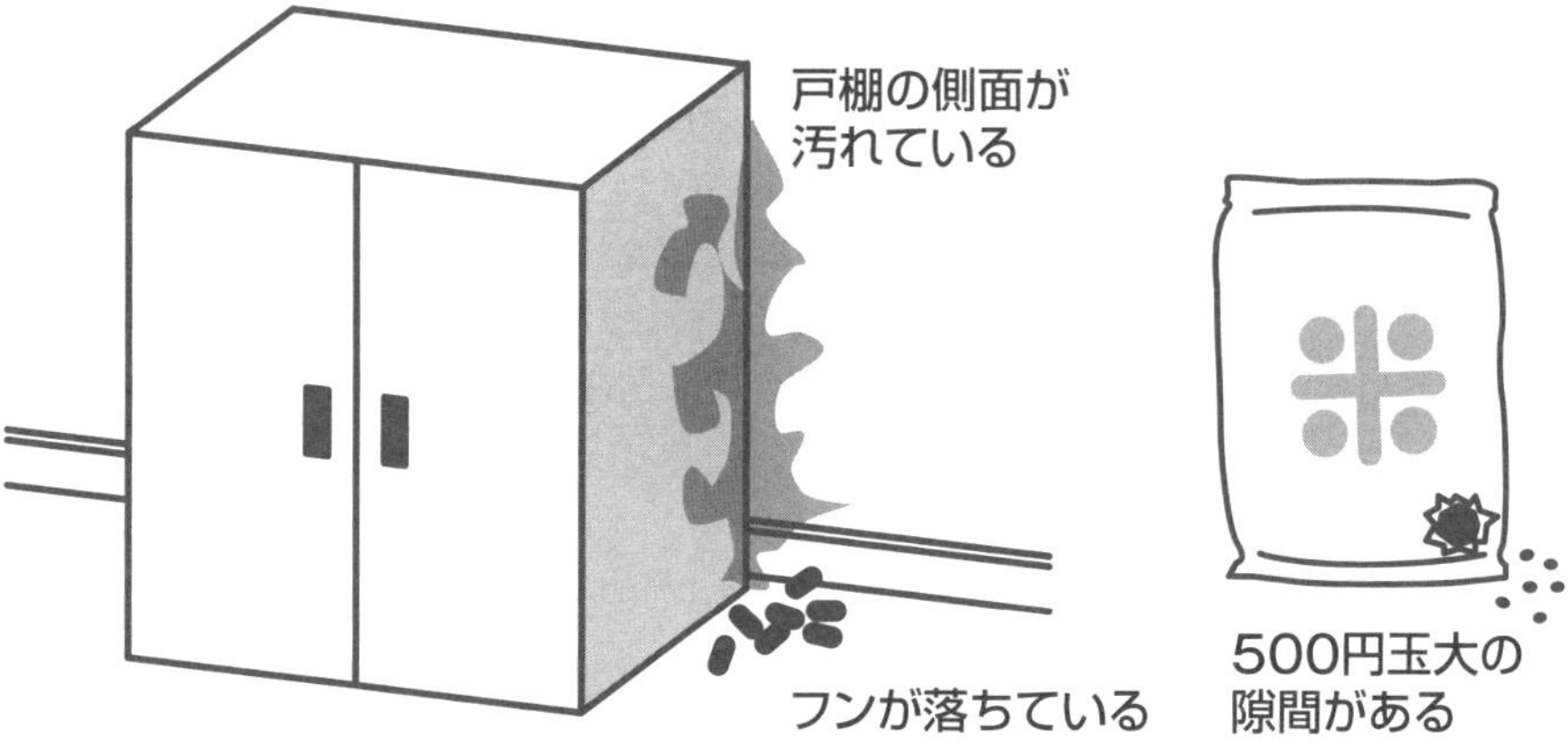
戸棚の側面が
汚れている
フンが落ちている
500円玉大の
隙間がある

② ネズミの通路はふさぐ、確認する

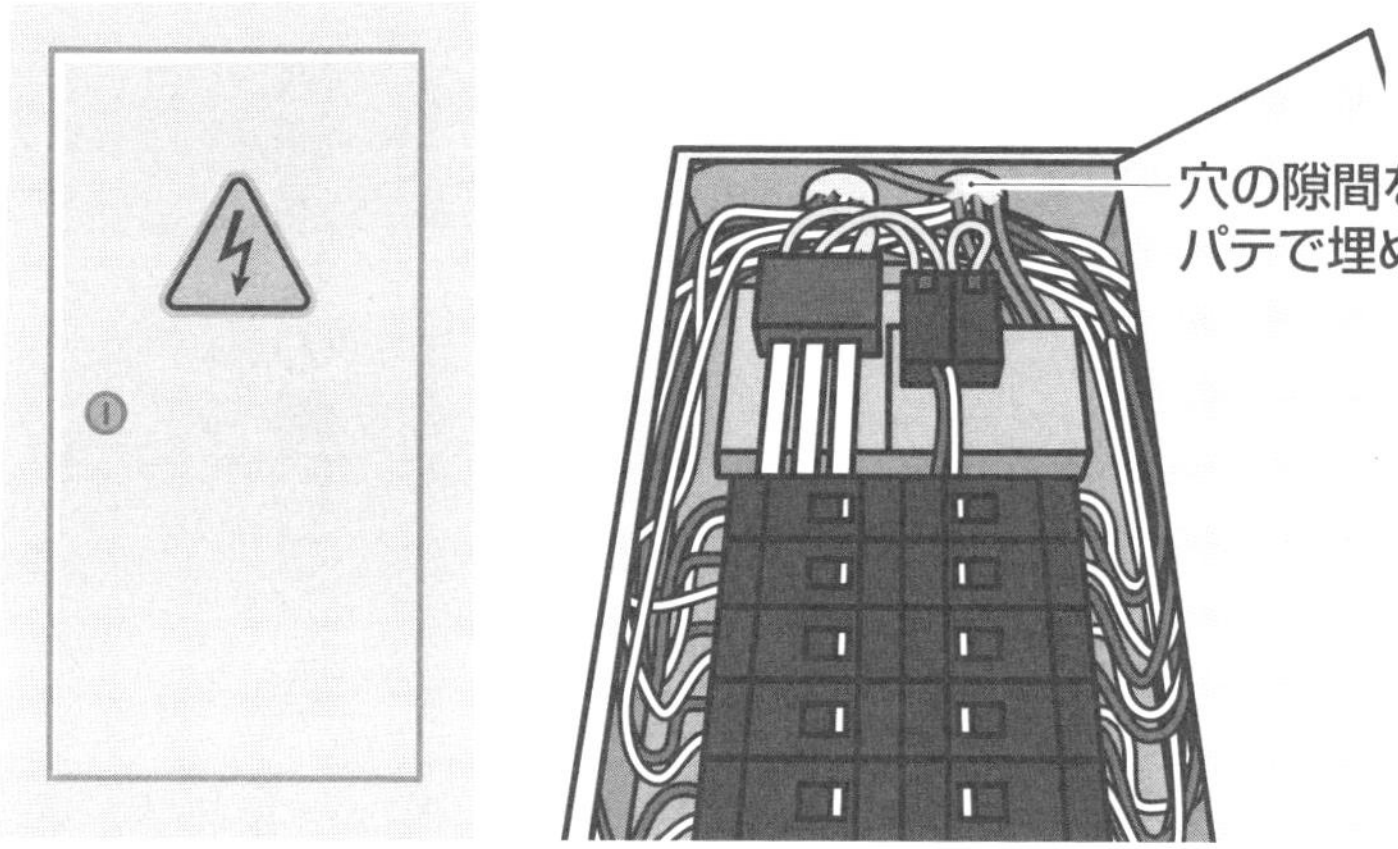
穴の隙間を
パテで埋める

Point

1 棚の黒ずみ、糞などネズミの痕跡がないか？

2 食材の袋が破れている、床に食材が落ちていないか？

3 壁、天井に500円玉大の穴が開いていないか？

3-16

このにおい、どこから来るの?

店に入ると独特のにおいがするお店があります。入ってすぐに帰ってしまうお客さまはいませんか?

排水周りの点検が必要

独特の異臭があるときは、ドブからのにおいが厨房に逆流している場合があります。

フライヤーや調理のにおいは換気扇から外に出るはずなので、ホールまでにおう場合はホールの換気扇、排気能力が不足しているのかもしれません。排気フィルターの清掃ができているかどうかの確認が必要です。

グリストラップの清掃は、週1回以上行なっていますか? そのときふたの裏まできれいにしていますか? ふたが重たくて裏側を清掃していないと、においの原因になります。その場合は軽いアルミ製などに変更すべきです。下水道につながるエルボー配管が封水になっていない、排水ます、シンクの封水部分の水がなくなっている場合も、下水のにおいが逆流します。使用していない手洗いシンクは、定期的に水を流します。

店舗周りの確認が必要

開店前、閉店後に、店舗周りの確認を行なっていますか? 排水の出口のマンホールのふたがずれている、隙間が空いていると、下水管のにおいが漂ってきます。ゴミ箱のふたは閉まっていますか? ゴミ箱の容器を洗っていますか? 生ゴミの汁がゴミ箱に溜まって腐敗し、におう場合があります。ゴミ箱を置いてあるところは水道を設置し、毎日洗い流すことが必要です。

近隣で養鶏場、養豚場などはありませんか? また、堆肥を作っているとにおいが発生し、風向きで流れてくることがあります。その場合はにおいの発生源と打ち合わせて、においをなくす技術や薬を使うことも必要です。

ホールの換気扇は、閉店時止めていますか? **吸排気設備は、下水のにおいなどがこもらないように、閉店後も稼働させておくことをお勧めします。**

においは元から断つことが大事

○ 厨房の清掃ポイント

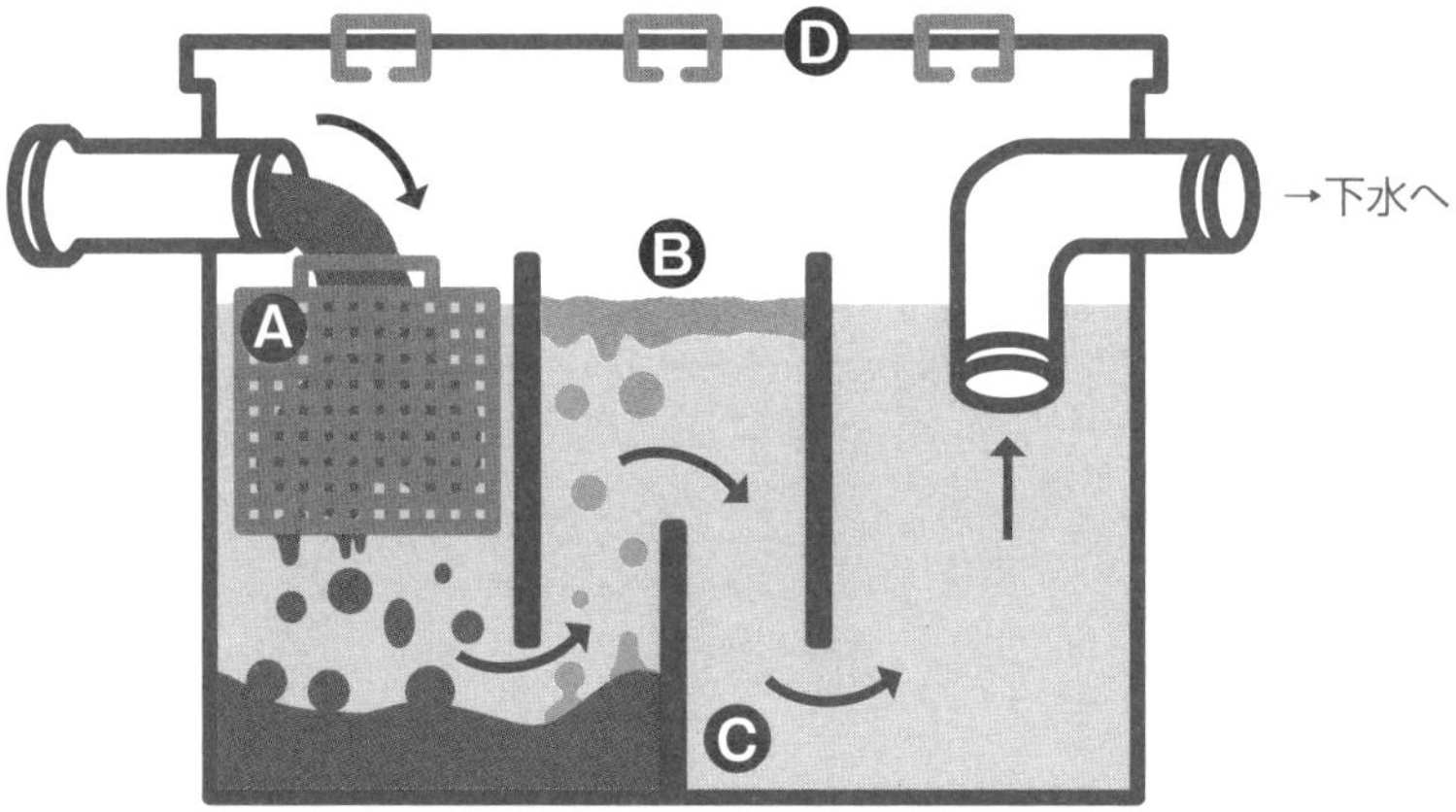

Ⓐ バスケット清掃は毎日行なう
Ⓑ 浮上油脂（グリス、油脂スカム）清掃は毎日行なう
Ⓒ 沈殿した汚泥の清掃は月1回行なう
Ⓓ 蓋はサビや老朽化の度合いを見て定期的に交換

× ゴミ箱、排水の出口を確認しているか

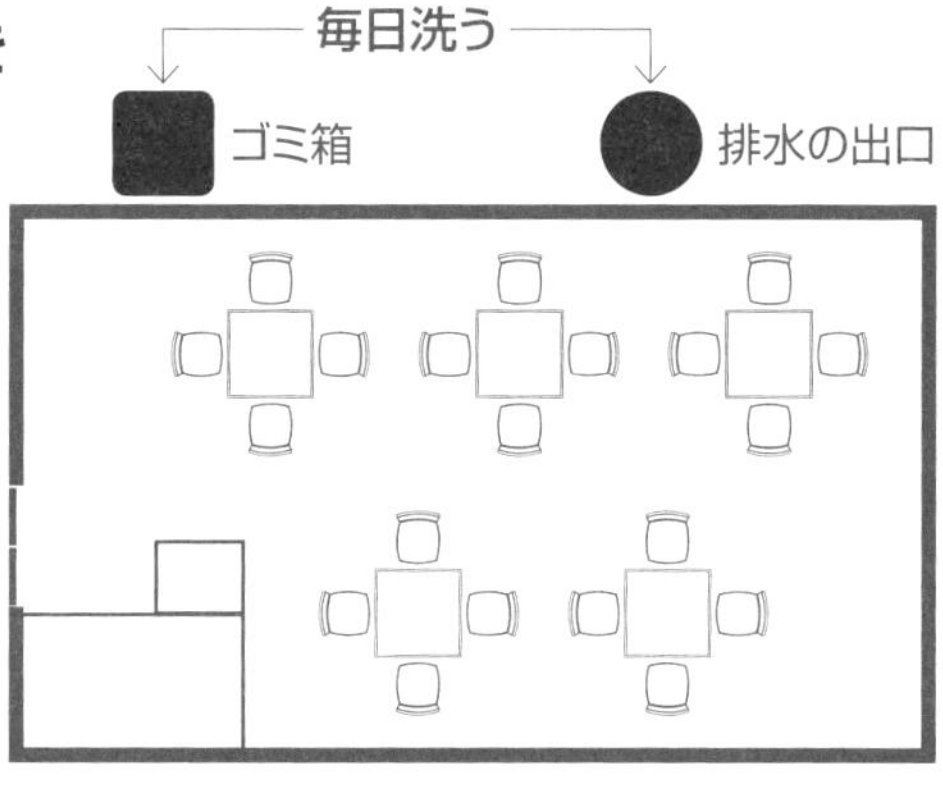

店舗の外に置いたゴミ箱、排水の出口からにおいが漂ってくる場合も。毎日の水洗いが必須です。厨房の排水箇所の清掃も定期的に行ないます。

Point

1 グリストラップは定期的に清掃する

2 下水との配管は封水する

3 店舗周りの点検を毎日行なう

3-17

一升瓶のお酒を割ってしまいました

厨房でお酒を注ごうとして、割ってしまった。そんなとき、どうする?

コップと食材を洗うシンクは別か?

ビールなどは、飲み口が薄いコップのほうがおいしく感じます。ただし、ガラスの薄いコップは洗うときに割れやすいので取り扱いに注意が必要です。

割れたコップが食材に入ってしまうと異物混入になり、お客さまが怪我をしてしまう可能性があります。**食器を洗うシンクと野菜などを洗うシンク、鍋釜を洗うシンクは、別にしておくことが必要**です。

厨房でコップ、食器を割ってしまったら、調理中の料理、食材に破片が入っていないか確認が必要です。

酒、みりんなどガラスビンに入っている調味料は、紙容器、ペットボトルに入ったものに変更するか、変更できない場合はガラスビンのまま厨房に入れず、割れない材質でできている小分け容器に入れ、厨房で使用することがお勧めです。

蛍光灯などは飛散防止処置をしているか

厨房の掃除をしているときに、モップの柄があたって蛍光灯が割れたとします。そのとき、蛍光灯の破片は厨房中に広がってしまいます。

そうならないためにはカバーのついた照明に変更すればいいのですが、照明を交換するときに割ってしまう可能性もあります。蛍光灯には、食品工場で使用している、割れても破片が飛ばない飛散防止タイプがあり、そのタイプに変更することをお勧めします。

食器以外の割れるもの、特にガラス製品は厨房から排除します。厨房の窓がガラスでできているときは、割れても飛び散らないように飛散防止のシートを貼りつけることをお勧めします。

ホールのガラスも地震などで割れるとお客さまが怪我をするので、割れても飛び散らないガラスを選びます。

厨房内のガラス製品の扱い方

○ 割れない／割れてもいい状態にする

コップ（割れ物）は
専用シンクで

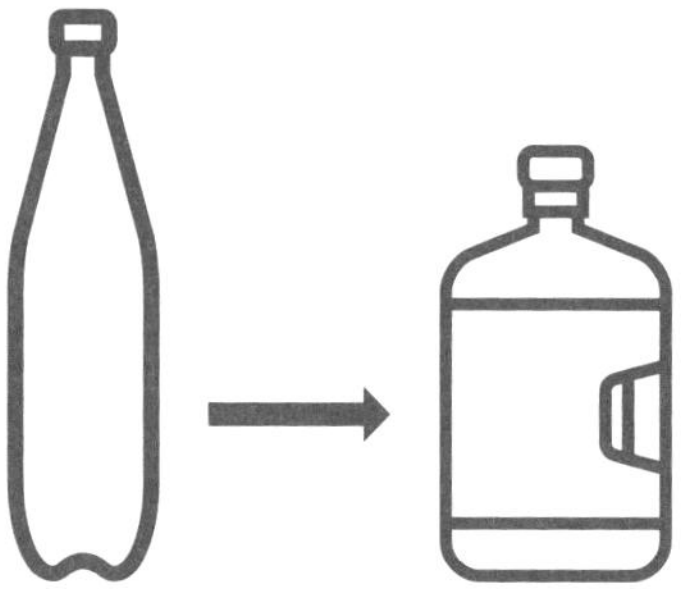

ガラス容器はプラ容器に

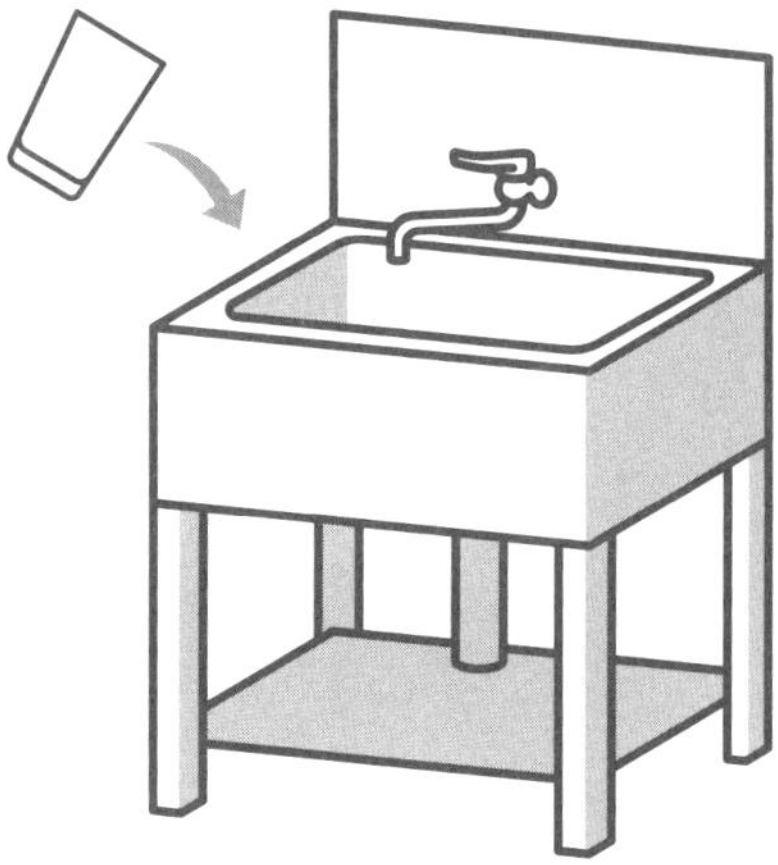

× 意外なガラス製品は放置しない

蛍光灯
飛散防止タイプへの変更

マジック

割れやすいものは専用シンクで洗うなど、「割れてもいい」環境を作ります。意外と見逃しがちな「蛍光灯」やガラスボトルのマジックも注意が必要です。

Point

1 コップ、ビンを割ってしまったときの対処方法を定める

2 食器以外のガラスでできているものを厨房から排除する

3 厨房の蛍光灯、鏡、ガラスなどは飛散しないものにする

食中毒の原因② サルモネラ属菌

菌のイメージ	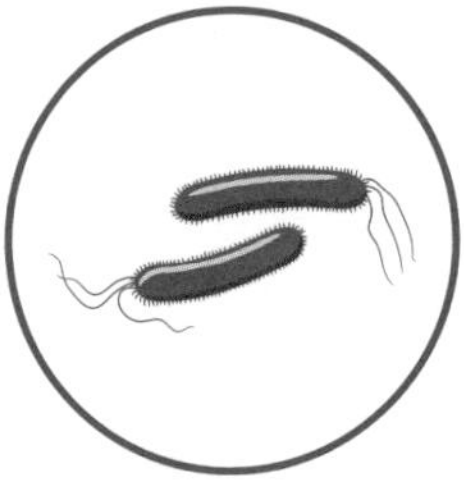
主にいるところ	生卵、鶏肉、自然界（川、下水、海などに広く分布）
特徴	乾燥に強い
潜伏期	6〜72時間
症状	激しい腹痛、下痢、発熱、嘔吐 長期にわたり保菌者になる場合がある
食中毒になる原因食材	卵、卵加工品、食肉(特に鶏肉)、うなぎ、スッポン、 二次汚染による各種食材 
注意すること	肉・卵は十分に加熱する（75℃、1分以上） 卵の生食は新鮮なもの、かつ冷蔵保管されているものに限る 二次汚染を引き起こさないよう食材はゾーニングする

Point

1. サルモネラ食中毒発生の原因となる食材を理解する
2. サルモネラ食中毒発生の原因となる作業者の行動を理解する
3. サルモネラ食中毒発生の原因となる出前の注意点を理解する

第4章

コロナ、食中毒…危害を防ぐ食器管理

――正しく洗い、保管する

毎日使うものだけに、
清潔は保たれていると思いがちな食器。
毎日使うものだからこそ、
洗浄、保管方法をもう一度見直しましょう。

4-1

シンクは何カ所必要か？

シンクの封水トラップをはずすとねとっとした汚れがついている厨房はほかの場所も汚いものです。

手洗いシンクは厨房の外にほしい

感染症対策、食中毒対策を真剣に考えると、厨房のドアを開ける前、照明のスイッチを入れる前に手を洗える設備が必要です。

お客さまがドアを開けたあとすぐに手を洗ってテーブルに着けたら、感染症対策はより確実になります。昭和の時代には、東京都などでは店の入口にお客さま用の手洗い設備の設置が必要でしたが、いつのまにか必要なくなり、店頭に手洗い設備のある店は減ってしまいました。

厨房のシンクは、考えられる危害ごとに必要です。また厨房が大きければ、働く人数に合わせた数が必要です。

食器洗浄機が設置してあっても予洗用のシンクが必要です。野菜洗い用、肉などを入れた容器を洗うＰＨＦ用、ポテトサラダのボールなどを洗うＲＴＥ用、うろこのついた魚を使用するなら、うろこ用のシンクも必要です。

シンクは毎日磨きあげているか？

シンク自体を毎日磨き上げることも大切。水切りスペースも含めてシンク内部を磨いたあと、水分を拭き上げます。**水分を拭き上げることは、ゴキブリなどの対策につながります**。シンクの下に棚があって洗剤などを置いているなら掃除の際はよけて、棚もきれいに拭き上げます。この作業ができないなら棚のないものがお勧めです。

シンクには封水トラップ、ゴミをとる網がついています。ゴミをとる網までは掃除する方が多いのですが、封水トラップをはずして毎日洗う方は少ないです。私は厨房点検時には、必ずトラップをはずしてもらいます。ひどい場合はトラップのない店もありました。洗うのが面倒で、いつのまにかはずしてしまっていたのです。

シンクに水をためるためのふた、ゴミをためる網などは、破損する前に定期的に交換することをお勧めします。

シンクの理想形とそうじ法

○ シンクは用途別に用意する

用途	ベストな槽数
手洗い	手洗い設備
食器用	3槽シンク
野菜用	2槽シンク
PHF用	1槽シンク
RTE用	1槽シンク
生魚用	1槽シンク（ウロコのある魚を使用するとき）

毎日の
磨き上げが
必要

1槽シンクが1つだけでは洗剤が食材に混入する恐れもあり、RTEとPHFの区分けもできず危険。ウロコのある魚を使用するときも別にシンクが必要です。

× 掃除は排水溝の入口だけ…ではダメ

封水トラップまで
はずして掃除
網だけでは
ダメ

Point

1 シンクごとに何を洗うシンクかを理解する

2 食器、食材ごとに、それぞれシンクが必要か理解する

3 シンクの洗い方を説明できるようにする

4-2

3槽シンクが必要なわけ

「水のコップに口紅」「食器を触ったらベタベタ」…私なら料理を注文済みでも席を立ちます。

洗剤の危害をなくすために

3槽シンクは食器を手洗いするとき、調理に使った鍋などを洗うときに使用します。家庭のような1槽シンクで鍋を洗うお店は多いですが、**洗剤を確実にすすぎ、調理道具を確実に殺菌するためには、3槽が必要**です。

槽での洗浄前には、残っている食材、タレなどは、拭き取っておきます。洗浄の手順は、次の3ステップです。

①ブラシ、スポンジに洗剤をつけ、1槽目で洗います。
②2槽目で洗剤を確実に落とします。
③3槽目で殺菌します。

殺菌の必要のない食器などは、

①1槽目でお湯につけ汚れを落とし
②2槽目で洗剤で洗浄し
③3槽目ですすいで水切り台に置きます。

1槽目でお湯につけると汚れが落ちやすくなります。

殺菌が必要なもの

特に調理して、次の日以降に提供するポテトサラダ、デザートなどに使う器具は、殺菌が重要です。シンクの場合、3槽目で熱湯を使った熱殺菌をします。**殺菌した器具をかごに入れて熱湯をかけ、かごごと棚などに置いて乾燥すると作業性も上がります**（コンベクションオーブン、大きな寸胴でも加熱殺菌は可能です）。

手洗い設備が厨房内にある場合は、手洗い洗剤を泡立てているときにほかのシンクに飛ばないよう、工夫する必要があります。手洗いシンクと器具や食材用のシンクを兼用しているお店もありますが、危険です。**手洗いは、食中毒菌、感染症の要因が付着している恐れがあり、それを洗い流すため……という目的を忘れてはいけません。**

理想的には、厨房で使う靴を洗うシンクが厨房の外の手洗い設備の隣にあるときれいな靴での接客が可能です。

なぜ3槽必要なのか？

○ 用途別にシンクを使い分けられる

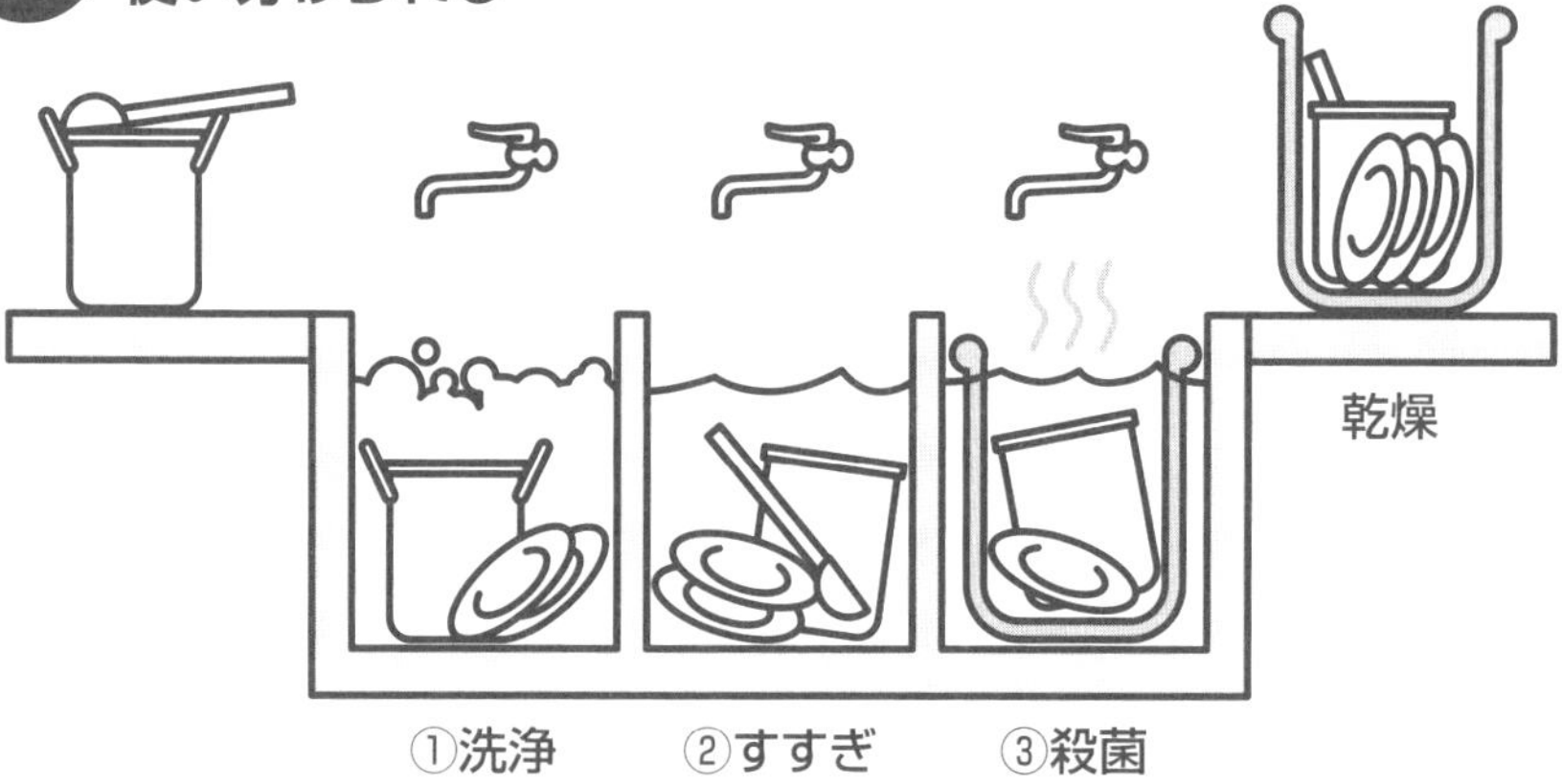

× 手洗いと調理用で分けられない

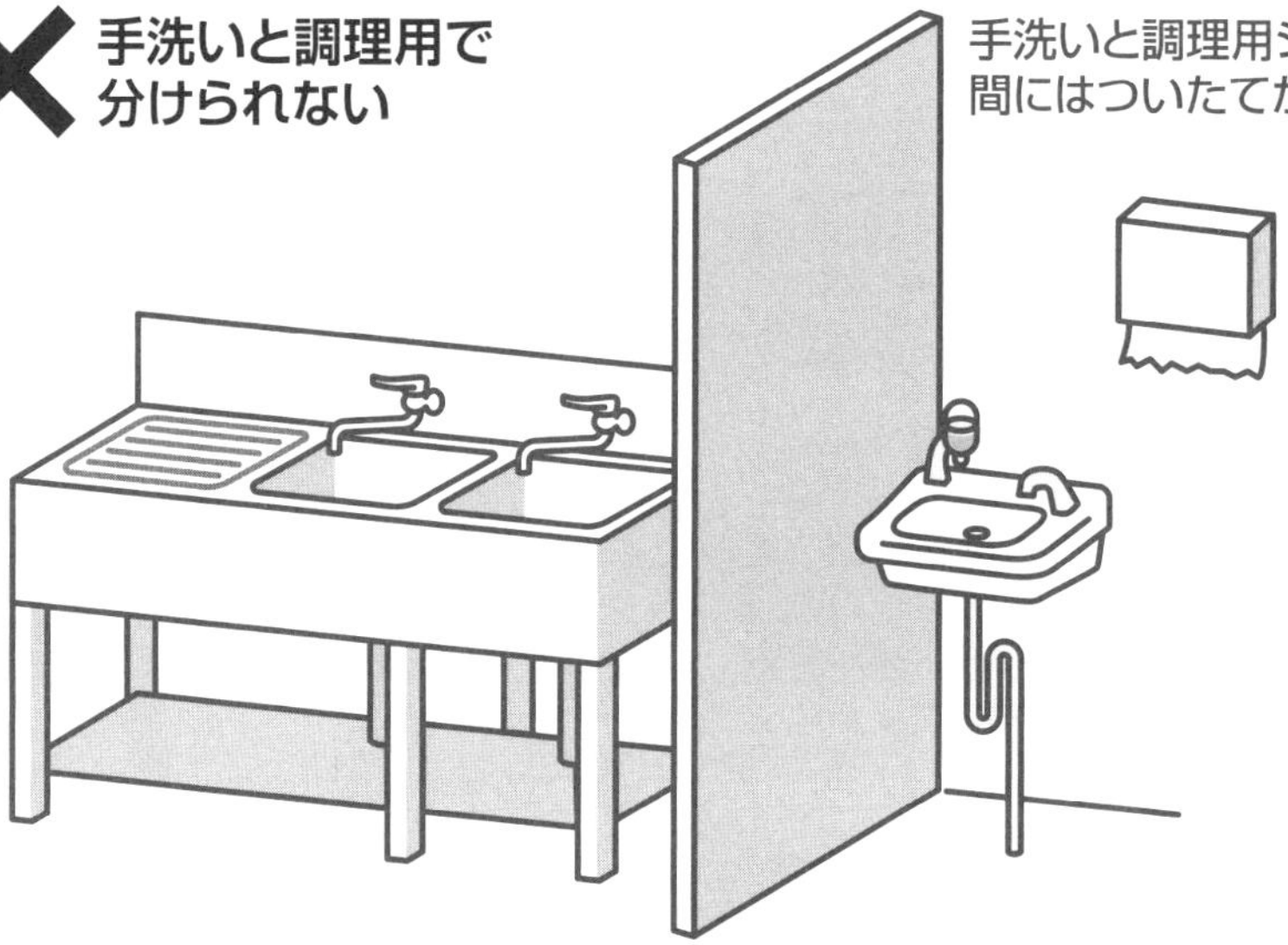
手洗いと調理用シンクの間にはついたてが必要

Point

1. 洗剤を確実に取りのぞく
2. RTEで使用する調理道具は殺菌する
3. 手洗いの洗剤がシンクに飛ばないようにする

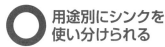

4-3

洗浄機がくすんでいませんか？

便利な食器洗浄機。ただし、正しくメンテナンスしないと洗浄力が落ち、食中毒、クレームの原因にも。

毎日ふたを開けて乾燥させているか

食器洗浄機は、食器洗い用の中性洗剤ではなく、洗浄機専用の洗剤を使用します。1回ずつ洗剤を投入するタイプと自動で洗剤が出てくるタイプがありますが、作業性を考えると自動で洗剤が出てくるものがお勧めです。

食器洗浄機の点検では、特にすすぎの温度が、70℃以上になっているか毎日確認します。

また、食器の入れ方で洗浄力が変わるので、説明書に従って、適量の食器を入れるようにします。食器の向きが違ったり、重なり合っていたりするときれいに洗えません。

使用後は洗浄水をすべて抜き、ゴミ、給水フイルターなどに溜まったゴミを取りのぞきます。水量のセンサーなどもきれいにしましょう。**作業終了後、洗浄機のふたを開けたままにして、内部を乾燥させることも大切**です。

スケールを定期的に取りのぞいているか

洗浄機自体の内部は中性洗剤などを使用して、スポンジ、ブラシで洗浄します。毎日洗浄していても、白い膜のようなものがつきます。これはスケールといって、たまると洗浄能力が落ちます。スケールを取りのぞく専用洗剤があるので、洗浄機メーカーに問い合わせましょう。

温水を噴霧するノズルから温水が正しく出ていない場合は、ノズル部分をはずして洗浄します。洗浄機から出る蒸気を吸い取るダクトも定期的に清掃が必要です。ダクト内部が汚れていると、洗浄機の上部にぬめりのあるゴミが落ちてしまいます。

洗浄機内部から異音がないか、正しく温度が上がっているか、食器のぬめりが残っていないかを毎日点検し、スケール除去した月日などを、日報に記録すべきです。

洗浄機の外側も拭き上げ、外面、中面とも磨き上げます。

洗浄機の使い方のポイント

○ 食器を正しく並べる

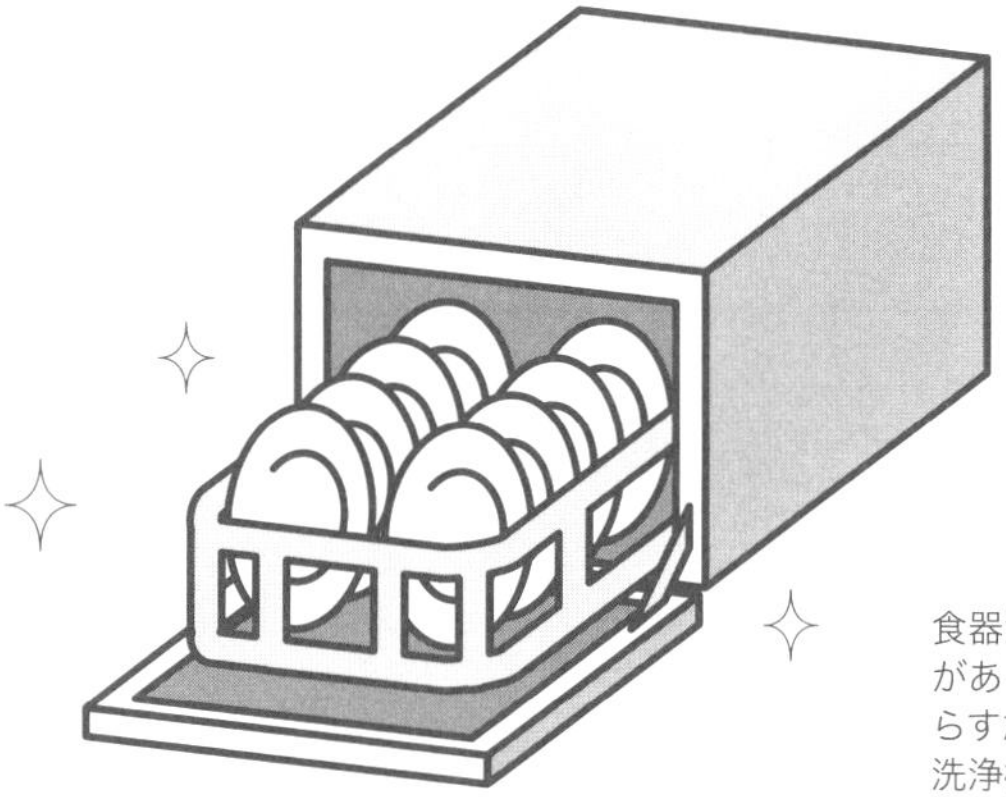

吸水部分と
スケールも
毎日確認

食器洗浄機は便利なものですが、汚れ残りがあると結局二度手間です。汚れ残りを減らすためには食器を整理して入れることと、洗浄機の掃除が大切です。

× 食器をぐちゃぐちゃに入れる

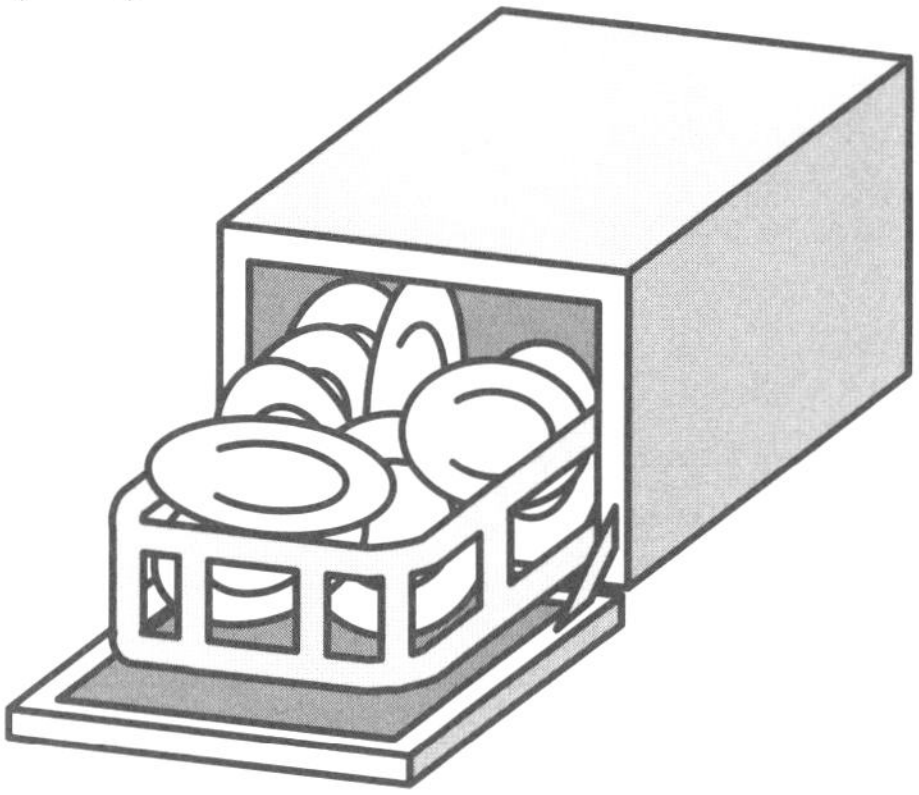

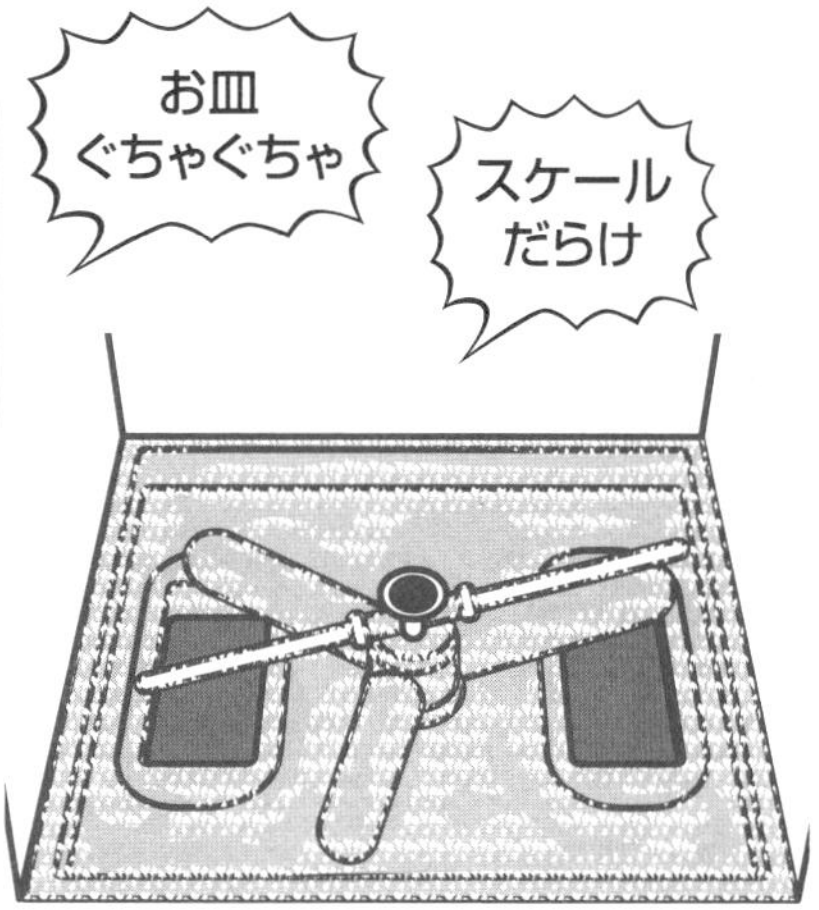
お皿
ぐちゃぐちゃ
スケール
だらけ

Point

1. 洗浄機の毎日の洗浄、点検項目を把握する
2. 食器は正しく並べる
3. 洗浄機にスケールがついたときの対処方法を理解する

4-4

洗った食器はどこに置けばいい?

野菜のサラダを盛りつけたガラスの器が温かいまま提供されると「なんだかなー」と思いませんか?

どこまで欠けたら使用しないか

食器を洗浄した後、ふきんで拭き上げるものと、そのまま乾燥させるもの、ぬれたまま使用するものなど、業態によってさまざまです。

また、**食器、どんぶりがどの程度、割れたり、欠けたりしたら使用しないか基準を決めていますか?**

私は、直接唇をつけて使用するコップ、どんぶり類は少しでも欠けていたら使用すべきではないと思います。とんかつの皿などは、店の格式にもよりますが、多少の欠けなら使用しているお店は多いようです。ただし、お客さまはそれなりのお店と判断してしまいます。

水用のコップは、飽和ポリエステルでできている割れないコップが出てきています。多少荒い取り扱いをしても割れないようなので、よく食器を割りやすいお店では検討してもいいかもしれません。

冷やして使うか、温めて使用するか

お店の開店時に、当日の客数と厨房の出勤人数を考え、必要な食器の数を予測します。

必要ない食器は、棚の上の食器置き場においておきます。必要以上の食器を置いておくと、ほこり、汚れなどで再洗浄が必要になりますので、ネズミ、ゴキブリが入り込めない、しっかりした扉のある棚にしまうべきです。

洗浄機で洗ったあと、ぬれたまま使用できるうどん屋さんのどんぶりなどは、お湯につけて保温します。反対にサラダに使用する皿などは、軽く水気を拭いて冷蔵庫で冷やすことが大切です。とんかつなどを乗せる皿は室温で保管するよりも、保温装置のついた「ディッシュウォーマー」で保管することがお勧めです(ディッシュウォーマーは、定期的に洗浄することをお勧めします)。

食器の温度もごちそうの1つです。

食器の正しい保管方法

○ 使用頻度で保管場所を分ける

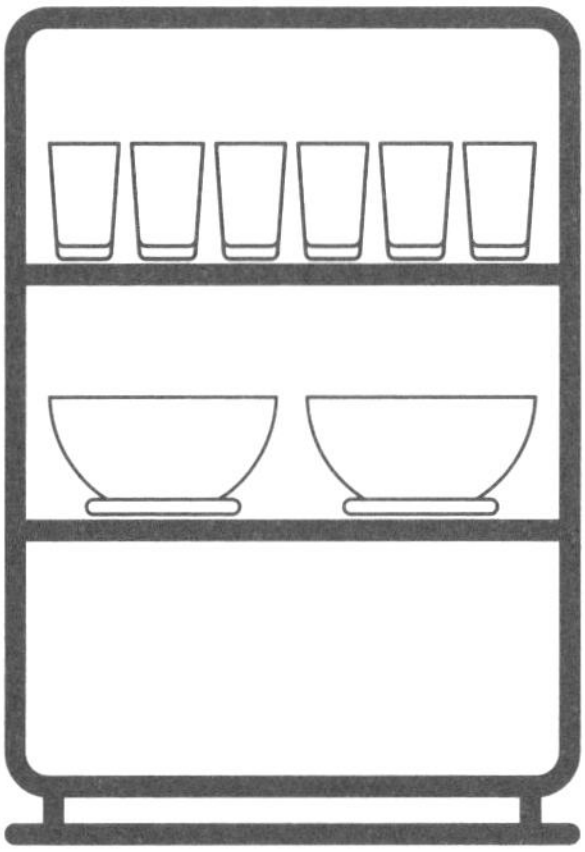

よく使う食器はオープンな棚やウォーマーに

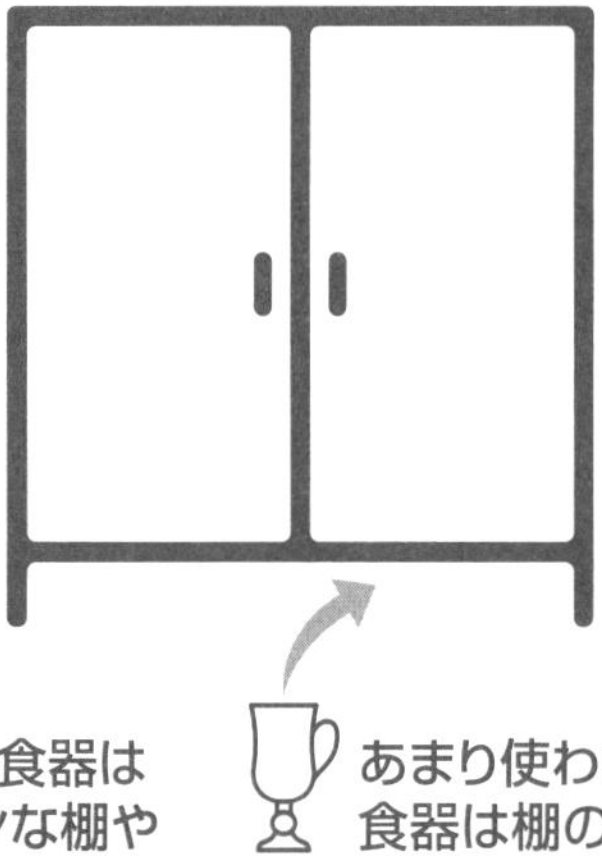

あまり使わない食器は棚の中へ

あまり使わない食器は戸棚の中、普段使わない上のほうの棚に入れます。ヒビ、欠けがあったら使わないほうがよいでしょう。

× 食器は少しでも欠けたら使用しない

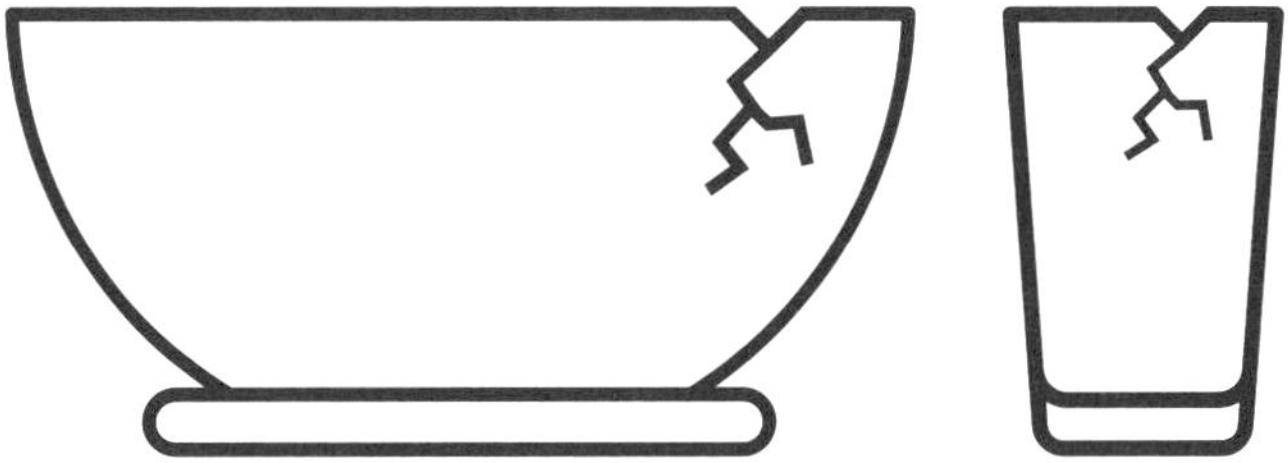

Point

1 乾燥が必要か、ぬれたまま使用するか判断する

2 冷やしておくことが必要かどうか判断する

3 温めておくことが必要かどうか判断する

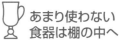

4-5

コップは洗っただけじゃダメです

水のコップの形、厚さ、材質があなたのお店の格を表しているのです。

傷だらけのコップを出していないか

京都の駅前のあるホテルでは、朝食バイキングに割れないコップ、食器が使われています。ただし、修学旅行客専用ホテルのような食器で、高級感はありません。

感染症が広がってからは紙コップ、使い捨てのコップを提供するお店も増えてきました。悪いとは言いませんが、**テーブルについてはじめに飲む水がおいしいと料理が楽しみになります。**「割れていない」だけの傷だらけのコップで出てくると、水がおいしくとも席を立ちたくなります。水を入れるコップは意外と重要です。

厨房でコップに水を入れ、お盆を直接その上に乗せているところを目にすると、食事ではなく、「餌」を食べに来たような感覚さえ覚えてしまいます。

プラスチックの割れないコップでも、どの程度傷ついたら交換するか、最低限の交換基準を決めるべきです。

ヒビが入っていても気がつかない

みなさんも「ビールジョッキにヒビが入っていた」、「コップが欠けていた」などという経験はあると思います。コップを片づけるとき、洗うとき、水を注ぐとき、お客さまに提供するとき、コップにヒビが入っていることに気づくチャンスはたくさんあるはずです。すべてが単なる作業になっていて、誰もお客さんのことを考えていないことを、1つのコップの状態が表してしまいます。

それなりの客単価のお店でも、グラスに水垢が残っている、透明度が悪いグラスを出すことがあります。シャンパンを頼んで泡立ちを楽しもうと思っても、水垢が気になって楽しめなくなります。水垢、くもりは、専用の洗剤、薬剤を使用すると簡単に取ることができます。

グラスは、店の格を表します。お客さまが何に対して高いお金を払うのか、グラスを見ながら考えませんか。

コップの寿命は？

○ よい状態のコップ

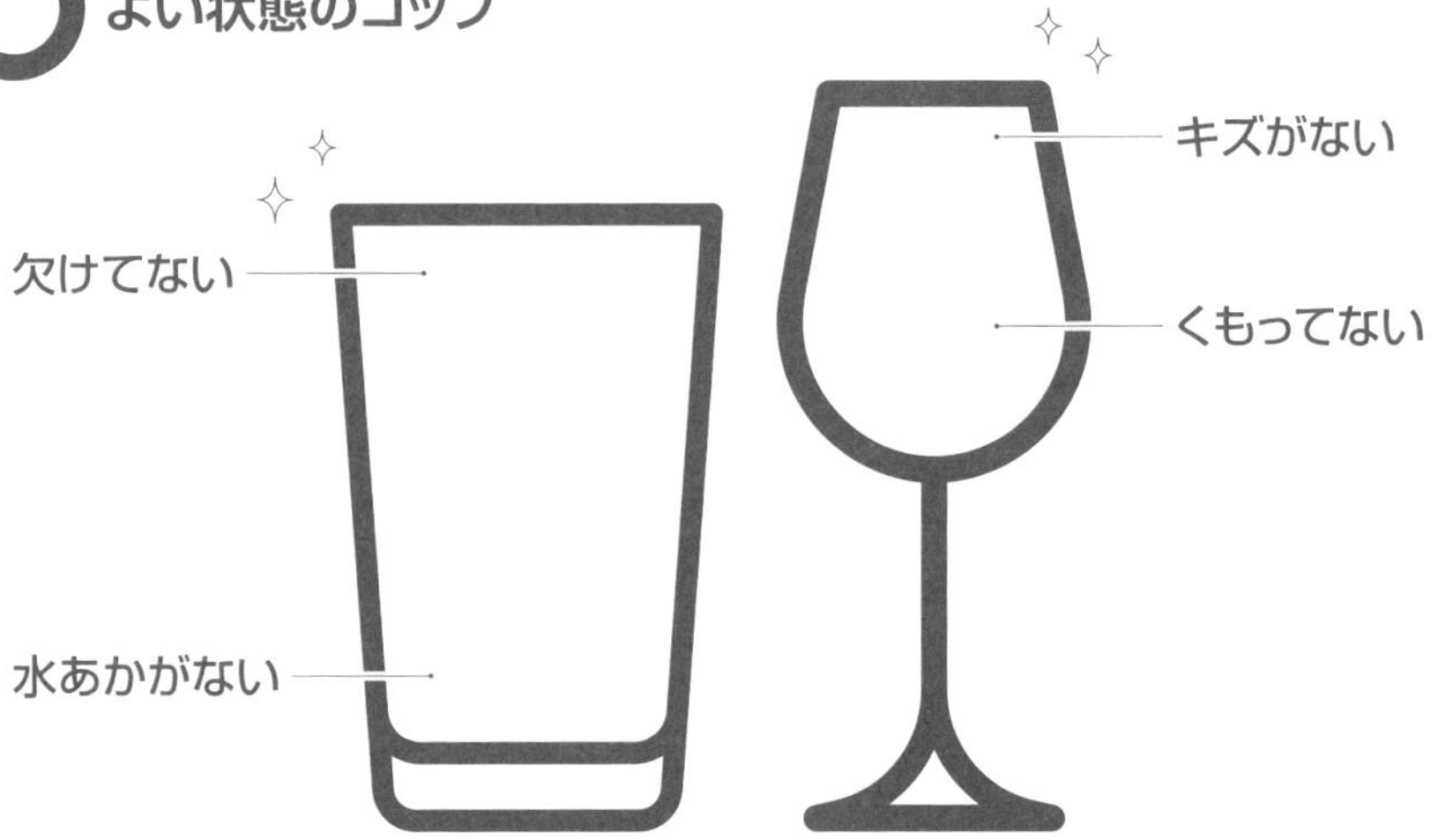

× こういうコップは即処分

水はテーブルについて最初に飲むもの。ソフトドリンクやお酒も、料理より先に出る場合も多いものです。コップはお店の顔。きれいに保ちましょう。

Point

1. コップを交換する基準を決めている
2. コップが「きれいじゃない」の基準を決めている
3. お客さまに出す前にコップを確認している

Column

食中毒の原因③ 出血性大腸菌

菌のイメージ	
主にいるところ	動物、特に牛の腸内
特徴	菌が少量でも発生する 加熱や消毒には弱い
潜伏期	4〜8日間
症状	初期の風邪のような症状の後、激しい腹痛と大量の新鮮血を伴う血便 発熱は少ない 乳幼児や高齢者などは重症になりやすく溶血性尿毒症候群を併発し、意識障害に至ることもある
食中毒になる原因食材	井戸水、焼肉、牛レバー、ローストビーフ、ハンバーガー アップルサイダー 
注意すること	食肉は中心部までよく加熱する（75℃、1分以上） 野菜類はよく洗浄する 屠畜場の衛生管理、食肉店での二次汚染対策を充分に行なう 食材の低温保管を徹底する

Point

1 出血性大腸菌食中毒発生の原因となる食材を理解する

2 出血性大腸菌食中毒発生の原因となる作業者の行動を理解する

3 出血性大腸菌食中毒発生の原因となる出前の注意点を理解する

第5章

HACCP・コロナ対応の清潔管理

——従業員の服装、ホールやトイレはつねに美しく

従業員・トイレ・ホールが清潔でなければ、
リピート客は増えません。
店舗・従業員の清潔の基本を見直します。

5-1

お店の入口は磨き込まれているか

「いいお店」と紹介され予約が入っても、店の周りが汚いと台無し。お客さま目線でのチェックが大切。

店までの道を歩いているか

インバウンドのお客さまを当てにしていた飲食店は、新型コロナウイルスの影響に苦しんでいます。逆に、地元の方に愛されているお店は、影響があまり見られません。

地元の方に愛される第一歩は、店の周りをはき清めることです。

私はセミナーで、**「古いお店と、汚いお店は違う」**と話します。古いお店こそ、きれいに掃除することが必要。毎日、駐車場からお店までの道をホウキで掃除することが大切です。「ゴミなんか落ちていないのに」と思うかもしれません。しかし、開店前の道を掃除し、草を抜く姿を、地元の方は見ています。「きっと、おいしい店なんだろうな」と思い、「いつか行ってみよう」と必ず考えるものです。

店頭は磨き込まれているか

店頭のガラス、床面、階段等は磨き込まれていますか。タイルを使用している階段は、長年使用していると白いシミが出てきます。専用の洗剤を使用することでこのシミは取りのぞくことができます。店頭のガラスも、毎日磨いてください。

店頭にカードのステッカー、新型コロナウイルス対策のポスターなどを安易に貼りがちですが、掲示が必要なものは掲示板を設置し、その掲示板に貼ることをお勧めします。掲示物は毎日確認し、掲載期限を確認します。入口に塩を盛っているお店もありますが、塩を盛っている床が磨き込まれていないと、私はがっかりしてしまいます。

ホームページの写真に凝るより、まずきれいなお店にすることが大切です。

入口、駐車場…お店の周囲もきれいに保つ

○

お店の外観がきれいだと入ってみたくなる

×

駐車場、階段が汚いお店は入りたくない

店舗の入口はきれいにしていても、意外と忘れがちなのが階段や駐車場。お客さまが車を停めるところから、お店の衛生意識が問われます。

Point

1 開店前の清掃は、店頭も行なっているか

2 公共の道路、歩道でも、ゴミが落ちていたら、拾う習慣があるか

3 店の前ですれ違う方に挨拶をしているか

5-2 近所に悪臭をばらまいていないか

唐揚げのにおいも、毎日かいでいると悪臭になります。外の洗濯物ににおいがつくと苦情になります。

おいしいにおいが、いやになる

散歩していると「この家の晩ごはんはカレーだな」と、においを感じることがあります。台所の換気扇から料理のにおいを感じます。散歩中の一軒ならいいのですが、毎日、窓を開けると唐揚げの油のにおいを感じ、窓を閉めてもにおう日も出てきて、洗濯物を外に干すと唐揚げクサイ。そんな事態になると、「唐揚げのにおいが迷惑なんだけど」と、クレームが来てしまいます。

換気扇にも注意が必要です。お店の壁から換気扇を出すと、屋根と壁の間ににおいがこもる場合があります。換気扇側に隣の建物の窓、ベランダなどがあると、苦情の原因になります。排気装置を屋根の上に取りつけると風にのり、においが薄まり、苦情を防ぐことができます。

苦情になりやすい加熱時のにおいの排気装置は、なるべく高く設置することが重要です。

最先端の技術でにおいを防ぐ

加熱時のにおい以外にも、排水、ゴミのにおい等に注意が必要です。人は、一定時間経ってしまうとにおいになれてしまいます。厨房に入る前に、近隣の方の気持ちになって店の周りを歩き、においの問題がないか確認することが必要です。

毎日店の周りを掃除、確認していると、近隣の方のほうから声をかけてくれます。「ちょっとゴミ箱からにおいがするけど」などという声は素直に聞き、記録することが大切です。

そしてすぐに対策できることを実施し、少しお金をかけてでもできることを行ない、つねに最新技術の情報を集めることも意識しましょう。

同業者、専門家の情報などの中には、必ずにおいを軽減する、なくす、最先端技術の情報があるはずです。

近所ににおいをばらまいていないか

○ 排気装置は屋根の上がベスト

× 壁に沿って排気してしまうと…

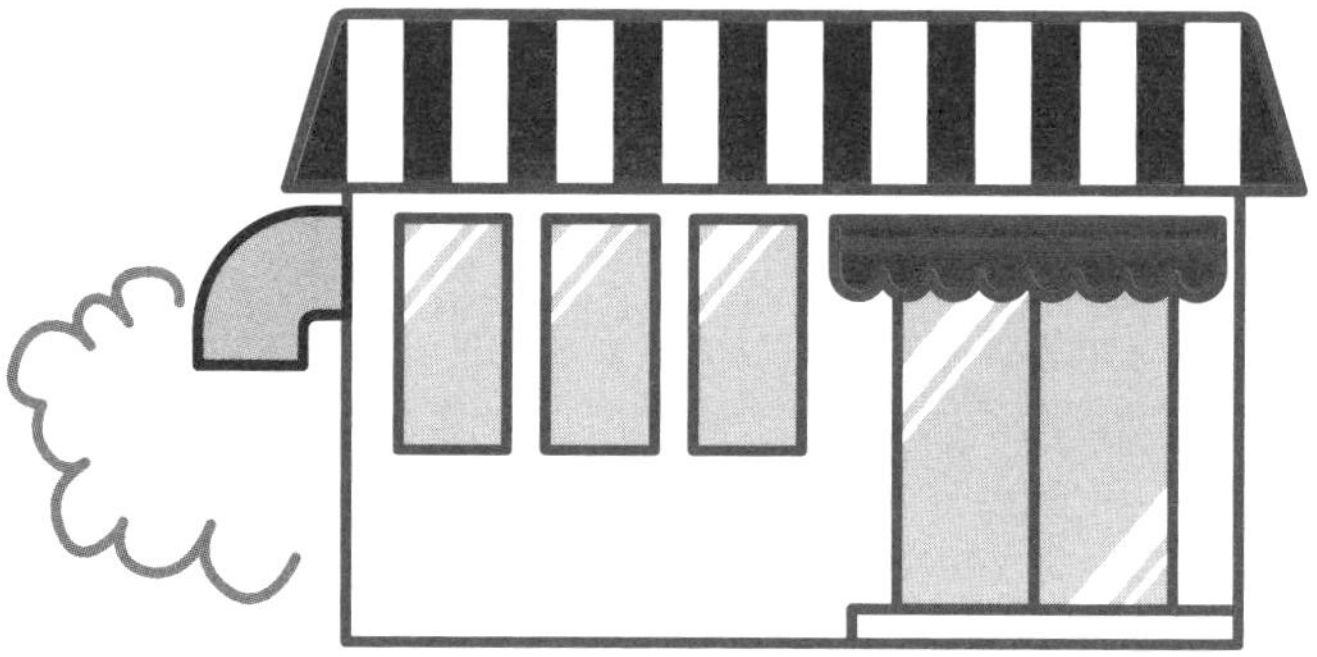

街を歩いているとよく見かける、店舗の壁から排気ダクトを出して、地上に向かって排気するお店。隣家ににおいがダイレクトに届いてしまいます。

Point

1. 近隣の方の立場で、においを点検する
2. 近隣の方の話を、素直に聞き、記録する
3. においに関する最新の技術情報を学ぶ

5-3

店頭ポスターが曲がっている!

キャッシュレス決済できるかなど、意外と見られている店頭表示。掲示はきれいですか?

お客さまを遠ざける曲がったシール

店の入口のガラスは、毎日開店前に磨き込むものです。ガラスには、シール、ポスターなどは貼るべきではありません。まして貼ったシールが曲がっている、重ねて貼られているような店は大体厨房も雑然としています。

期限の過ぎたキャンペーンシールは、「使用期限の過ぎた材料を使用している」と掲示しているようなものです。

はじめて来られるお客さまが違和感を覚えないように、店の雰囲気を作ることが大切です。玄関のガラス越しに、お客さまは「店の雰囲気」を判断します。

私も旅先で有名店をネット予約し、お店に行ったところ玄関が薄暗く、店頭なのに食材の段ボールが積まれていたので、玄関先から予約を取り消したことがあります。

「新規のお客さまが来ない」と感じている場合は、まず玄関のガラスを磨き込んでみませんか?

本来はopen表示だけ

お客さまが必要な情報は「開いているかどうか」、開店時間と終了時間だけです。ほかの情報は、ＱＲコードを掲示しておきます。店の前を歩いていたお客さまは、雰囲気が良ければＱＲコードを読み込んで、メニュー、お店の設備、予約ができるかどうかなどを確認します。

ネットで店名を検索すると、お店のホームページに同じような情報があるとお客さまは助かります。一般的にはグルメサイトで情報を得ますが、本当に必要な情報が出ていない場合があるからです。

特に日替わりメニューのある店、今月のお勧めのある店、旬のおいしいものを出す店は、定期的にホームページを更新して、その情報を店頭にも掲示すると、リピーターの方が楽しみにして通ってくれます。はじめてのお客さまが安心できる店頭になっていますか?

店頭のチェックポイント

○ 掲示物は最低限に、美しく

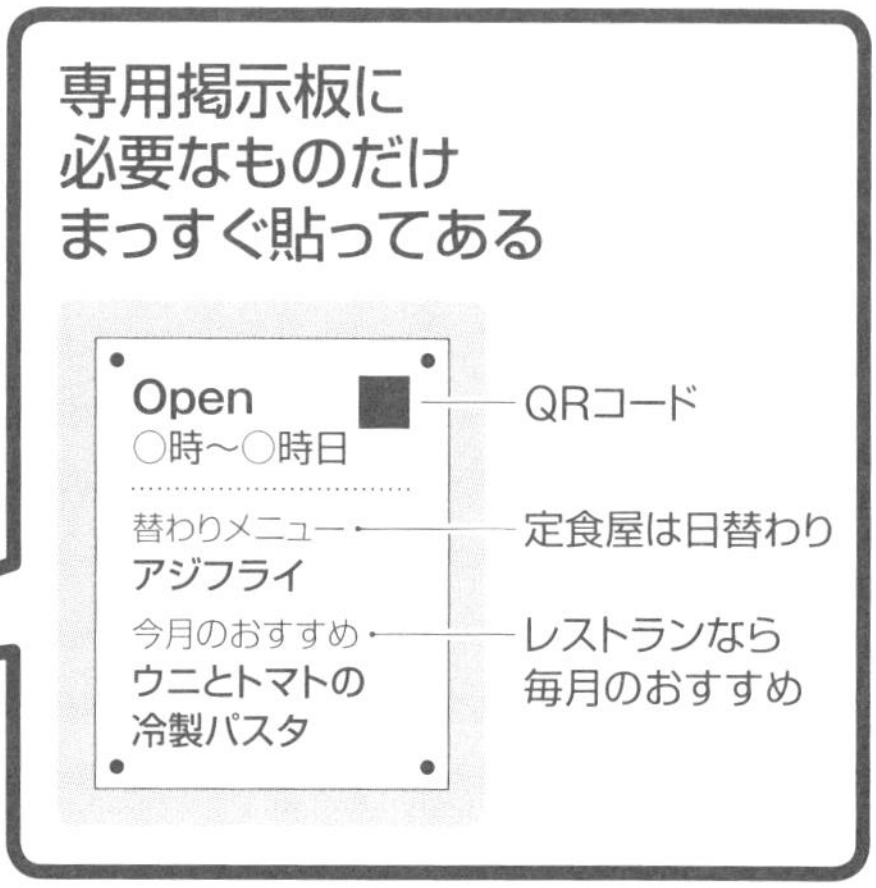

× 曲がっていたり貼りすぎたりはダメ

「貼ってください」といわれたから貼ってそのままのものがあれば見直します。コロナ関連情報も古くなっていたら交換し、最低限を美しく掲示します。

Point

1 お客さま目線で店頭のシール、ポスターを確認している

2 期間の過ぎたポスターなどを貼っていない

3 お客さまが求める情報を掲示している

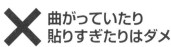

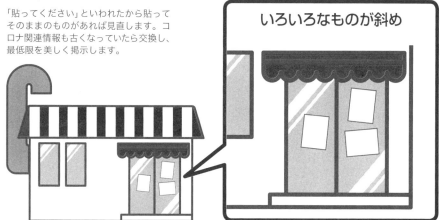

5-4

床が滑るのは当たり前ではない

餃子の有名店でドアを開けて一歩入ると床がつるつる。もう少しで転倒するところでした。

床が滑るのは最悪の状態

お客さまの安全に気が回らないお店は、食事を提供する以前の問題だと私は思っています。

お客さまに怪我をさせないことを第一に考えなければなりません。ホールの床が油汚れで滑りやすいのは最悪の状況です。雨の日に傘の水滴で床が滑るのも同じです。水滴が落ちている、油汚れで滑りやすくなっているときは、すぐに拭き上げることが必要です。

お客さまが歩くところに段差がある場合は、見やすい色をつけて、必ず「足下に気をつけてください」と声をかけましょう。階段の下、個室に入るときに、頭がぶつかりそうなところも注意が必要です。

床が滑るお店はすぐにお店を閉め、床掃除をすることをお勧めします。幅木は床材を使用して15㎝程度あると、掃除にポリッシャーが使えて作業が楽になります。

つねにお客さま目線での確認が必要

玄関に立って足下を見てください。階段、床、ドアの下部が汚れていませんか？　タイル、石などの素材を使用していてもだんだん黒ずんできます。この黒ずみは、アルカリ洗剤を使用すると容易にきれいにできます。また、ドアの下部は本来磨き込める材質で施行すべきです。木製ドアの場合はステンレス板などを貼りつけ、磨き込める状態にすべきです。

ドアを開け、ホール全体を確認してください。四隅に汚れが溜まっている、厨房からの出入り口が汚れている、このような現象はありませんか？　人は、ホールが汚ければ、厨房はさらに汚いと思ってしまうものです。

「うちの店は古いから」と話される方もいますが、**古いと汚いは違います**。京都の古いお寺は磨き込まれ、きれいな状態を維持していることを忘れてはなりません。

フロアや外観を美しく保つ

○ フロアは同じ方向に拭き上げる

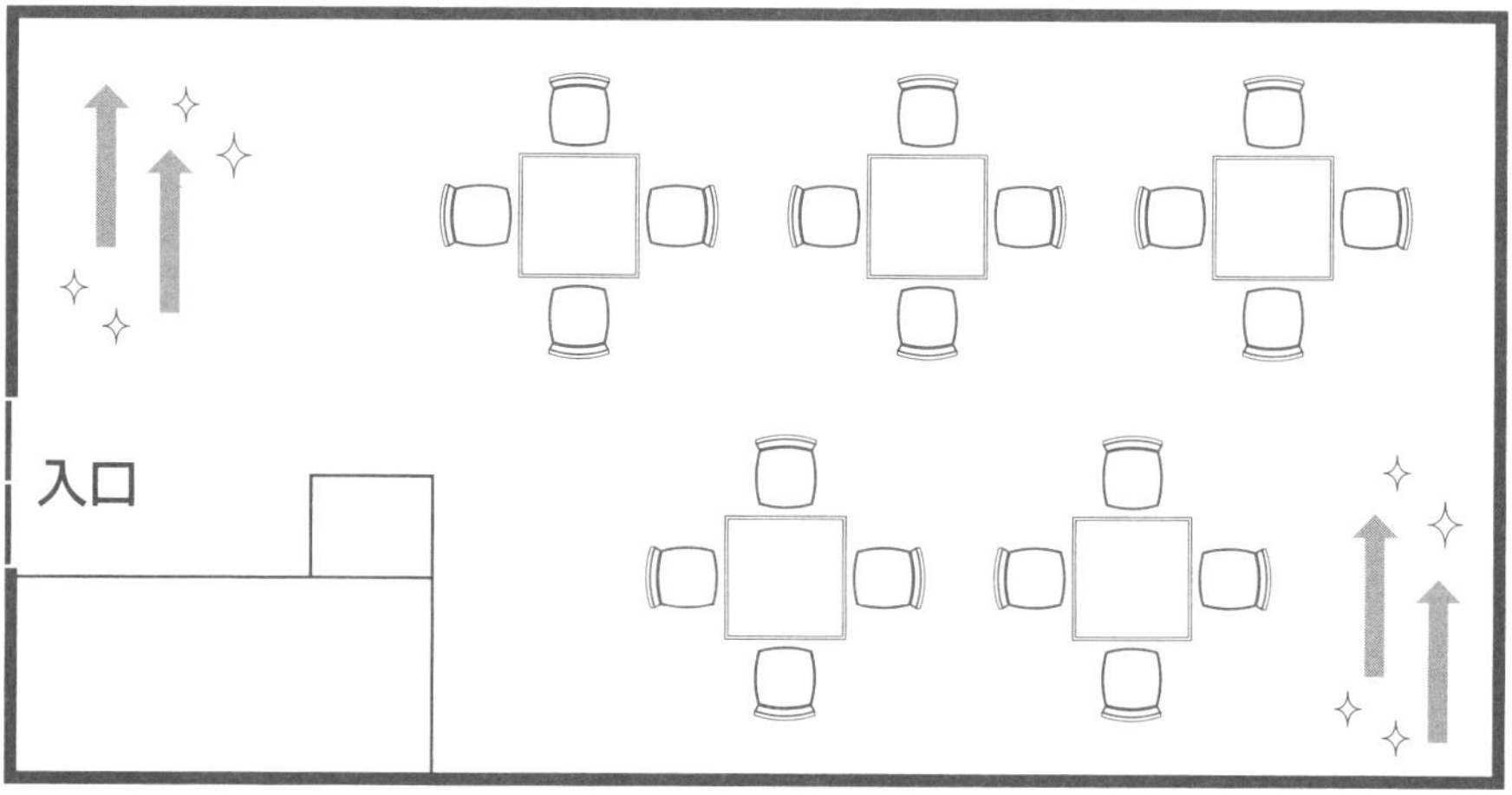

× 滑る、黒ずみはダメ、ゼッタイ!

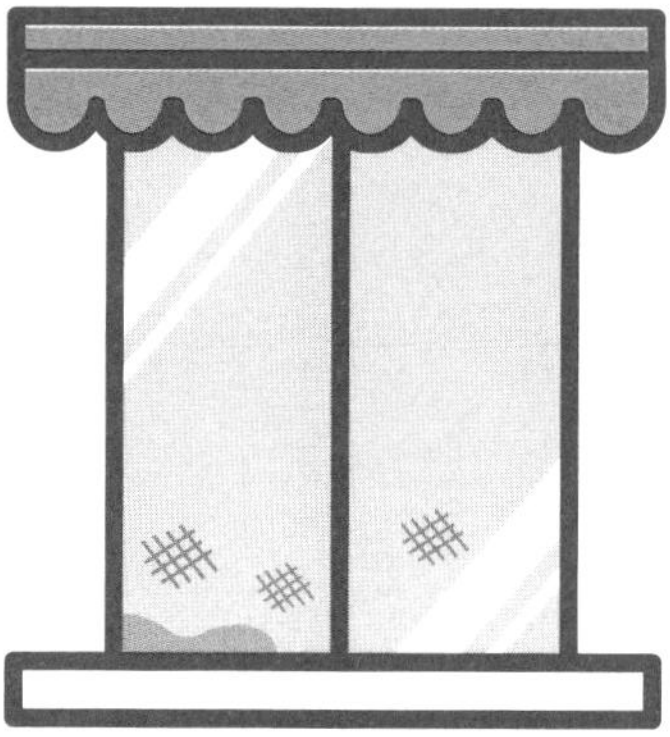

黒ずみはアルカリ洗剤で、フロアの油汚れは中性洗剤でよく落ちます。「古いから多少はいい」と思っているのは店長と従業員だけ。お客さまは不快です。

Point

1. ホールの床、厨房の床とも、油汚れで滑らないか?
2. 玄関の扉、床は汚れていないか?
3. ホールの床は磨き込まれているか?

5-5

手を洗いたいのですが

食事の前の手洗いは幼稚園、小学校で習ったことです。殺菌の前に洗剤で手洗いしていますか。

アルコール消毒前に手を洗えるか

お客さまは外食するとき、当然、外からお店に入ります。外出先ではさまざまなところに触れるので、**食事前の手洗いは幼稚園で習う衛生の基本中の基本**です。

昭和のファミレスなどは、入口とホールの間に手洗い設備がありました。いまでも大型トラックが停まっているドライブイン、定食屋さんには残っています。

手洗い設備がない店で手を洗いたいと伝えると、トイレを教えてもらえます。個室の外に手洗い設備があればいいのですが、個室の中だけの場合、手を洗ったあとにドアノブに触れてしまい、手洗いの意味がなくなります。

最悪のお店は、最近増えている駅ビル、モールなどにあるレストランです。レストランの中にはトイレも手洗い設備もないのです。事前にビルの共用トイレで手を洗い、それから、レストランに行くことになります。

手洗い設備はお湯が出るか?

手洗い設備も、「あればいい」というものではありません。手首までを洗える十分な大きさが必要です。店によっては、トイレの手洗いも10×15㎝程度のシンクで、とても手を洗えない大きさのものも見かけます。

手洗いの水も、十分な水量で温水が出ることが必要です。蛇口に節水コマを入れて水量を抑えているお店もありますが、手をきれいに洗うためには水量が必要です。

手洗い後はペーパータオルが必要です。新型コロナウイルス前はエアータオルを設置しているところが多かったのですが、フイルターの掃除などを考えると、今後ともペーパータオルの設置をお勧めします。

トイレ、手洗い設備の充実は、今後の飲食店の差別化のために必要です。お客さまから「この手洗い使いやすくていいね」と言われてみませんか。

手洗い設備の理想は？

○ テーブルに着く前に手洗いができる

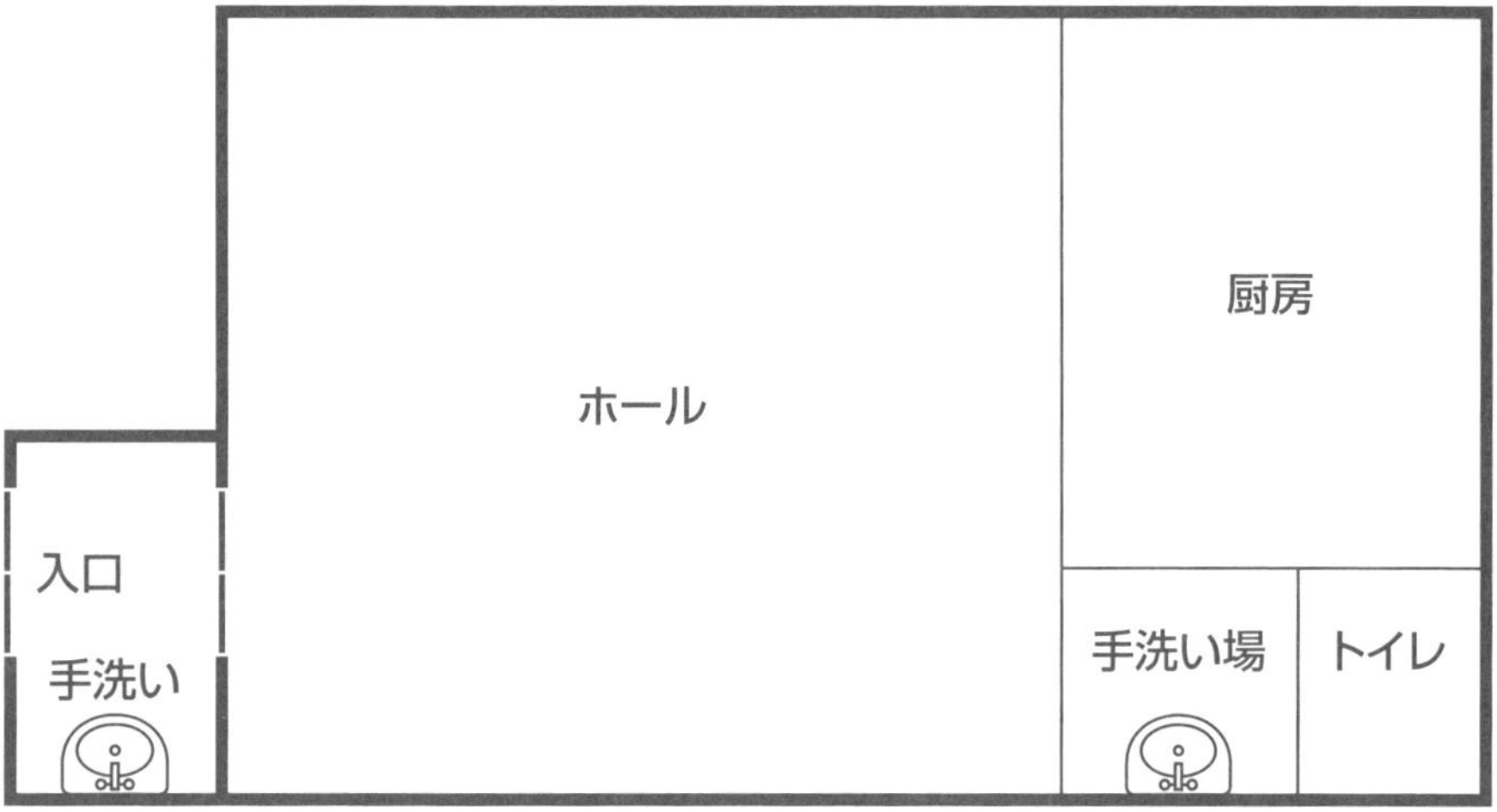

× トイレと手洗いが一緒は…

トイレと洗面台が一緒になっているタイプだと、食事前に手を洗ってもきれいになりません。店舗を借りるとき、リフォームのときなど注意したいものです。

Point

1 手洗い設備がトイレの個室以外にある

2 手洗い場は温水が出る

3 手洗い設備はペーパータオルがある

5-6 窓を開けても換気にはならない

感染症対策のため、窓を開けているお店がありますが、暑さ寒さを感じず食事をしたいのが人情です。

吸排気設備があるか

感染症対策として、換気の必要性が叫ばれています。新型コロナ問題が解決しても、新たな感染症は必ず発生します。インフルエンザのような感染症は、毎年ワクチンを打っても、ある程度の方は感染するでしょう。自覚症状のない方がお店に来られ、咳、くしゃみをしてもほかの方にうつさないためにも、換気は必要です。

換気には、空気を吸い込み、排気する吸排気システムを採用しましょう。もし吸排気の両方を備えた設備の設置が難しいなら、排気のみ機械で行なえば、小さな窓を開けるだけで空気は入れ替わります。

夏、冬の冷暖房を考えると、**温かい空気、冷たい空気を外に出さずに空気を入れ替えできる吸排気装置を選ぶとなおよい**でしょう。補助金制度がある地域もありますので、冷暖気を失わない換気装置を検討してください。

換気の確認を行なっているか

カラオケスナックで新型コロナの感染が広まっていると報道された一方、カラオケチェーンでは感染拡大を聞きません。カラオケチェーンでは換気量を1人あたり毎時30㎥以上に設定しているそうです。飲食店も設計ができていれば換気量が足りているはずです。現在の換気設備が十分かどうか、また吸気、排気のフィルターの交換を適正に行なっているかの確認が必要です。

換気が十分に行なわれているかどうかの目安として二酸化炭素濃度の測定が推薦されていますが、その前に空気の流れの確認が必要です。

客席でくしゃみをしたときに空気がどう流れるかを、専用の煙（スモーク）を使用して、調査してもらいます。**吸排気の設計、空気の流れが正しくできているかを確認した上で、二酸化炭素濃度を測定すべき**です。

正しく吸排気できているか?

ロスのない吸排気とは

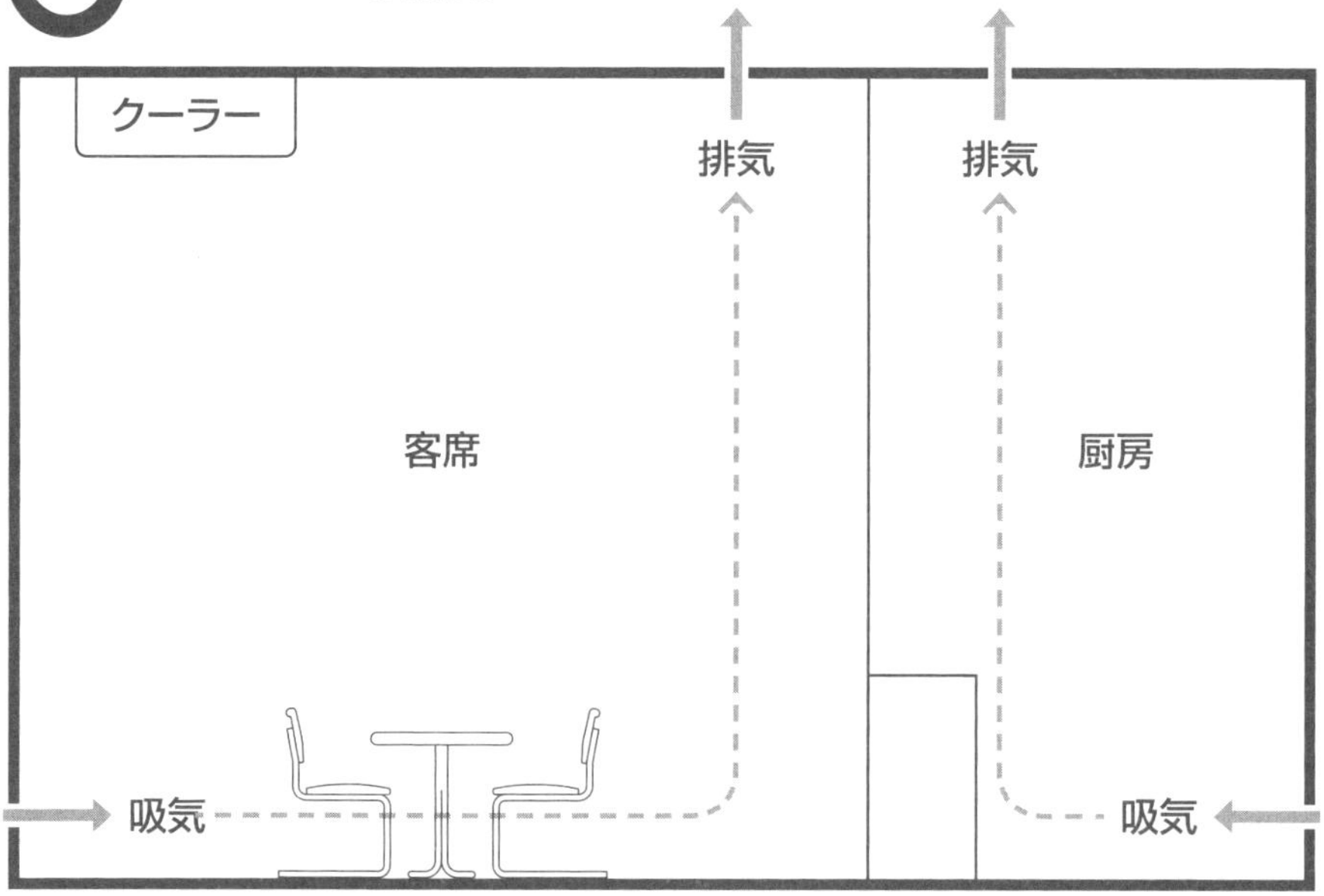

二酸化炭素濃度は基準内でも、きちんと吸排気できていなければ換気としては不十分。吸排気装置はお客さまの安心にもつながります。

必要換気量

➡1人あたり30m^3以上

二酸化炭素（Co2）濃度

➡1000ppm以下

Point

1 感染症対策の基本は換気

2 換気は吸排気設備が必要

3 換気の確認を行なっているか

5-7 テーブルの上には何も置かない

食事の前にテーブルの上を拭くときに何もなければ、きれいに拭き上げることができます。

お客さまごとに机をきれいにしているか

開店前、朝一番で机の上を拭き、お客さまを迎える準備をします。一般的には、三角ＰＯＰ、メニュー、ナプキンなどを机の上に準備します。

ただし、感染症対策では、お客さまが食事に使うものに、極力ほかの人の手が触れない工夫が必要です。そのためには、**お客さまを迎えるときにテーブルの上には何も置かない状態にします。**調味料などは面倒でもお客さまごとに運び、食器と同じように下げ、表面を拭いて次のお客さまに出すようにします。

メニューは、使い捨てで紙1枚に印刷するか、掲示板に書くか、ＱＲコードを壁に貼ります。今日のお勧めや定番メニューもＱＲコードで対応します。会計もテーブルナンバーを会計時に申告するようにすれば、会計伝票の手渡しをなくすことができます。

正しく机を拭いているか

お客さまの食事が済んだあとは、テーブルの食器をすべて下げて、何もない状態で清掃します。食器を片手に持ちながら清掃する方が多いですが、食器をすべて下げてから清掃するほうが拭き残しなくきれいにできます。

このとき、机の上に、お盆、クロス、アルコールスプレーなども置かないことが大切です。料理にもよりますが、水拭き、から拭きをして、アルコールをテーブルに振りかけ、クロスで一定方向に拭き上げます。

隣のテーブルで、食事をしている方がいる場合は、アルコールをクロスに拭きかけ、拭き上げます。その際には、噴霧したアルコールが、隣のテーブルの方向を向かないように注意が必要です。清掃道具、クロスをすべて手に持つのは難しいので、簡単なワゴンを利用した清掃セットを用意するのもいいでしょう。

テーブルは美しく、清潔に

○ 拭くときは一定方向に

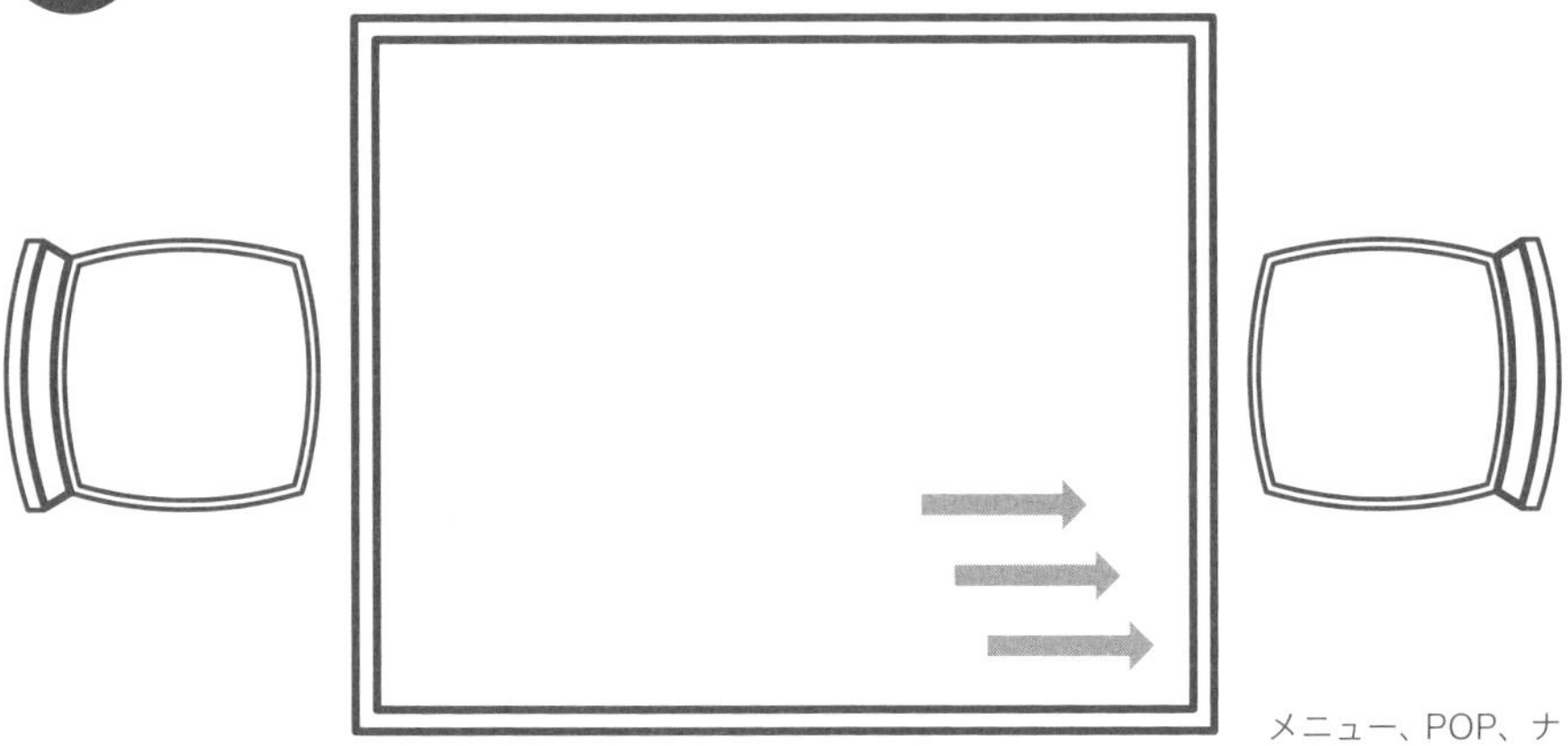

メニュー、POP、ナプキンなどは置きっぱなしにせず、お客さまが帰られたらその都度拭き上げます。拭く際は往復せず同じ方向に手を動かしましょう。

× テーブルの上にものを置かない

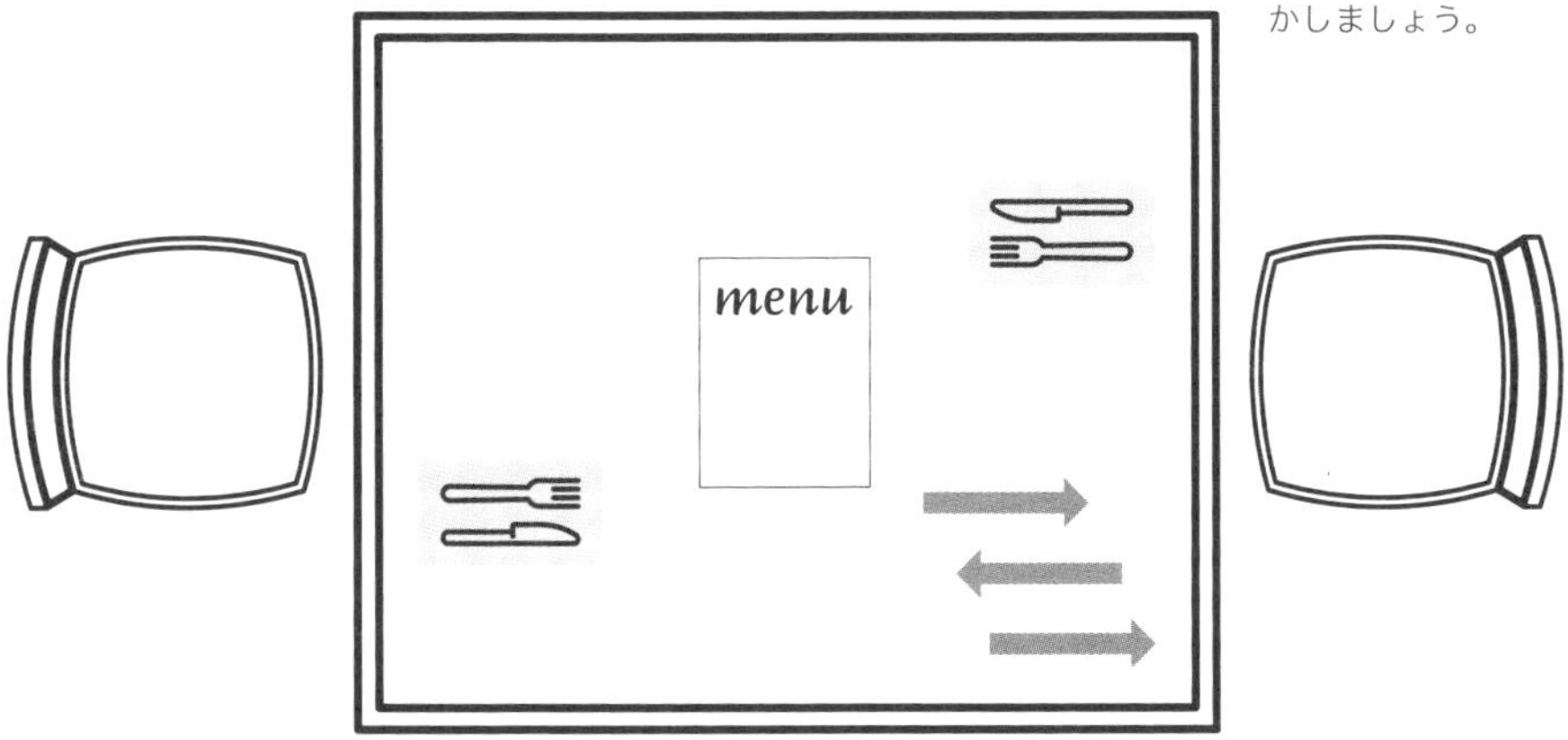

Point

1. お客さまが帰ったら机の上に何も無い状態にしているか?
2. 何もない状態で、机を拭いているか?
3. 机を拭く方法は正しく説明できるか?

5-8 汚れたのれん、調味料入れは捨てましょう

触るものすべてを消毒したいお客さまがいます。それでなくても手に触れるものは清潔感がマストです。

トイレのドアノブにも気を抜かない

「汚れたのれんのほうがお客さまは来るもんだ」と言われる方もいます。とはいえ、特に縄のれんの真ん中の、人の頭が触れるところが黒くなっているお店は、全く清潔感を感じないものです。布ののれんは定期的に洗濯しているお店もありますが、縄のれんは、汚れたままのお店を多く見かけます。

私は、飲食店に入るとまず手を洗います。アルコールスプレーで済ます方がほとんどですが、「ごはんを食べる前に手を洗う」と幼い頃学んだはずです。食事の前は手洗いが必須です。店の入口、トイレを出たところに手洗いがあればいいのですが、トイレの中にしか手洗い場がなく、ドアノブがグリップ式のお店だったら、トイレに入らずお店の外に出るようにしています。グリップ式は清潔ではありません。

磨き込めるものは磨き込む

考えてみてください、手をきれいに洗ったあとグリップ式のドアノブに触れると、手洗いが全くの無意味になってしまいます。**レバー式に変更すべき**です。

また、手を洗ったのち、テーブルに着いてみると、紙でできている三角のポップが置いてあります。この紙のポップは一体何人の方が触れたかと思うと非常に汚く思えてしまいます。**テーブルの上に置いてあるナプキンケース、調味料入れなども、きれいに磨き込める材質のものが磨き込まれて机の上に置かれるべきですし、お客さまごとに磨くべき**です。

海外では、調味料は小袋のものを推奨している国もあります。小袋が難しくても、容器がガラス、ステンレスでできていれば、お客さまが自分でアルコール殺菌もできます。その意味でも磨き込める材質を選びましょう。

「清潔なお店」のためのチェックポイント

○ テーブル、調味料がいつもきれい

× のれんが汚いお店は要注意

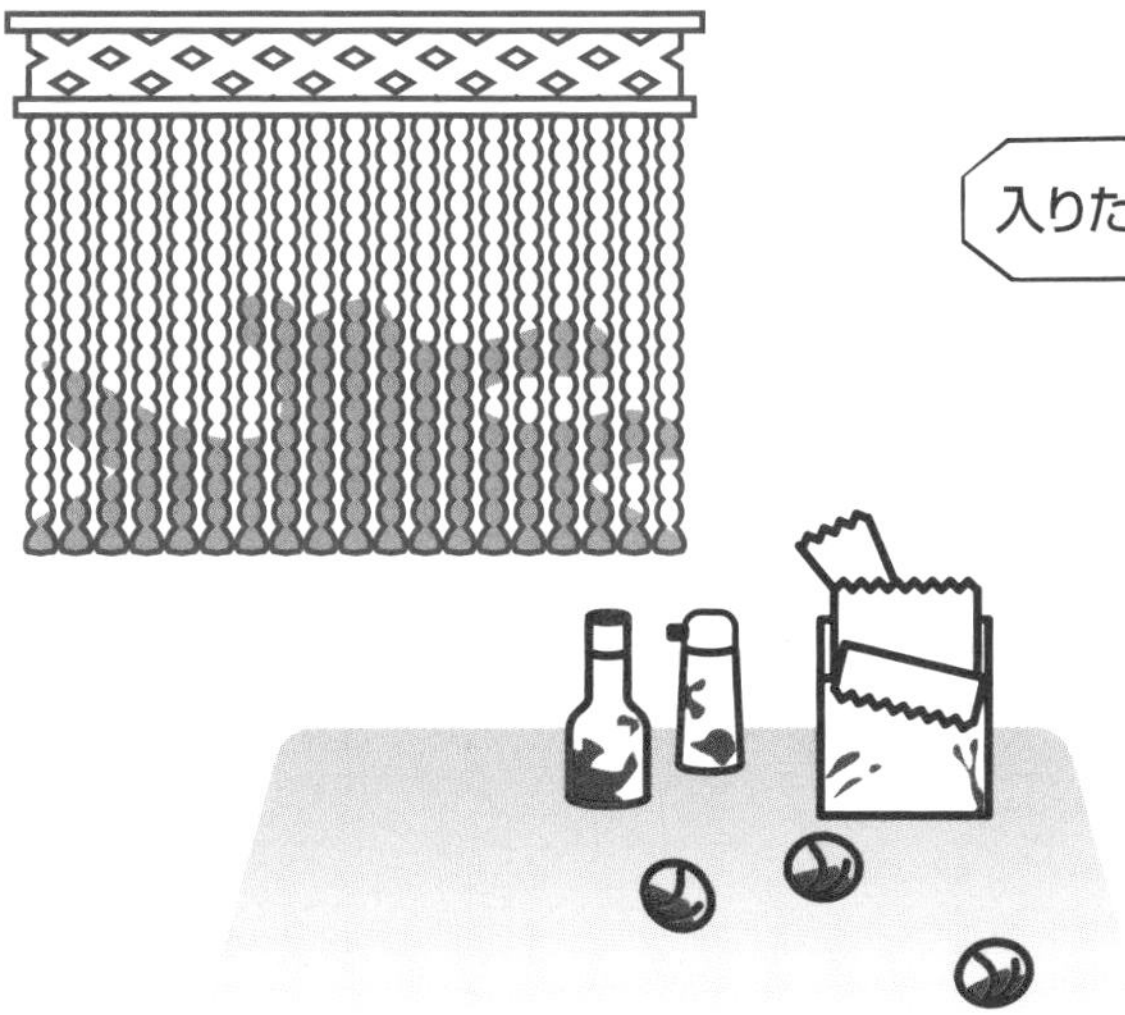

トイレのドアノブ、ガラスやプラスティックの調味料入れ、ステンレスの受け皿などは本来輝いているものです。曇ったり汚れがついたりすると不潔です。

Point

1. 開店前にお客さまの気持ちで玄関から見ているか
2. テーブルの上には、何も置いていない状態になっているか
3. トイレのドアノブに、グリップ式を使用していないか

5-9 アクリル板、どうしてもないとダメ？

アクリル板がないと補助金が出ない、営業ができないなど、行政の指導がある場合は従います。

2人掛けは1人専用とする

コロナ禍でアクリル板設置がメジャーになっています。

カウンター席に、40㎝刻みでアクリル板を立てているお店があります。客数からすると正しい設置です。しかし、いままでは空いているときは隣のスペースまで使えましたが、アクリル板があると隣まで使えなくなります。

テーブル席の2人掛け席も、昼食のピークをのぞけば、ほとんど1人で使用しています。1人で使用するのであれば、アクリル板はいらないと思いませんか？　真ん中にアクリル板が固定されてしまうとテーブルの広さが半分になり、とても狭くなってしまいます。

4人掛けのテーブルは2人専用として、斜め向かい合わせか、隣同士に座るかで、アクリル板はいらないと思いませんか？　永久にアクリル板が必要かどうか、飲食店の未来も含めて真剣に考えてほしいものです。

空気の流れを考え、アクリル板が本当必要か考える

吸排気システムが導入されている飲食店は、空気の流れをアクリル板が止めてしまっているとの見解もあります。スモークを炊いて、どのように空気が流れているか確認し、室内の空気が停滞しないテーブルの配置をすることで、アクリル板は不要だと思います。

たとえば、テーブルすべてに排気扇がついている焼き肉屋さんは、空気がつねに排気扇に向かっているので、2人で向かい合って食べていてもアクリル板は不要ではないでしょうか。コンロをまたいでアクリル板を立て、下で火を炊いて肉を焼いていると、火災のほうが心配になってしまいます。

補助金が出るから、アクリル板を設置するが「そのうちいらなくなるだろう」ではなく、**また来る感染症対策を考えたときに生きる設備投資を考えませんか？**

アクリル板、どう使う?

○ 座る位置さえ注意すれば不要な場合も

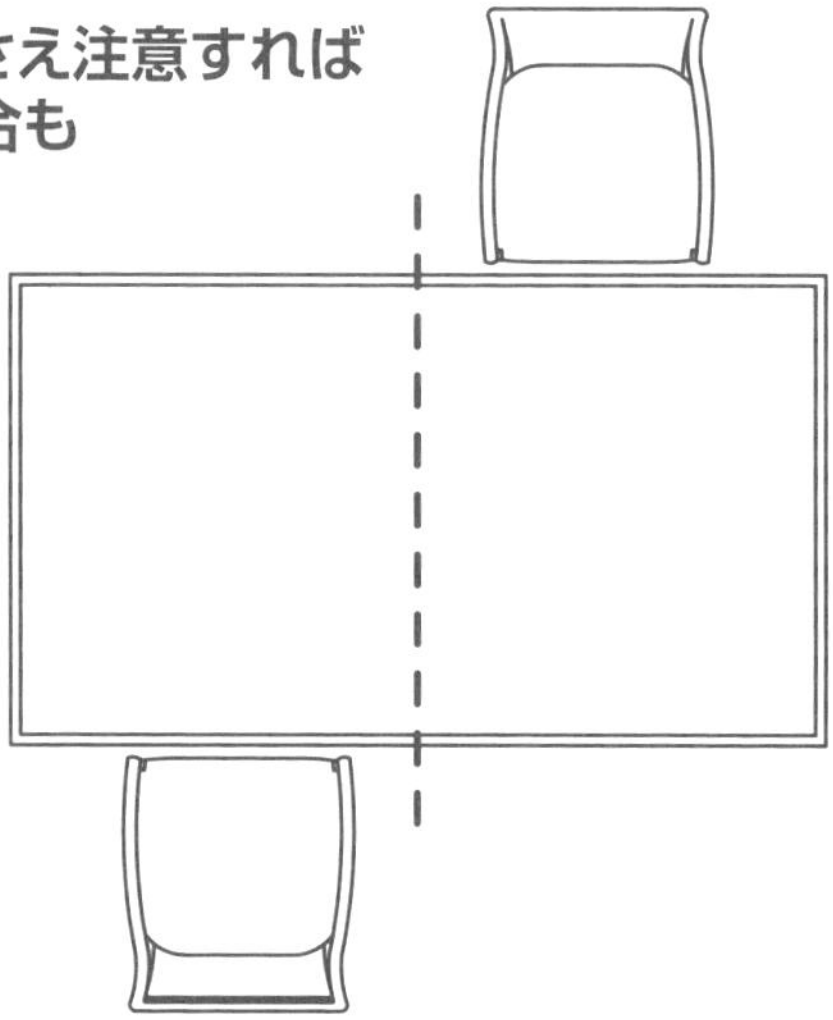

× 狭い、空気の流れを邪魔するのは逆効果

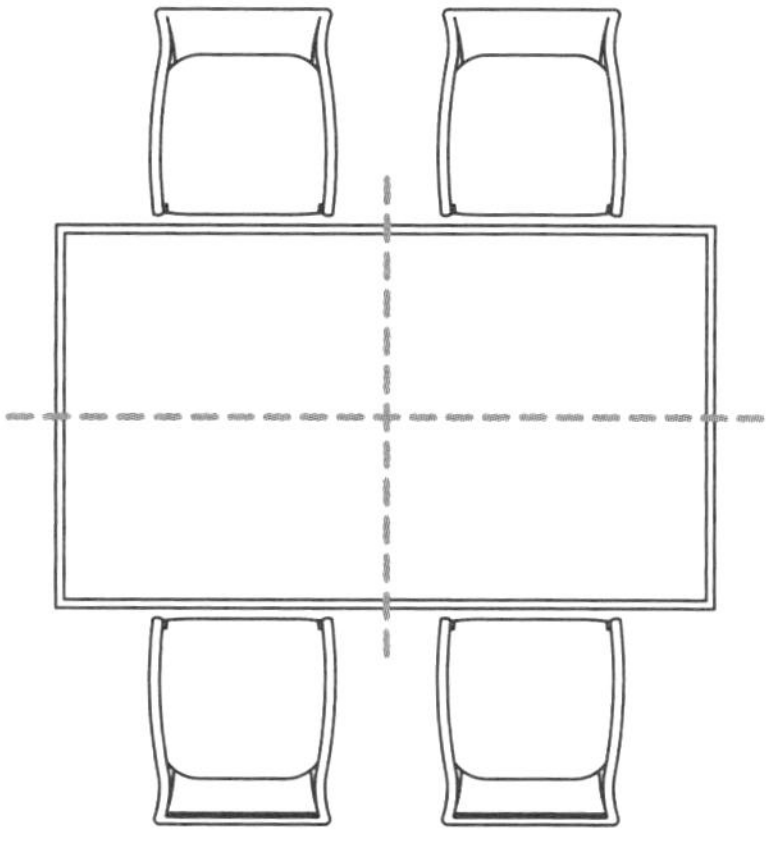

感染対策が目的なので、アクリル板のせいで却って空気が淀むなら見直します。４人掛けに２人なら座る位置に注意すれば、アクリル板がなくてもよい場合も。

Point

1 ２人掛けのテーブルは、１人専用テーブルとする

2 ４人掛けのテーブルは、仲間内ではアクリル板をはずす

3 空気の流れを考え、本当にアクリル板が必要か検討する

5-10

水にこだわることが、おいしさの第一歩

コップから水を飲んだとき、「ドブ臭い」、「塩素くさい」と感じたことはありませんか？

あなたの店の水はどこから来るか

日本の水道技術は優秀で、日本中どこでも、飲める水が蛇口から出てきます。あなたのお店の水は、水道管をたどるとどこにつながりますか？　ビルに入っている場合は、屋上などに設置されている給水タンクから供給されます。給水タンクの管理が悪いと「ドブ臭い」水が流れてきます。太い水道管から直接お店に供給されている場合は、夏になると「塩素くさい」水が流れてきます。

水道は、水道局から一番遠くの蛇口でも安全に飲めるために塩素が検出されなければなりません。そのために、夏には、少し塩素濃度を濃くすることもあります。

厨房で安定して水を使用するためには、浄水器の使用がお勧めです。**どの浄水器がいいかは、近隣のお店で実際に水を飲んでみて、おいしいお店の方に質問することをお勧めします。**

フィルターの交換はいつですか

強力な浄水器を設置しても、フィルターの交換を行なっていなければ能力は発揮できません。**次回の交換日を目につくところに掲示しておくことをお勧めします。**

フィルターの交換時期は水量が減ったらなのか、時期がきたらなのか、味がおかしければ交換なのか、わからなければメーカーに確認しましょう。

また、製氷機の水のフィルターの確認は行なっていますか？　氷をすべて出して清掃を行なっていますか？　製氷機の奥にある氷はいつからあるのでしょう。

お茶、出汁などは、水の温度、硬度で色が変化します。お茶、出汁などは、色も含めて確認してください。

お客さまがセルフで使用するポット、給湯器、給水器に、水垢がついていませんか？　お客さまがポットの内部の写真を撮っても大丈夫ですか？

飲食店は水が命

○ 水の源泉をたどると正しい対策が取れる

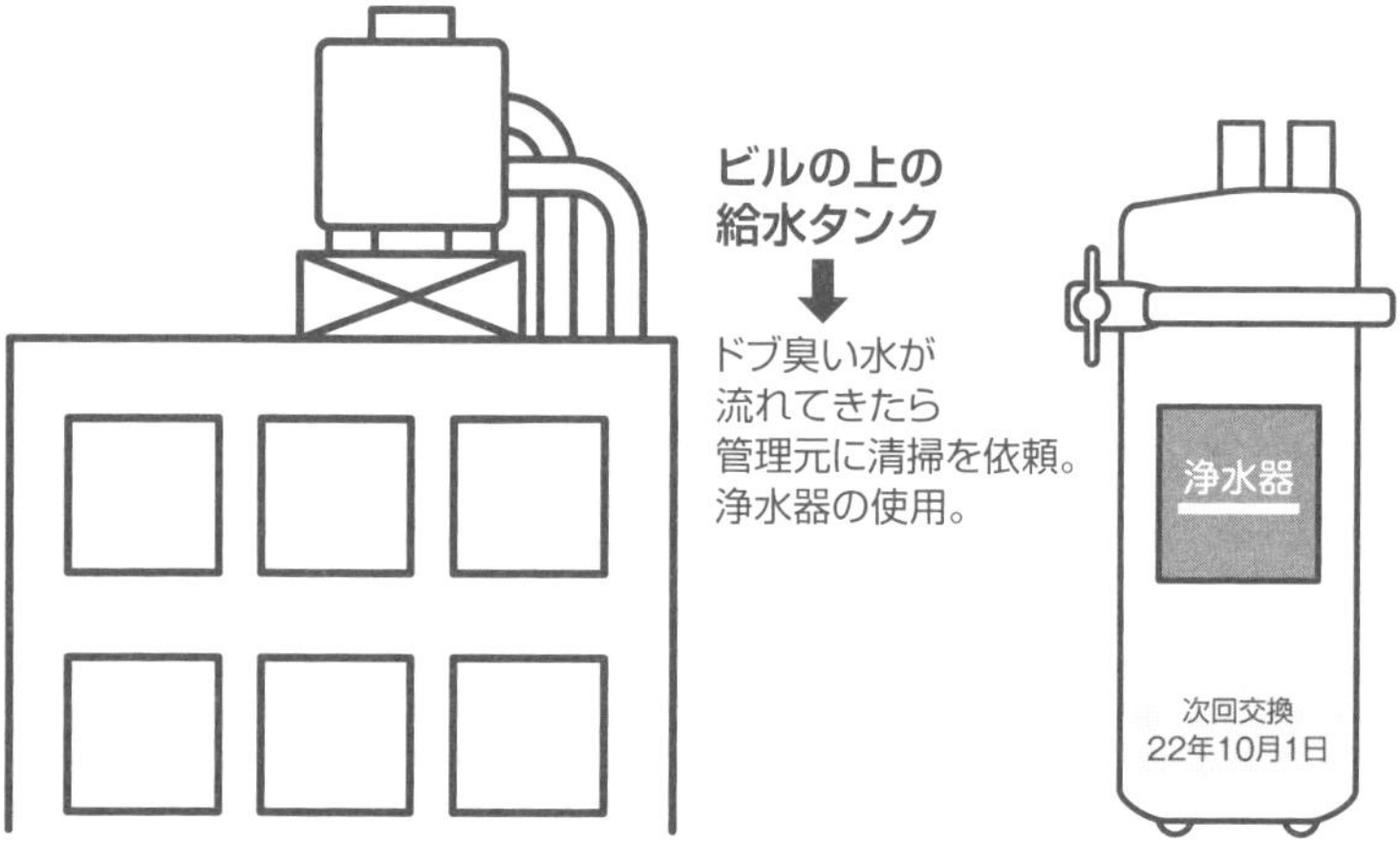
ビルの上の
給水タンク
ドブ臭い水が
流れてきたら
管理元に清掃を依頼。
浄水器の使用。
浄水器
次回交換
22年10月1日

× 給水機は磨き上げること

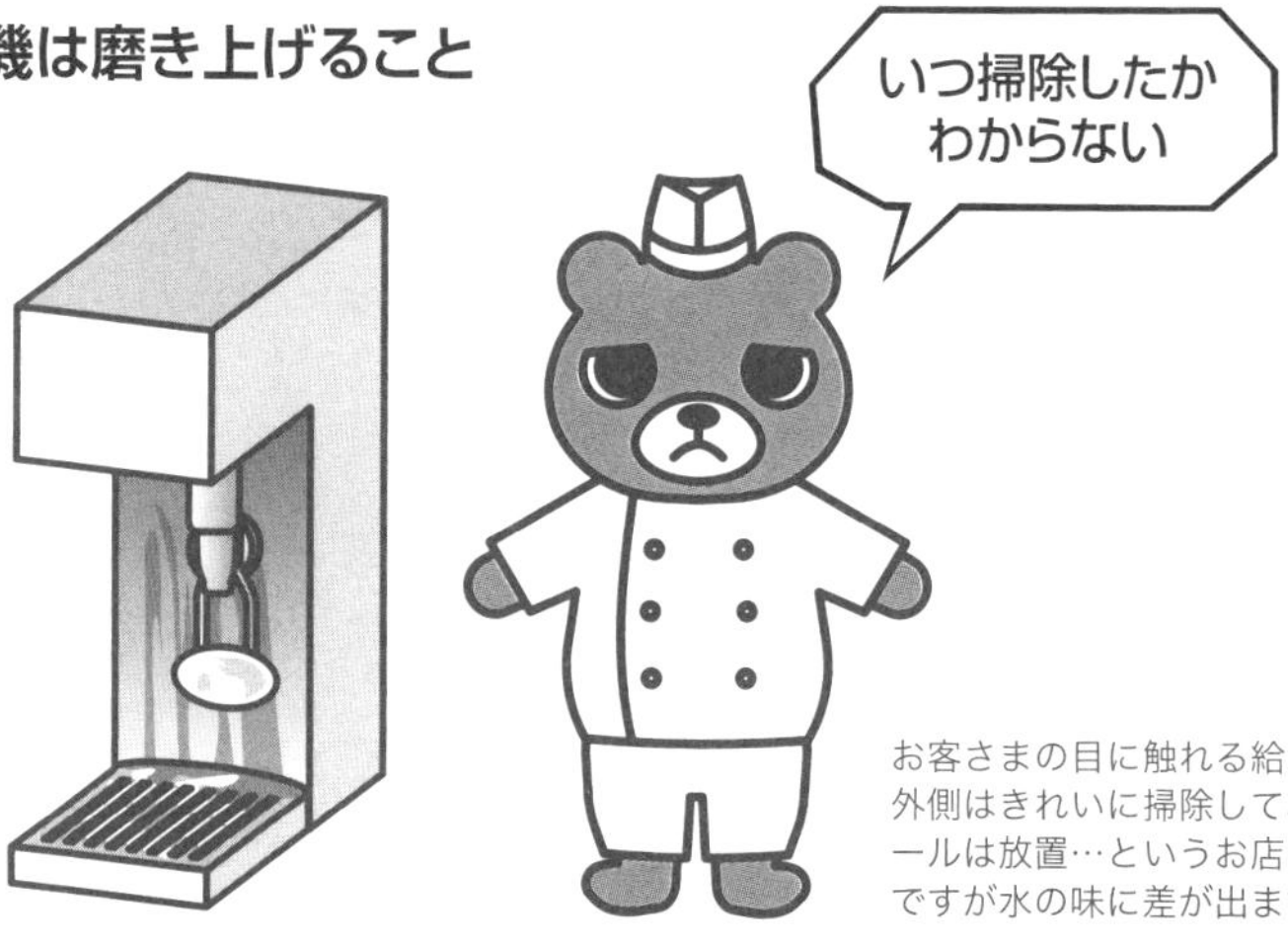
いつ掃除したか
わからない

お客さまの目に触れる給水機の外側はきれいに掃除して、スケールは放置…というお店も多いですが水の味に差が出ます。

Point

1. 開店前に使用している水を飲み、確認しているか?
2. 開店前に氷を溶かして飲み、確認しているか?
3. お茶、出汁などの味、色を確認しているか?

5-11 制服は毎日着替えること

厨房の作業着は、衛生的で、料理に異物、菌などをつけないために着るものです。

制服は清潔感が大切

制服は、ホールと厨房、どちらの人も清潔感が大切です。その上でおしゃれにこだわりましょう。洗濯は専門業者に依頼します。自分たちで行なう場合は、無香・微香の洗剤、柔軟剤を使用し、干すとき、たたむときには、犬の毛などが付着しないように注意し、必ずアイロンを使用します。アイロンで菌などが死滅します。

1日の中で汚れた場合は、着替えるようにします。

作業靴は毎日洗い、靴底がすり減った場合は交換し、安全に注意します。作業靴は汚れが目立たない黒を使用しがちですが、汚れが目立つほうが正しく管理できます。

作業着、作業靴とも、従業員に半額負担などを強いる店舗もありますが、洗濯も含めてすべて飲食店側で負担すべきです。**ネクタイ、ズボンのベルトなど、毎日洗濯できないものは使用しないことも必要**です。

制服のまま室外で作業しない

制服、厨房用の靴は、厨房のみで着用すべきです。

対面調理のお店で、お客さまが帰るときに板前の方が、玄関先まで送ってくれる場合がありますが、厨房の方の制服で動いてよい範囲はここまでです。

制服のままでの人混みでのチラシ配り、トイレ掃除などは避けるべきです。ホールスタッフは厨房に入らないお店でも、ホールの制服で人混みに出ると、犬の毛などの異物を持ち込む可能性が出てきます。

私は、寿司屋で、注文がないときにたばこを吸ったままの手で寿司を握られた経験があります。もちろんその寿司は食べませんでしたが、お店の人はなぜ残したか気がつかなかったようです。**たばこが吸えるお店でも、制服のままたばこを吸うべきではありません**。たばこのにおいは、吸わない方にはとてもいやなものです。

制服は「いつでも清潔」が鉄則

制服のときは
ここに注意
制服では
タバコを吸わない
靴専用の洗い場がある場合は、
靴底までつねに洗浄します。「汚
れが目立たない色」を選ぶので
はなく、あえて「汚れが目立つ
色」を選ぶことも重要です。
制服は毎日交換、
洗濯をする
靴はすり減っていたら交換、
靴底まで清潔に

Point

1 制服は毎日着替える

2 作業靴は毎日洗う

3 トイレ掃除、室外での作業後は着替えをする

5-12 つめが伸びていては食事が台なし

チェーンの牛丼屋でお弁当を買ったとき店員の女性のつめが長く、マニキュアをしていました。

個人衛生のルールがあるか

「河岸さんみたいに厳しいことを言うと、従業員は集まらないよ」と声が聞こえそうですが、お客さまはよく見ています。それに、厳しく言われるお店のほうが、いい従業員が集まっています。

個人衛生のルールは紙1枚にまとめ、採用面接時に必ず説明します。たとえば髪の色は男女とも規定しないのか、カラーチャートの11番以下までと設定するのか明確にします。気になるのが男性のヒゲです。特にラーメン屋、イタリアンなどでは、ヒゲを長めに生やす方が増えています。清潔感があればともかく、お客さまが減っているなら要検討項目です。調理スタッフの腕時計、ミサンガ、指輪は禁止すべきです。「石のついていない指輪は認める」お店もありますが、「手洗いを徹底する」、「食器に傷をつけない」という視点からは禁止すべきです。

朝礼時に確認しているか

個人衛生のルールを作り、従業員に教育します。

たとえば、ホールスタッフのイヤリング類、指輪、腕時計類をどうするかは店の考え方が出るところです（指輪は、「食器に傷をつけない」点からも禁止すべきですが）。

ルールを決めたら、朝礼で毎日確認します。ルールだけ作っても先輩の従業員が守らない、まして店長自ら「小指のつめを伸ばしている」ようでは、誰も守らなくなります。つめを短く切っている女性は、医療関係者か食品関係者、格闘競技の関係者といわれます。「つめは短く切っているほうがきれい」と壇蜜さんも話されています。

管理の方法としては、朝礼時に全員の手を見て、つめ、指輪、時計などを確認し、体温なども含めて異常がないことを記録します。

あなたのお店は、ルールがあり、守っていますか？

こんな従業員になりましょう

服装、身だしなみの
チェックポイント

「わからないから」「誰にも注意されないから」指輪をしている、髪を明るくしているというスタッフも多いかもしれません。ルールはわかりやすく伝えます。

☑ ヒゲは生やさない
☑ つめは短く
☑ 制服は毎日きれいに
☑ 靴もこまめに洗う

Point

1 お店で働く方の個人衛生管理のルールがある

2 朝礼時に個人衛生の確認をしている

3 個人衛生管理の記録がある

5-13

気がついたことを声に出せる職場か？

店長のあなたが無精ヒゲを伸ばして出勤してきたら、誰かが注意してくれますか？

大切な人のために働いているか

食に関する仕事は安全という土台の上で、大切な人が食べておいしいと感じてくれること、大切な人の健康に寄与できることを願って働くことが望ましいです。

そのためには、働くスタッフ全員が自分のお店と思い、長年培ってきた「倫理感」をもって働くことです。たとえば、作業着のままたばこを吸っていたとします。お店のルールブックには、「作業着のままたばこを吸ってはならない」とは書いてなかったとします。しかし、「大切な人が食べる料理がたばこ臭くてはおかしい」と思った従業員は、声を出してもいいという考え方です。

声を出すことを私は「笛を吹く」と表現しています。**おかしいと思ったらその場で笛を吹くことが大切です。**

退社してから「実は昔働いていたところは、こんなだった」と言うことは、笛を吹いたことにはなりません。

自分の倫理観を大切にする

発言すると「そんなことルールブックに書いてないよね」という意見が返ってきがちです。しかし、なんでもルールブックに書くことはできません。「床に落としたパンは使用してはならない」「お客さまが残したものは、再利用してはならない」ことを迷ったとします。**ルールブックに書いていないことでも、自分の大切な人の顔を思い浮かべれば、どう判断すべきかは明確**です。

暑い日に作業場でビールを飲みながら作業している光景、まかないと称してステーキを毎日焼いて食べる光景、どちらも自分の店と思って自分の倫理観で判断すれば、答えは一つです。

厚いルールブックを作成するより、スタッフ全員が自分の店と思い、大切な方の健康のために作業しているという自覚が持てる職場にしたほうがいいと思いませんか。

「おかしい」と感じたら？

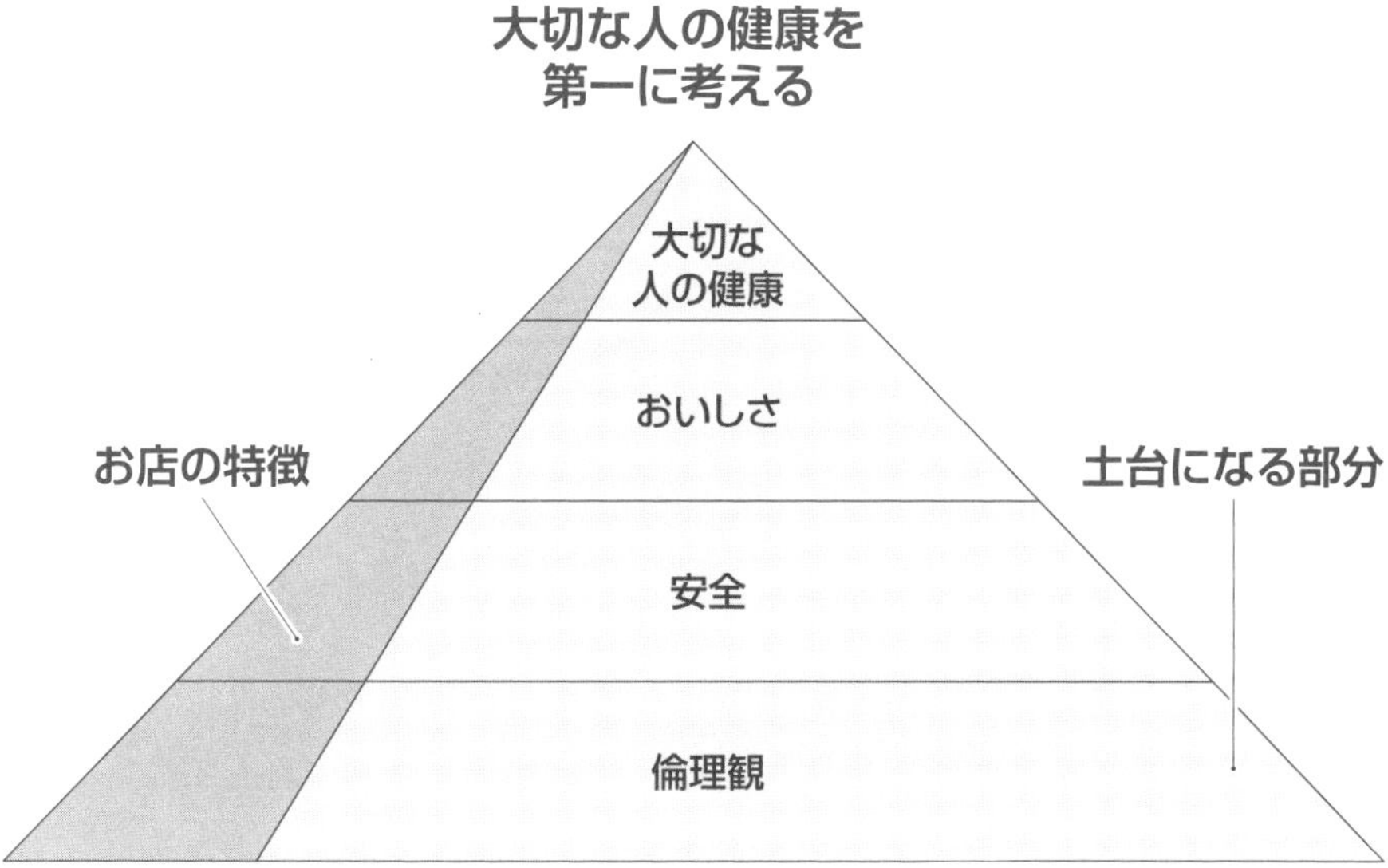

ルールブックになくても自分の倫理観で「おかしい」と思ったら声に出す＝その場で笛を吹くことが大切です。

Point

1 全員が自分のお店と思って働いている

2 自分の倫理感でおかしいと思ったら声を出せる

3 おかしいと思って声を上げたスタッフは褒める

食中毒の原因④ ノロウイルス

菌のイメージ	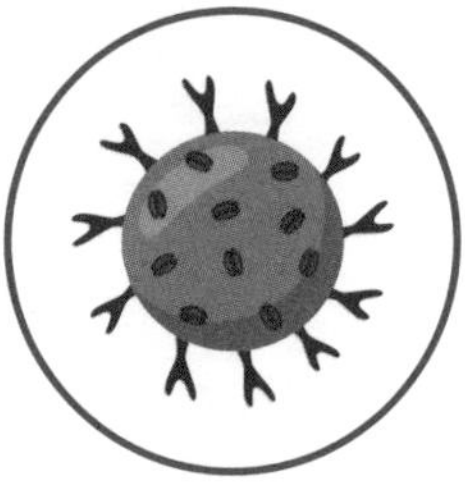
主にいるところ	二枚貝、特に生カキ 患者の糞便、嘔吐物
特徴	カキなどの貝類の生食により発症することが多い 人から人への二次感染がある 塩素系殺菌剤、アルコールに抵抗がある 少量のウイルスでも発症する
潜伏期	24～48時間
症状	下痢、嘔吐、吐き気、腹痛、38℃以上の発熱
食中毒になる原因食材	貝類、特に生カキ 二次汚染された食材 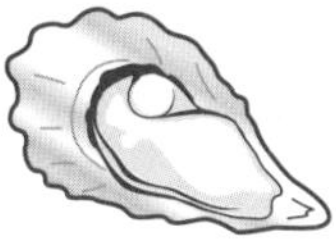
注意すること	二枚貝は中心部まで充分に加熱する（85℃、1分以上） 野菜などの生鮮食品は充分に洗浄する 手指をよく洗う 感染者の糞便、嘔吐物の処理はマニュアルを作成する

Point

1 ノロウイルス食中毒の原因となる食材を理解する

2 ノロウイルス食中毒の原因となる作業者の行動を理解する

3 ノロウイルス食中毒の原因となる出前の注意点を理解する

第6章

テイクアウト・デリバリーの基礎知識

―「デリバリー始めました」のときの注意点

コロナ禍でデリバリー、テイクアウトを始めた
というお店も多いのではないでしょうか。
衛生管理の観点から
注意すべきポイントをまとめました。

6-1 「出前業者は汚そう」の解決策は？

今まで出前をしていなかったお店も宅配デリバリーを始めています。しかし、嫌がる方も出てきています。

見た感じ汚そう…という不安の対処法は？

デリバリーをするお店が増え、自転車に乗り、大きなバックパックを背負った出前配達員の姿を見るようになりました。

彼らは昭和の時代の出前のようにお店に雇われているのではなく、配達会社に手配されています。注文があると会社のシステムからスマホに注文が入り、お店に受け取りにいき、お客さまに届けます。すなわち、**注文が入るまでは、店内ではなく路上で待つことになります。**

待っている間、配達用のバックパックを路上に直接置き、ベンチなどに座っている姿を見かける場合があります。自転車で走る姿は見た目がいいのですが、**バックパックを路上に置くと、不衛生です。**

注文が入るまでの時間をどのように潰し、清潔感が出るようにしてもらうかが、今後の課題になります。

「汗のにおいがいや」というクレームも

昭和の出前は、同じ町内程度の距離で、制服も厨房と同じ白衣が多かったものです。ピザ、宅配寿司、ファミレスなどは、今でもお店の方がバイクや小型の車で配達します。

しかし、現代の配達員の方は、注文が入れば、真夏でも自転車で届けます。1日中自転車をこいで配達すると、どうしても汗臭くなってしまいます。玄関を開けたときの汗のにおいを嫌がるお客様もいることは確かです。

お店でできることは限られますが、配達員の方の待ってもらう場所を考えることは可能でしょう。また、商品を受け取りに来た方が汗臭い、服装が乱れている場合の対処法、汚れたバックパックに商品を入れようとしたときの対応などを事前に決めておくことはできます。

出前業者の配達員に対してできること

○ 飲食店のスタッフは清潔第一

デリバリーBOXは清潔
制服は
汚れ・シワがない

× 清潔感がないときは指摘する

バックパック
きれいに拭いて
汗のにおい
気をつけて
汗くさい
Kumar
自転車ドロドロ
バックパックが
汚い

デリバリースタッフは他社の管理なので注意しづらいものです。しかし、お客さまのためにも言いにくいことこそ伝えましょう。

Point

1 配達員に清潔感がないときは伝える

2 配達員のバックの外観が汚かったときの対処法を決めておく

3 配達から、汗のにおいが出ていたときの対処法を決めておく

6-2

生肉、本当に販売していいの？

とんかつ屋さんは豚ロース肉、揚げる前のとんかつ、千切りキャベツを販売していいですか？

取っている営業許可で何ができるか

とんかつ屋を開業するためには「飲食店」の許可が必要です。飲食店の許可でとんかつ定食の出前、宅配は認められています。店頭での「とんかつ弁当」の販売も認められています。

しかし「家に帰って揚げて食べたいから衣つけたのパックして」とお客さまに言われたら、どう対応しますか？　蕎麦屋さんで、「家に帰って食べたいから生そばとつゆをパックして」と言われたらどうしますか？　ここからがやっかいな話ですが、店内でお客さまに頼まれた場合は、「通常の流れの中で作ったものは販売してもいい」という見解を出す保健所もあります。

しかし、**店頭、通販、宅配などで、飲食店の許可のまま、生の豚肉、衣のついた肉を販売していると、指導される可能性があります。**

取り扱い方法を理解しているか

とんかつ弁当は室温で宅配してもらいます。では、「生の豚肉」、「衣のついた豚肉」は宅配時、何℃で運んでもらいますか？　そしてそれはなぜですか？　この取り扱いの理論理屈がわからないまま営業しないように、営業許可があります。ちなみに、生肉を販売するためには「食肉販売業」の許可が必要です。

キャベツの千切りを袋につめて宅配するとしたらどんな許可が必要ですか？　**キャベツを店頭で切らずに販売する場合は、どこの許可もいりません。しかし、千切りキャベツは、保健所への届け出が必要になります。**

正式に生肉を販売するためには、生肉の包装室が、とんかつ弁当の包装室とは別に必要になります。

全国統一の方針は出ていないようです。必ず管轄の保健所に確認してください。

「飲食店」の許可でできること

○ 調理済みのものは提供できる

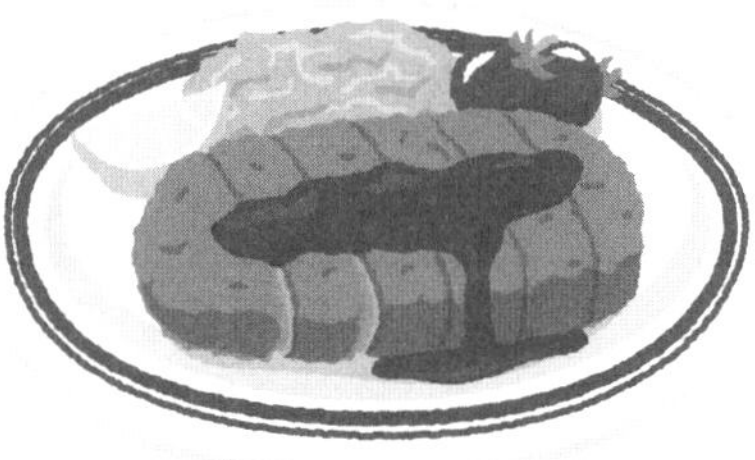

定食の出前もOK

弁当の宅配もOK

× お客さまにほしいと言われても…

生肉

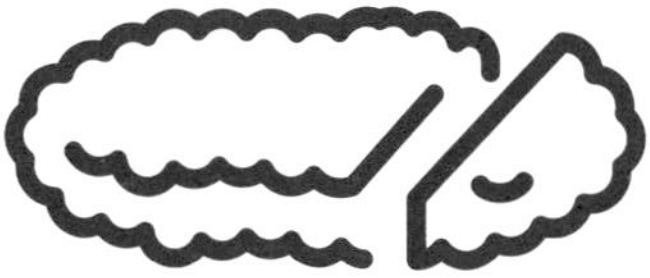

揚げる前のとんかつ

「食肉販売業」の許可が必要

カットキャベツ

保健所に確認

「飲食店」の許可でできることは調理したものの提供と覚えておくといいでしょう。調理前のものを売ったり、配達したりするには別の許可が必要です。

Point

1 お店が受けている許可でできることを理解する

2「調理前の状態でほしい」と言われても無理なら断わる

3 管轄の保健所に確認する

6-3

日本酒 ワイン 販売してもいいの？

新型コロナ対策で、「来週からお酒の提供禁止」と言われると、在庫の処分を悩んでしまいます。

一般酒類小売業免許があるか

２０２０年４月から「飲食店等期限付酒類小売業免許」が特例として付与され、２０２１年３月末まで酒類が販売できていました。その後、新型コロナ感染症が広まり、幾度となく酒類の提供禁止処置が行なわれましたが、酒類の小売業免許の特例は更新されませんでした。

ビール類、日本酒類はビン詰めしたときが一番おいしく、保管条件によっては、どんどん劣化してしまいます。お客さんが来られることを前提に在庫を持つので、急に酒類の提供ができなくなると、ウイスキーなどはまだしも、ビール、日本酒類の処分方法に困ってしまいます。

理想的には、提供できなくなった酒類をテイクアウト、デリバリーと同時に販売できればいいのですが、現在の法律では、仕入れ管理から販売するお酒は区分する必要があるのでできなくなっています。

保管庫が別になっているか

酒類を合法的に販売するためには、**①「酒類卸売業者」を持っている業者から仕入れ**ます。また、**②仕入れた酒類を飲食店部門の在庫分と区分し、在庫しておく倉庫が必要**です。販売するところも飲食店部門と別の展示スペースが必要で、当然、レジも別のものが必要になります。しかも、取り扱いのためには、専用の講習を受けることを求められます。

いつ、新たな感染症が流行るかわかりません。酒類が提供できない場合、在庫になった開封済みの酒類を小分けしてテイクアウト、デリバリーで販売できる、法改正を含めた仕組みの改善を考えましょう。

世の中の流れはフードロスを減らす方向です。飲食店が仕入れた食材、酒類をゴミ箱に入れることなく、合法的に処理できるように、考えてみてください。

お酒を売るには？

○ この状態なら売れる

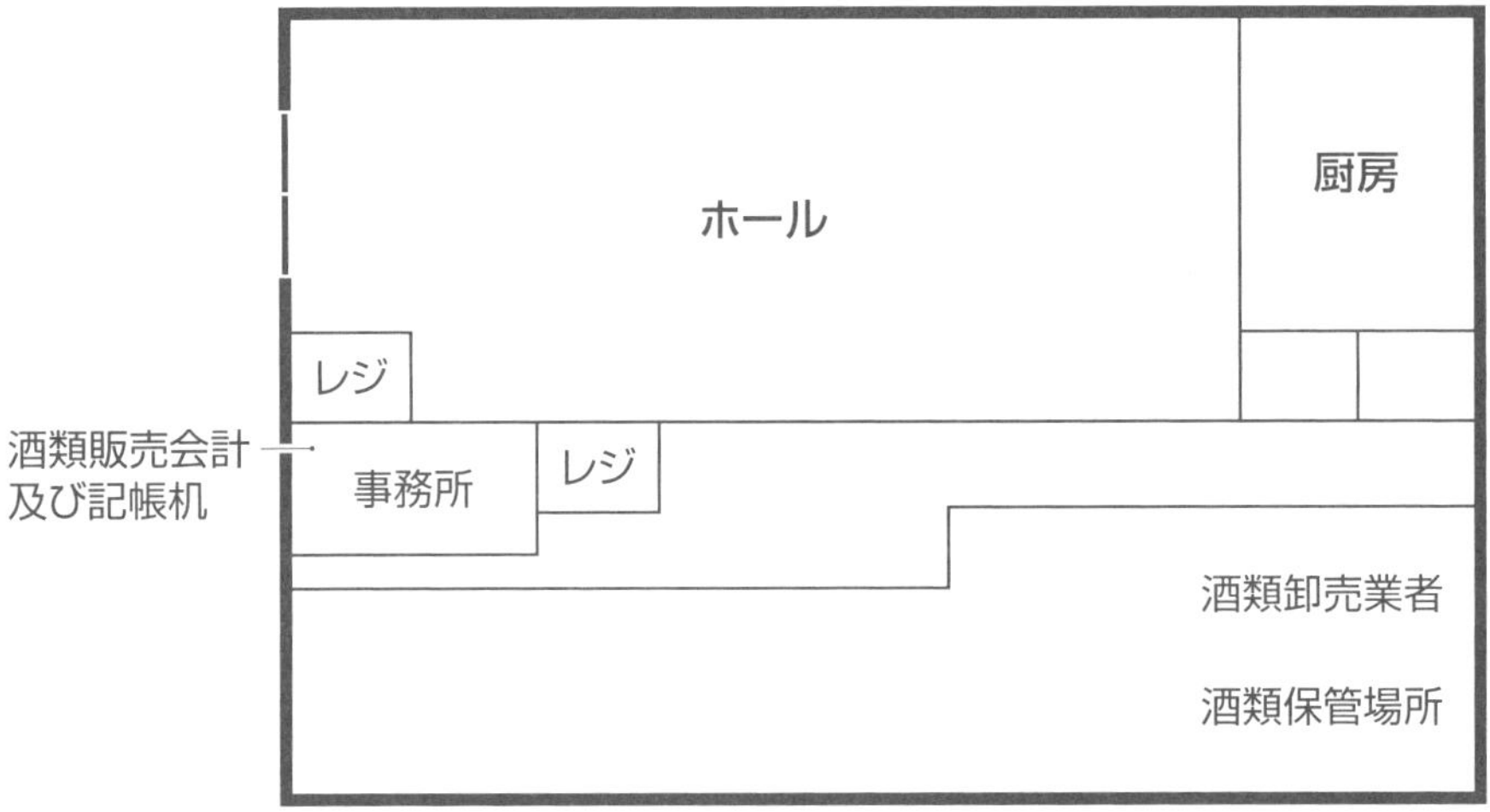

✕ 開封済みのお酒は売れない

Point

1 一般酒類小売業免許があるか？

2 在庫の置き場を分けているか？

3 レジを区分しているか？

6-4

容器は「斜めにしてもこぼれない」が鉄則

昭和の出前はおかもちで運んでいたので、ごはんも味噌汁もラップをかけて運んでいましたが……。

料理を運ぶことを考えると

出前をお店の方がおかもちで運んでいた時代は、ごはん、味噌汁なども、お店と同じ食器を利用して、ラップをかけていました。うなぎ屋さんは、吸い物はお椀と粉末を持ってきて、家庭でお湯を足して吸い物にしていました。お弁当屋さんでも、味噌汁は食べる場所でお湯を足して食べたものです。

一方、現在のように宅配業者が運ぶ場合は、コーヒー、味噌汁、コーラなど、液体のものも運んでいます。自転車に乗り、斜めにかつぐので、液体のものは必ずこぼれることになります。

実際にデリバリーでコーラがこぼれ、料理とぐちゃぐちゃになったまま届けられたという報道もありました。

液体は、真横にしてもこぼれない容器につめて、配達を依頼する必要があります。

専用メニューで考える必要性

配達の場合、通常の定食とは異なり、お弁当のような配置を考えることが必要です。食べるまでにある程度時間が経過することを考慮すると、とんかつと、キャベツ、ごはんは、それぞれ仕切りの中に盛りつけたほうが安全性も増し、おいしさも保たれます。

ソース類はキャップ式の容器に入れ、味噌汁はなしにします。どうしても飲みものがほしいお客さまには、ペットボトル飲料を用意します。容器には蓋をして、さらにラップをかけます。**蓋をしただけでは、配達バッグのにおいなどをごはんが吸ってしまう可能性があります。**

汁物をどうしてもデリバリーしたいなら、真横にしてもこぼれない容器に入れるべきです。スクリューロックの容器は高価ですが、お客さまが再利用することを願って使用してみるとおもしろいかもしれません。

配達をイメージして容器を選ぶ

○ ラップ・フタなどで斜めにしてもこぼれない

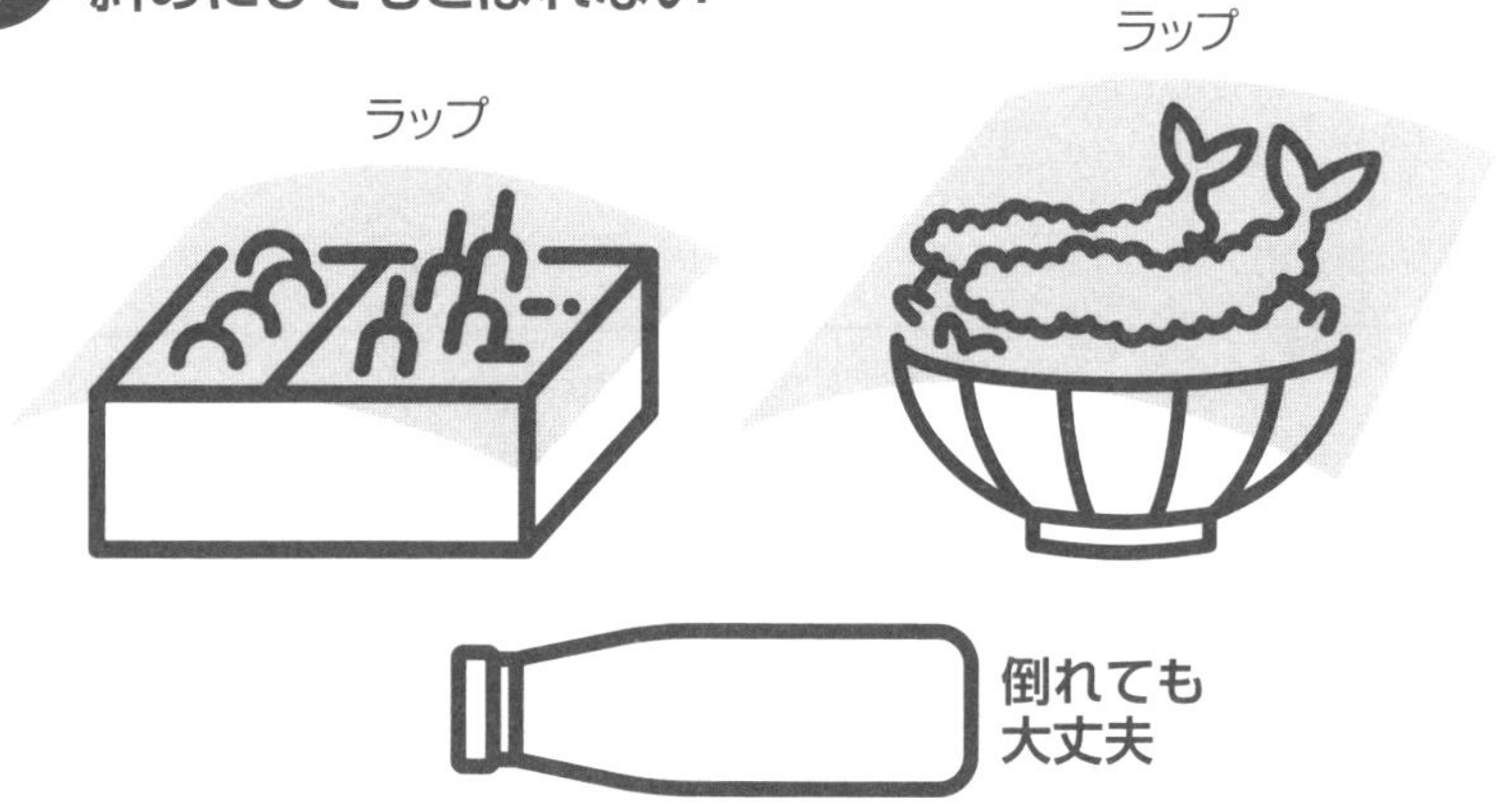

× 斜めになると中身が出るのはダメ

フタがあるから大丈夫と思っていたら、配達の際に斜めになって汁漏れした……ということは往々にしてあるもの。ラップなどで密閉しましょう。

Point

1. メイン料理が、ぐちゃぐちゃにならないように
2. 汁物は専用容器で真横でもこぼれないように
3. 店内メニューと宅配メニューは別で考える

6-5

ナイフ、フォークは本当に必要ですか

プラスティックスプーンは味気ないものです。有料でも、普通のスプーンのほうがいいと思いませんか?

おいしく食べるためには

環境保全の観点からプラスティックの使用量を減らす風潮があります。ストローやデザートスプーンなど、一度使用したらゴミになるプラ類を減らそうという目的です。しかし、**宅配メニューは、まさしくプラゴミを作り出しています**。ここはぜひ、視点を変えて、「おいしく食べていただく」ためにどうしたらいいか考えてみませんか。

割り箸と普通の箸であれば、よほど短い箸でなければ、味、おいしさには影響がないと思います。しかし、カレーライスをプラスティックのスプーンと、磁石のつくステンレススプーン、磁石のつかないステンレススプーンで食べ比べると、全く味が異なります。

お店のメニューをどの道具で口に運ぶとおいしいか考え、「よりおいしい」道具をつけましょう。

ホテルなどの宅配は

ホテルなどに宅配するときは、食べる道具がついていないと困ります。しかし、プラスティックスプーンは近年の潮流に逆行している。そんなときは、メニューにスプーンなし、使い捨てスプーン、ステンレススプーンと3種類表示し、値段を変える手もあります。「このスプーンなら持って帰って使おう」と思い、ステンレススプーンつきを注文するかもしれません。

宅配メニューを考えるときに、お客さまがどんな道具で、どうやって食べれば一番おいしいか、とんかつ、ステーキでも、切って出したほうがおいしいのであれば、メニューの写真を切ってある状態で載せることで、ナイフは、必要なくなります。**メニューの写真、食べる道具を再度考えてみてください。**

プラ食器ではおいしくない

○ その食器、本当に必要か考えてみましょう

自宅でテイクアウト=プラ食器はいらない？
ホテルに配達=使い捨てフォークをつける
くにゃくにゃの食器ではおいしくない
箸でもいいものは割り箸を検討

なんとなくナイフとフォークをつけているとしたら、一度見直してみるのもいいかもしれません。自宅で食べる際は、食器をつける必要はない場合も。

Point

1. カレーなどは、有料で使用しやすいスプーンをつける
2. ナイフ、フォークのいらないメニューにする
3. スプーンなし、使い捨て、ステンレスと3種類メニューを作る

6-6

生野菜は温めても大丈夫？

ここ数年、カップサラダ、チョップサラダが流行っていますが、お弁当には注意が必要。

洗っても野菜の菌数はゼロにはならない

レタスなどの葉物野菜は葉の表面を中性洗剤で洗い、きれいにすすいでも、細菌数はゼロにはなりません。野菜だけなら、10℃以下で保存することで洗ってから1日程度は変色もせずにおいしく食べることができます。一方、ゆでた鶏肉だけを10℃に保管すれば1日以上おいしく食べられます。しかし、レタスを敷いて、温かい鶏肉を載せて、室温で4時間置いてしまうと鶏肉から異臭を感じるかもしれません。

コンビニ弁当のように、容器自体がパスタの場所、チキンの場所、野菜の場所と分かれて、食材同士が触れなければいいのですが、**カップサラダのようにすべてが触れ合ってしまうと、野菜からの汚染が広がってしまいます。**

タンパク質は、冷やしているか

野菜は、洗うときに水の温度まで冷やされます。鶏肉、パスタなどが、野菜と同じように10℃程度に冷えていればいいのですが、ゆでたての鶏肉を野菜の上に置いてしまうと、菌の増殖のスピードは上がってしまいます。

特に夏にかけて、生野菜をお弁当に入れるのは、非常識です。

同じように、オードブルで、レタスの上にローストビーフ、ハムなどを載せ、ソースをかけたものなどは、宅配時間だけで菌数が高くなる可能性があります。

生野菜を使いたければ、チラー水で10℃以下まで冷やしたものを別の容器で運び、食べる直前に盛りつけることが必要です。盛りつけたものはその場で食べて、保管しないようにします。

生野菜の汚染を広げないために

○ 生野菜と触れない工夫を

それぞれ独立した箇所に入っていて、おかずやごはんと野菜が触れない

× カップサラダは細菌的には心配

パスタ・野菜・肉のすべてが触れると汚染が広がる恐れが…

コンビニのパスタサラダは、パスタと野菜が透明トレーで分けられているものが多いですね。過剰包装といわれますが、汚染防止のためには大切な工夫です。

Point

1 生野菜の菌数はゼロにならないことを知っているか？

2 生野菜と触れると腐りやすいものは何か？

3 盛りつけてから何度で何時間なら大丈夫か説明できるか？

6-7 テイクアウトのメニューは厳選して

どうしてお客様は、テイクアウトやデリバリーを注文するのか、考えたことがありますか？

コンビニ、スーパーの弁当よりおいしい

おなかを満たすだけの弁当なら、スーパーだと３００円程度、コンビニでも６００円程度で買えます。

デリバリーやテイクアウトでお客さまに喜んでもらい、リピーターになっていただくには、スーパーやコンビニでは買えないメニュー、クオリティが必要です。お客さまが最後の仕上げをできるような工夫もいいでしょう。たとえば鍋料理なら、お店のおいしい出汁と野菜、魚のパックをお届けします。それなら火を点けるだけなので調理の負担なく、自宅でお店の味を楽しめます。

1人用のイタリアンも、大きなプラスチックプレートと袋野菜、生ハム、鶏肉などのセットにすれば、受け取った人がプレートに野菜、生ハム、肉を載せ、ドレッシングをかけるだけでごちそうになります。野菜はスプラウトなど珍しいものも入れると、差別化になります。

この日は、このメニューがメイン

急なお客さまが来てピザを取りたい。今日は大切なお客さまだから寿司にしよう。今度の誕生会は、中華料理を取ってみようかな？　クリスマスはやっぱり、焼きたての鳥の丸焼きがいいな。夏バテには、ウナギかな。反対に、冬の寒い日は、ふぐが食べたい。

デリバリーやテイクアウトには、こんな「特別な日」のためという目的もあります。

家では食べたくても調理できない、かと言ってデパートの地下には行くのは面倒で、スーパーのものではおいしくない。でもレストランは混んでいるから気が乗らない。このような方のためのハレの日のメニューを用意すると、**お店の予約が取れなかったお客さまを取り込むことができます。**

テイクアウト・デリバリーは厳選する

○ コンビニ、スーパーより おいしいもの

イベント時の
特別メニュー

家で完成させる
スペシャル料理　等

× コンビニに負けそうなものは メニューに加えない

店内で提供している全てのメニューをテイクアウト、デリバリー対応する必要はありません。「家で食べてもおいしい」メニューを厳選しましょう。

Point

1 お客さまが何を期待しているか理解している

2 お客さまの期待を越える商品を作りたい

3 リピーターのお客さまが増えている

6-8

配達業者の選び方

飛行機と新幹線、どちらも人気の輸送手段なのは高品質だから。配達業者も品質が大事です。

配達業者の価値はお客さまが支払う総額で考える

「あなたのお店が契約している配達業者はどうですか？」と質問すると「手数料が高い」と答えるお店の方がいます。しかし、**配達業者の良し悪しは、お店の手数料ではなく、お客さまが支払った総額を意識してください。**

お客さまからすると、「支払った総額」が、家から動かなくて済んだことを含めて満足する金額かどうか」が大切です。お店の手数料に関しては、「雨の日にあなたのお店の料理を運んでくれる」ことの価値と手数料が見合うかで考えてみてください。そしてお店の手数料が多少高くても、お客さま満足度が高い配達業者を選ぶべきです。

配達員は個人事業主の場合と、配送業者が教育し、直接雇用する場合があります。大切なのは、食品＝口にする料理を運んでいるという点です。料理を運ぶに適した、清潔感のある服装、バッグかも確認してください。

いいところは何か

配達業者は一社に絞る必要もありません。契約の際は、配達業者のサイトもチェックしてください。注文しやすい作りですか？　また、買い物に行けない状況のときだけでなく、「おいしいものが食べたいとき」「晴れの日に食べたいとき」に注文しようと思えるサイトですか？**トラブルときの連絡がすぐに取れるかどうかも重要**です。

また、全国的に評判がよくても、あなたのお店のある地域では評判の悪い業者もいます。注文を受ける地域で評判のいい業者を選びましょう。業者ごとに優劣がない場合は、お店の近くに営業所がある業者のほうが、難点があった場合もすぐ連絡し、話し合えるので便利です。

お客さまは、配達業者もあなたのお店のスタッフと思っていることも少なくありません。そのため業者選びは信頼第一です。信頼に足る業者を選んでください。

配達業者を選ぶためのチェック表

項目	出前（自社）	A社	B社
注文回数			
手数料			
お客さまが払う手数料			
最低価格			
サイトの使いやすさ			
テレビ宣伝など			
宅配員の態度			
声の大きさ			
制服の清潔度			
配達員のにおい			
宅配カバンの清潔度			
自転車の整備状況			
評判			
トラブル時の対応			

Point

1 つねにお客さま目線で配送業者を選ぶ

2 一社に絞る必要はない

3 共に成長する可能性を見抜く

6-9 「ピックアップ」から「配達」までの時間に注意

多くのお客さまは宅配ピザの感覚で、注文してから30分以内で届くことを期待しています。

どこに原因があるのか？

ファーストフード店やコーヒーチェーンでは、混んでなければ注文の品は数分で準備できます。しかし、中華料理のように注文してから調理する場合は、調理に15分程度はかかります。量が多ければさらに時間が必要です。

お客さまの注文画面には、届くまでの標準時間が表示されます。遅れてしまうとクレームになってしまいます。しかし、ピックアップまでの時間、調理時間、ピックアップしてからの時間、この3点が表示され、どこに問題があって遅れたかが明確になるシステムであれば、クレームにはならないかもしれません。

また、注文が集中したときに標準時間が変動し、50分が90分に伸びて表示されると「90分もかかるのならいらない」とお客さまが減ってしまう可能性もあります。標準時間表示の仕組みをよく理解することが必要です。

注文から届くまでの時間

お客さまにとっては、トータルの時間が、標準時間内であることが必要です。

お寿司屋さんで考えてみましょう。あなたがカウンターに座って注文しているのに、デリバリーの注文が入り、「お客さんすみません、今、デリバリーの注文が入って急いでいるので」と、デリバリーを優先したら怒ってしまいますよね。

デリバリーシステムは、感染症などで来店するお客さまがいない期間、お店を閉めなければならないときにはいいシステムですが、来店するお客さまが増えたときに時間通り、調理できるかどうかが大きな問題になってきます。配達業者側からすると、注文が集中した時間帯の場合、標準時間どおりに配達できないことが増え、クレームが増えることにもなります。

通常30分、最悪でも60分以内が鉄則

配達の仕組みを理解しよう

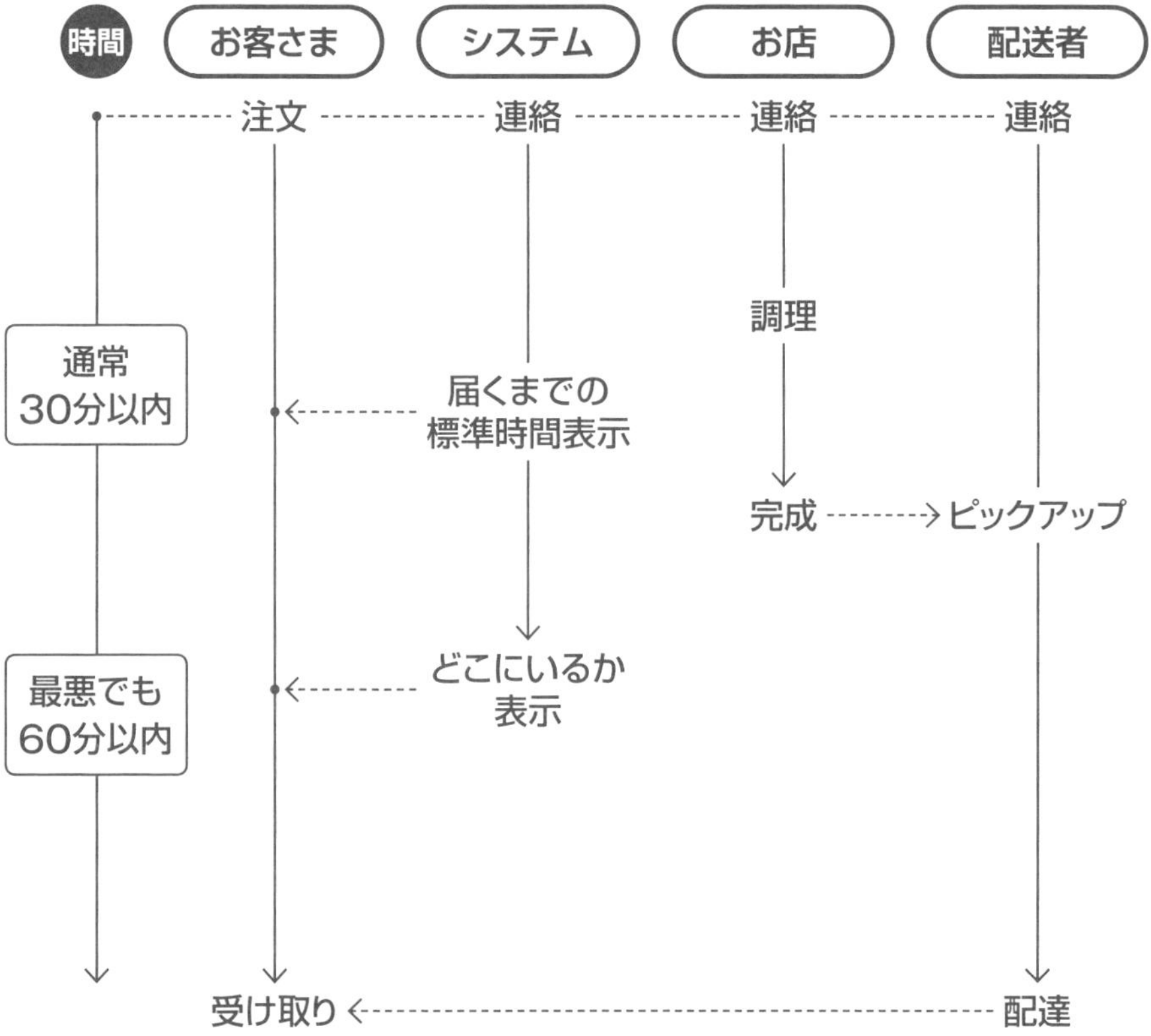

「待つ」ほうは時間にシビアです。使っているデリバリーシステムの仕組みをよく理解し、お客さまに表示される時間にも気を配りましょう。

Point

1. 注文から配達までの時間を記録している
2. ピックアップの時間がかかりすぎたら配達業者に伝える
3. ピックアップから時間がかかりすぎていたら伝える

6-10 消費期限や保管方法を明示する

真夏に親子丼を注文し、受け取った後にクーラーを切って外出。その親子丼、夕方食べます？

飲食店での表示の必要性

飲食店で販売するお弁当は、「お客さまに直接説明できる」ことから、一括表示の必要はありません。しかし、お客さまに「添加物は何を使用していますか」や「この漬物の色は何を使用していますか」などと聞かれたら、答えられなければなりません。

メニューに使用しているアレルゲンと、お店にあるアレルゲンは記載していますか？ 食材が間違えて混ざったときに問題になるので、両方の表示が必要です。前述したよう、28品目、それ以外のトマトや米、しいたけなども表示すると親切です。

外食のメニューにも、栄養成分表示が推薦されています。熱量、たんぱく質、脂質、炭水化物、ナトリウムの順で、ナトリウムについては食塩相当量で表示することが必要です。

お店を守るための表示

食品表示、一括表示は、お客さまのためだけでなく、お店を守るためにも必要です。デリバリー、お弁当でも、28品目のアレルゲン表示と、保管温度、安全に食べることができる期限を明確に表示しましょう。「本日中にお召し上がりください」や「直射日光を避けて保存ください」という表示だと、冒頭の親子丼は食べて問題ないことになります。より正しい表示が必要です。特に温かいごはんの上に盛りつけるどんぶり物は注意しましょう。どんぶり物は、「すぐにお召し上がりください」か、製造から○時間後とルールを決め、「何月何日14時までにお召し上がりください」と表示すべきです。

異物が入っていた、異臭がした、おいしかったのでまた頼みたいなどといった連絡をもらうための、電話番号も表示が必要です。

本来必要な表示は？

品名	好きな名前をつける
名称	弁当
原材料	多い順に表示。原材料／添加物
アレルギー表示	アレルギー食材の表示
消費期限	弁当は時間まで表示
保存方法	10℃以下、直射日光をさける 等
製造者	住所、名称、電話番号

・米を使用しているときは産地表示（国内産 等）
・原材料の一番多いものは産地表示　例：豚肉（アメリカ）等
・外食メニューは、栄養成分表示が望ましい

提供メニューの
必要な表示を理解し、
正しく表示しましょう
消費期限、
保管方法は
マストです

Point

1 アレルゲン表示は行なっているか？

2 いつまで食べられるか、保存方法は明記しているか？

3 連絡先は記載してあるか？

6-11

配達後の責任の所在を明らかに

配達業者に明確な過失がなければ、お客さまは調理したお店に対してクレームをつけてきます。

ピックアップ時の確認が必要

料理は容器に詰めているだけで、バージン性（誰かが開けて、そっと戻していないとわかること）がない状態がほとんどです。配送中に、いたずらしようとしてもできない、いたずらしたらばれる包装容器にすべきです。

青いラップで容器を包装し、ラップの端に店のマークなどのシールを貼ることで、ラップを剥がしてのいたずらを防ぐことができます。また、ラップすることで配送鞄の中のにおいをごはんなどが吸うことも防げます。

配達前には、ラップしてシールを貼った状態で、ピックアップ時に配送者とお店の方で確認します。

商品を紙袋などで包装して配送者を待っている場合もありますが、料理の状態を確認してから包装すべきです。

料理にバージン性を持たせているか

紙袋などの場合も、紙袋を開けたときにわかるようにシールなどを貼ります。もし、配送中に転んで中身が飛び出たときに、素手で商品を包装し直したときに、紙袋が破けた状態になるようにシールなどを貼るべきです。

不在時、もしくはお客さまが希望すると、対面ではなく、ドアノブに商品をぶら下げて配達済みとする業者もあります。このときに、ドアにぶら下がっている商品を誰かが悪意を持って、潰したり、揺すったりすると、商品は食べることができなくなります。商品の受け渡しは、対面で、バージン性を確認して、渡すべきです。

商品のシール、袋、容器の表示などに、店名、電話番号、店内のメニュー、デリバリーメニューのページにいけるQRコードを表示し、何か問題があったときに連絡がつくようにすべきです。

配達時に気をつけること

○ 包装はシールで留める、連絡先を表示する

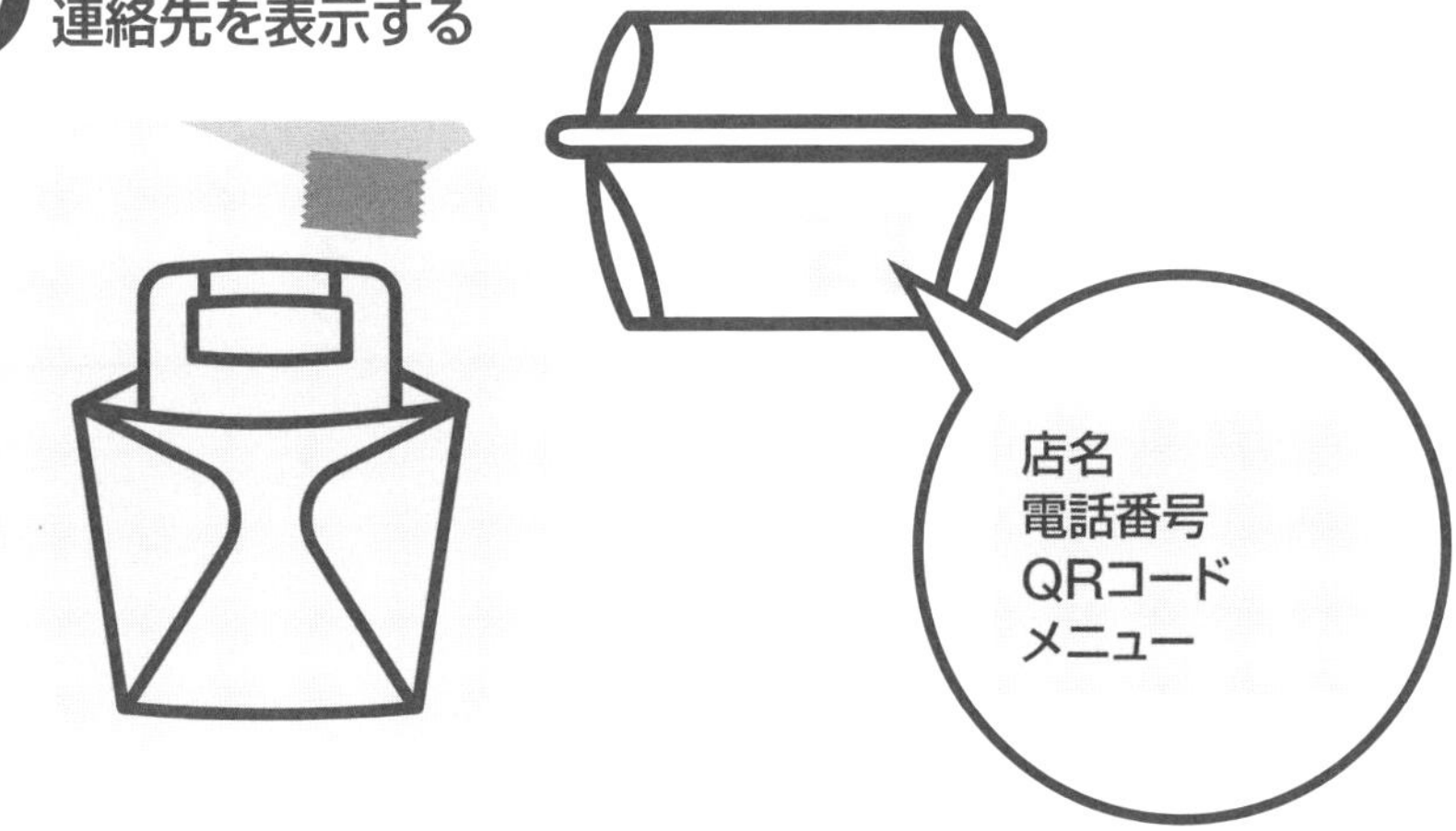
店名
電話番号
QRコード
メニュー

× ドアの前に置き配はおすすめしません

腐ってるけど
どこに連絡
したらいいか
わからない…

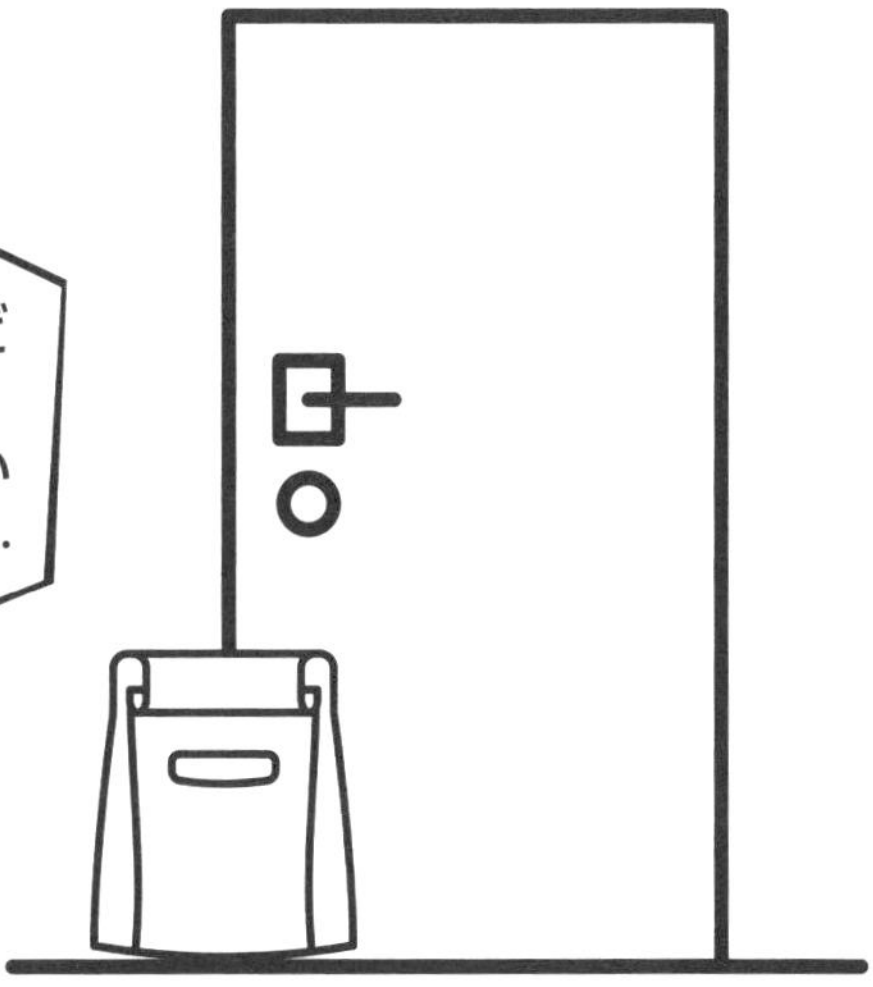

飲食物の「置き配」はできれば避けたいもの。でもお客さまの指示が置き配だった場合は、必ず連絡先を明記した状態で配達してもらいます。

Point

1. ピックアップ時、包装状態をお互い確認している
2. お客さまに対面で渡している
3. 連絡先を明記している

6-12

大量注文はどんな手順で作る？

ごはん、パスタなど時間が経つとおいしさが変わるものはギリギリまで待ちましょう。

安全性を考えると

ごはんの安全性を考えると、弁当に詰めるときには25℃以下にします。一方、おいしさを考えると保温されている温度のまま盛りつけてすぐに配送し、すぐに食べてほしいもの。そのため、大量注文時にはキャベツ、レモンなどを弁当箱に盛りつけておいて、とんかつが揚がるたびに盛り、最後にごはんを温かいまま盛りつけます。**ごはんを盛りつけ終わったあと、すぐにピックアップされ、運ばれることがベスト**です。この盛りつけ順を逆にしてしまうと、異臭がしてしまう可能性があります。

厨房の作業台にお弁当箱をならべ、ごはんを温かいまま盛りつけ、ふたをせずに露出したままとんかつが揚がるのを待つと、厨房の落下菌などで汚染してしまう可能性があります。温かいごはんに落下菌、素手で触るなどの汚染が起きないように最後に盛りつけるべきです。

おいしさを考えると

お客さまはごはんは温かく、とんかつも温かく、キャベツは冷たいものを希望します。キャベツなどは、コンビニのカップサラダ状のものを事前に用意しておくと、冷たく保てて急な注文にも対応できます。

サラダであれば野菜をきれいに洗浄し、冷蔵庫に保管すれば1日は確実においしく安全に食べることができます。余ったものはお店で出しても問題ないので、野菜は事前に専用容器に盛りつけておくことをお勧めします。

無理な大量注文は、「申し訳ありませんが、当店では受けかねます」と断る必要があります。**食中毒事故は、無理な大量注文を受けて充分な調理ができなかったときに発生しやすいもの**です。厨房の作業台に弁当箱を並べて何個まで注文を受けることができるか、理論で説明できることが大切です。

順序立てて作ることが大切

たとえばとんかつ弁当なら…？

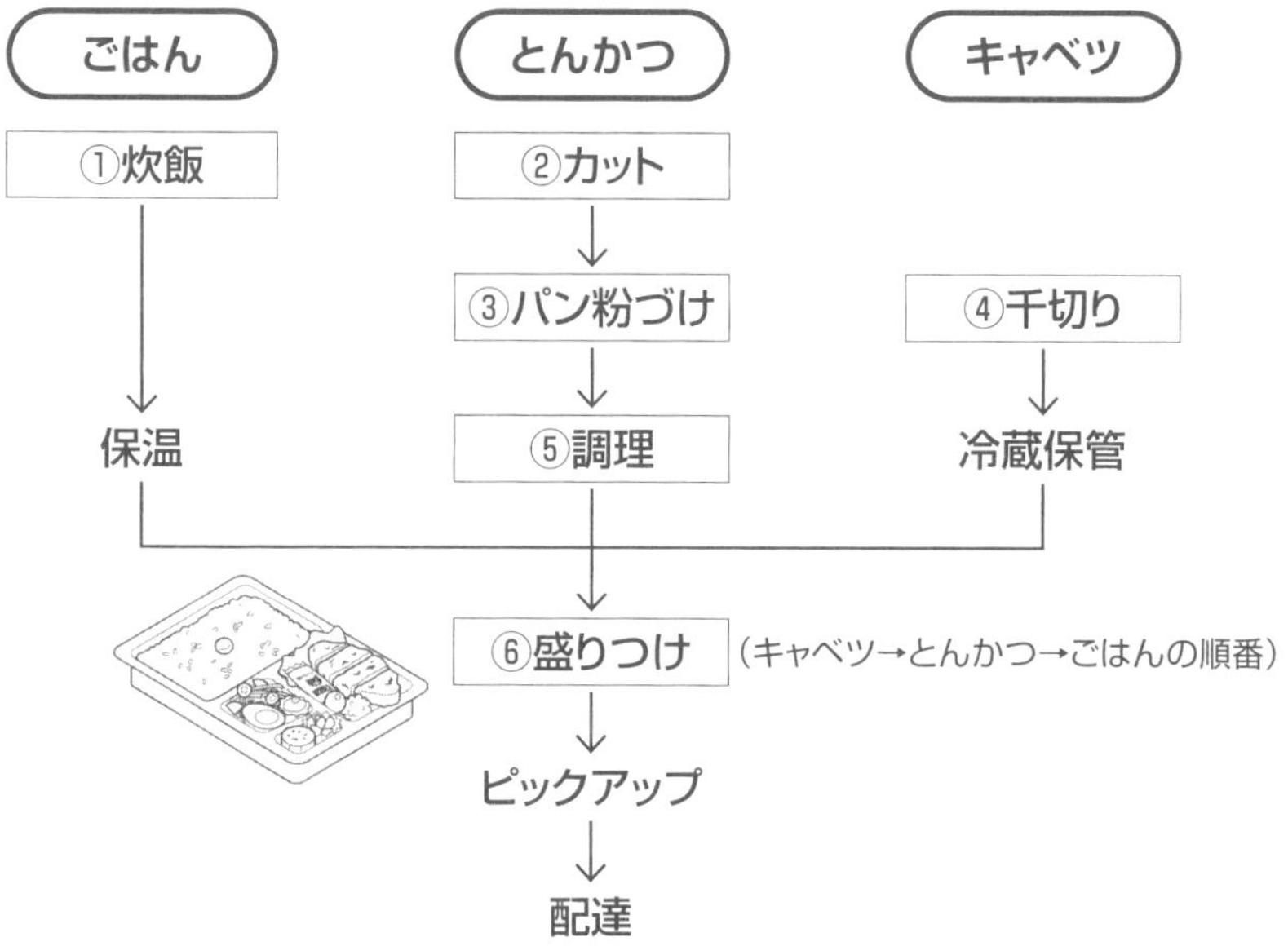

Point

1 安全性を第一に考え調理しているか？

2 安全性を考えた上でおいしさを考え調理しているか？

3 時間までにできないときは、無理せず断っているか？

食中毒の原因⑤ 腸炎ビブリオ

菌のイメージ	
主にいるところ	魚介類 特に魚の鱗は要注意
特徴	海に生息している 真水や酸に弱い 室温で速やかに増殖する
潜伏期	8〜24時間
症状	腹痛、水様下痢、発熱、嘔吐
食中毒になる原因食材	魚介類  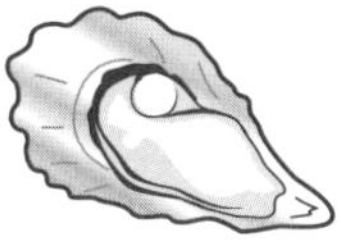
注意すること	魚介類は新鮮でも必ず真水で洗う 短時間でも冷蔵庫で保管し、増殖を抑える 60℃、10分間の加熱で死滅する 二次汚染に注意する

Point

1. 腸炎ビブリオ食中毒発生の原因となる食材を理解する
2. 腸炎ビブリオ食中毒発生の原因となる作業者の行動を理解する
3. 腸炎ビブリオ食中毒発生の原因となる出前の注意点を理解する

第7章

「バイトテロ」を防ぐ従業員教育

――従業員の成長を助ける店づくり

飲食店の危害として見逃せないのが、
バイトテロ問題。バイトテロは
起こってからの事態収集は難しいもの。
バイトテロを起こさない
環境づくりを学びましょう。

7-1

食のプロであることを意識する

銀座の有名寿司屋の大将は夏でも通勤時に手袋をしています。「食のプロ」だからこその配慮です。

理屈を理解すること

あなたの厨房では「なぜ」の理屈を説明していますか？「つめを短く切りなさい」「どうしてですか」「厨房で働くなら当たり前だから」新人の従業員とこんな会話を行なっていませんか？　「なぜつめを短く切らないといけないのか」の理屈をきちんと説明することが大切です。

同じように「毎日頭髪をきれいに洗い、出社前にブラッシングすること」「手に怪我をした場合は届け出ること」「下痢、発熱がある場合は、出社しないこと」など、**個人衛生の基本は「決まっているから」「ルールだから」ではなく、「なぜ」を説明し、教育すること。従業員は理解した上で、プロとして行動することが必要**です。

手に絆創膏を貼り、ごはんを盛りつけていた結果、お客さまから「絆創膏がごはんに入っている」とクレームが来たなどは、よくある話です。

潜在的危害を理解すること

鹿児島に行くと鳥刺しを食べられます。都内の鹿児島料理店でも鳥刺しを食べられます。では、あなたは、従業員に「鳥刺しを食べること」をどう教育していますか？

同じようなメニューに「生牡蠣」「生鯖の刺身」などがあります。これらはアレルギーがなくとも、飲食店関係者なら食べることを制限すべきメニューです。鳥刺しを食べても必ず食中毒になるとは限りませんが、潜在的食中毒の危険性があるメニューだからです。**潜在的に食中毒になる可能性のあるものを、食のプロとして食べていいかどうか、しっかり教育することが大切**です。

同じく食中毒対策として、発熱、下痢の症状があるときには、出社しないようにルールを定めていますか？同居の家族が下痢をしているとき、ルール上はどうなっていますか？

飲食店で働く人が最低限気をつけたいこと

〇 飲食業スタッフは手を清潔に

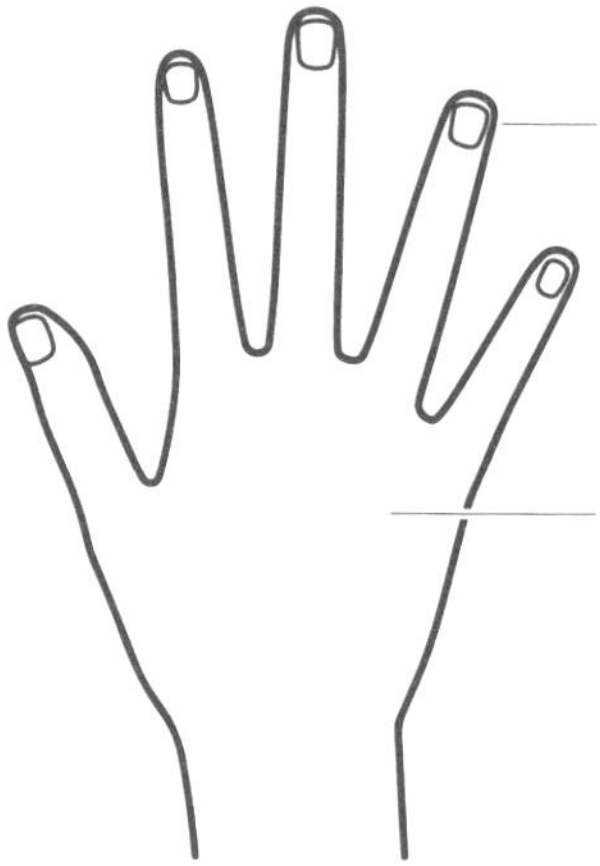

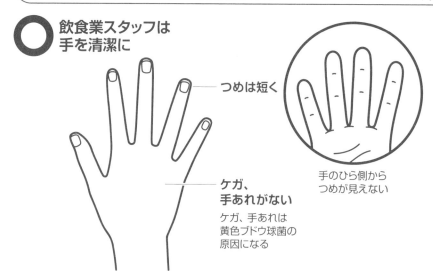

つめは短く

ケガ、手あれがない

ケガ、手あれは黄色ブドウ球菌の原因になる

手のひら側から
つめが見えない

✕ 危険な食材はプライベートでも食べない

食材		危害
鳥刺し		カンピロバクター
生ガキ	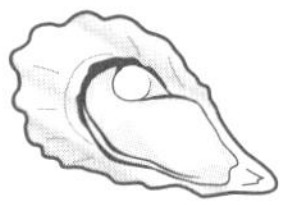	ノロウイルス
生サバ		アニサキス

「バイトなのにそこまで厳しくされても」と怒る従業員もいるかもしれません。しかし、バイトもお店の大切な一員だと真摯に伝えてわかってもらいましょう。

Point

1 厨房で働くときに、日常生活で注意すべきことは何か？

2 ホールで働くときに、日常生活で注意すべきことは何か？

3 通勤時で注意すべきことは何か？

7-2 大切な人が食べるとつねに考える

「賞味期限直前に牛肉を凍結する」、「パセリをは洗って再利用する。知りたくない「飲食店の裏側」です。

ルールブックより優先すること

「厨房の床に落とした割り箸どうしますか」「ロースの塊を床に落としてしまったんですけど」……厨房で働いているといろいろなトラブルが発生します。どうしたらいいかと悩むことも多いと思います。

昭和の時代なら、友達に「俺の働いているところひどいんだ」などと話すだけで終わりましたが、ネット時代にSNSなどで呟いてしまうと、店名を伏せ字にしていてもどこのお店か探し出されてしまいます。

食に関する法律にも定めがなく、社内ルールにもないことで判断に迷ったときは、「大切な人の顔」を思い出して、**「大切な人が食べて健康になるための仕事をしている」と考え、判断しましょう。**私の名刺、ホームページなどに使用しているひよこのイラストは、大切な人を思い出すためのイラストになります。

笛を吹くことを褒める企業文化

床に落としたハンバーグを再加熱してお客さまに提供しようとしているところを目撃したら、あなたはどうしますか？　ハンバーグを焼いていたのが料理長で、あなたはアルバイトとします。

見ないふりをして、バイトを辞めたあとに「内部告発」と称してネットに書き込んでいませんか？　内部告発だとするなら、自分の倫理観と照らし合わせて問題のある行為は、その場で笛を吹くことが大切です。辞めてから笛を吹いても内部告発にはなりません。**その場で上司に対しても笛を吹き、上司が態度を改めないようだったら、さらに上の上司に笛を吹き、それでもダメなら行政、報道に笛を吹くべき**です。

内部告発は、その場で笛を吹きましょう。

トラブルの対処基準は…？

お客さまを「自分の大切な人」と考える

著者がアイコンにしているイラスト

＝

込めた思い

大切な人のイメージ
ルールブックよりも大切な人のことを考え判断する

お店を経営していると「これくらいいいかな」と魔が差すことがあるかもしれません。そういうときこそ「大切な人の顔」を思い浮かべて判断します。

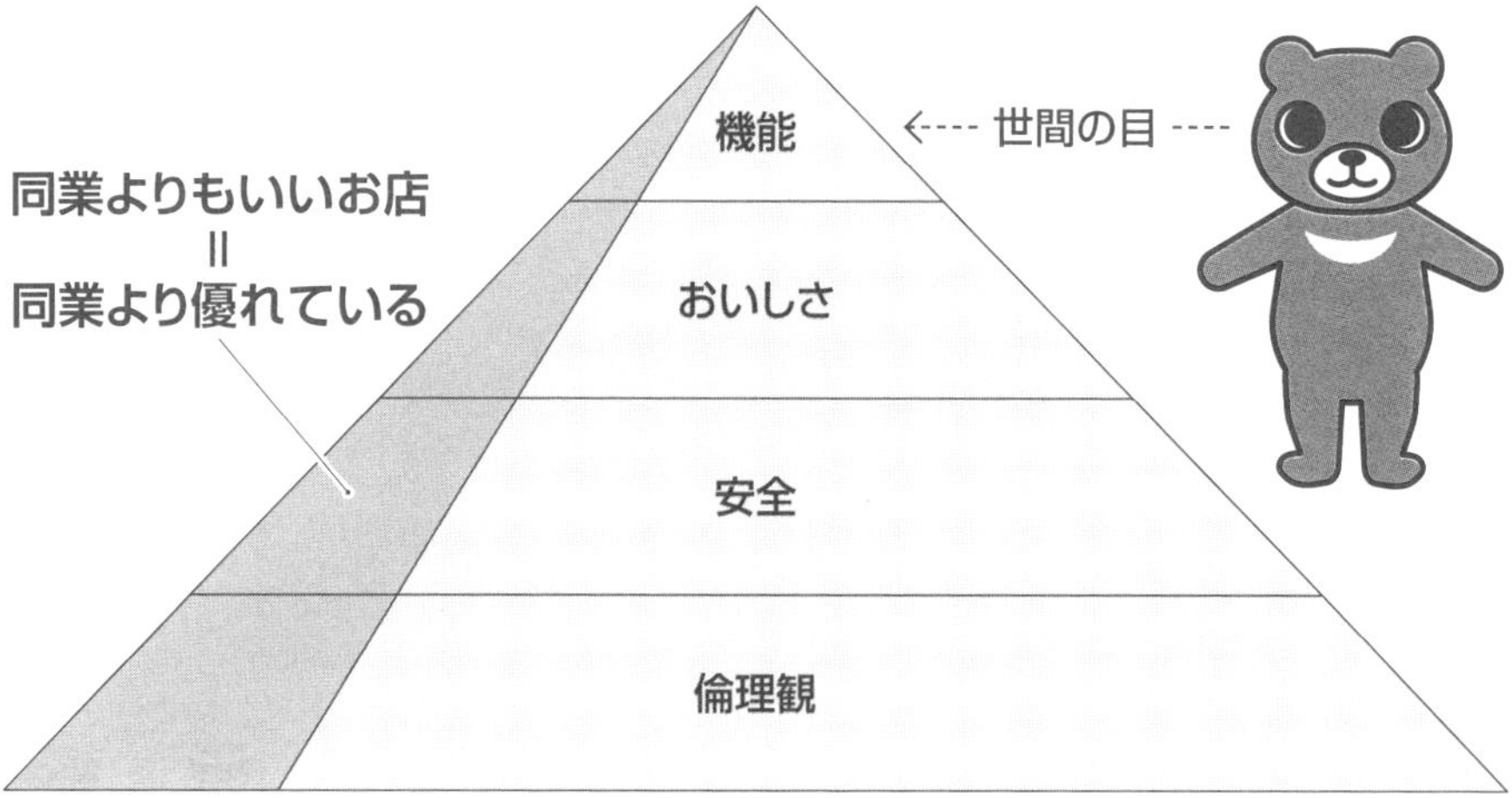

Point

1 法律では決められていないことがたくさんある

2 社内ルールでも決めていないことがたくさんある

3 上司の意見がおかしいと思ったらどうするか

7-3

教育の基本は毎日の朝礼

従業員教育は外部講師を招いての坐講より、毎日の朝礼で繰り返し行なうことが一番効果があります。

毎日繰り返すことが大切

朝礼では前日の数字に基づき、売上、客数、一番出たメニュー、デリバリー数など発表します。数字が悪かったときの反省も大切ですが、**数字が良かったときの「褒める」、「喜ぶ」ことも大切**です。ホールスタッフ、調理スタッフのちょっとした気遣いが同業他社に比較してよいことが、お客さまからの信頼を得ることにつながります。また、従業員全員で喜ぶことで会社の雰囲気が良くなり、働きがいが出てきます。

お客さまからちょっとした言葉をいただいたときも、クレームよりも褒められた言葉を選んで朝礼で伝えます。お客さまから褒められた回数、厨房の方は従業員同士で褒められた回数の多い方を表彰してもいいでしょう。「今月の褒められ大賞」として顔写真を貼ると喜ばれます。

1枚の紙芝居で教育する

まさに、この本のイラストをコピーして厚紙に貼ってください。Ａ４の大きさに拡大コピーして、Ａ３の紙に貼り、伝えたいことを3点箇条書きにして伝えてください。このＡ３の紙を紙芝居と呼びます。

朝礼後は、従業員用の掲示板に紙芝居を貼り、忘れないようにします。

この紙芝居の写真を撮り、毎日の売上などと共に記録することで、従業員の教育記録ができあがります。

この本以外には、「他山の石」の事例として他社での食中毒の事故の事例、カード決済の詐欺の事例、感染症対策など、毎日の朝礼で従業員に伝えるべきことは多くあります。私のフェイスブックでも毎日、朝礼に生かせる写真を公開しています（https://www.facebook.com/ja8mrx）。

朝礼で伝えることは…？

① 前日の数字に基づいて朝礼を行なう

朝礼で伝えること

- 売上
- 客数
- トラブル
- よかったこと、褒めること

② 毎日1枚の紙芝居

伝えたいことを
図などでA3用紙1枚に

→ 朝礼後は掲示板に貼る → 写真を撮り記録する

文章よりもイラスト、写真など視覚に訴えたほうが記憶に残りやすい人は多いものです。覚えてほしいこと、伝えたいことを紙芝居にしましょう。

朝礼に活かせる写真をフェイスブックで公開しています。

Point

1 朝礼を毎日実施しているか？

2 朝礼で確認する数字を明確にしているか？

3 朝礼の内容を記録しているか？

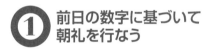

7-4

最初の一言が一番大切　電話対応の基本

ネット時代でも予約・問い合わせは電話がほとんど。電話に出るまでの時間、第一声、あいさつ、大事です。

電話のつながる時間が明確か

ネット予約は当日ではできないお店が多いので、予約は、まだまだ電話が主流です。しかし、開店前の昼間、夕方に予約の電話をしても、つながらないことも多いものです。予約の電話は何時から何時までつながると、ウェブサイトなどに明記していますか。

電話が鳴って何回で出ますか？　**出られないときは、コールの1回目に留守電につなげることも大切**です。留守電のメッセージでは、「電話は何時から何時にお願いします」と明確に伝えることをお勧めします。

実際に電話がかかってきた場合を考えてみましょう。電話機に相手の名前、電話番号が明記されますか？　一度でも予約してくれた電話番号は登録し、「はい、ビストロ河岸です。○○さんいつもありがとうございます」と電話に出ることで、お店の印象が上がります。

信奉者を増やすこと

「新型コロナウイルスで外国のお客さまが来なくなって困った」となげく前に、**はじめて来られたお客さまを常連客にすること**を心がけていますか。電話したとき、レジ対応のときなどのちょっとした一言で、お客さまに常連客になってもらえます。

昼の定食を食べにひと月に1回しか行かないお店でも、ドアを開けたときに「いつもありがとうございます」と言われ、年末には、カレンダー、手帳をいただけると申し訳なくなってしまいます。「今度は夜来よう」「また来よう」と思ってくださる方もいるでしょう。

SNSにアップするために写真を撮りに1回だけ来てくれるお客さまより、年に1回、定期的に通ってくれて、「浅草でおいしいお店は○○だよ」と広めてくれる信奉者を1人でも多く作ることが大切です。

電話は最初の一言が一番大切

○ 第一声でお客さまの名前を呼ぶ

はい、○○さん
いつもありがとう
ございます

× 待たせた上に、家の電話のように出る

もしも――し

初来店のお客さまの電話、何コールも待たせた上に「もしもーーし」なんて出た日には、そっと受話器をおかれてしまうかも……。

Point

1. 電話に出られる時間は明確になっている
2. 電話対応の練習を行なっている
3. お客さまの名前を覚えている

7-5

バイトテロはバイトだけが悪いわけではない

利益が出ない理由に「バイトテロ」などの不祥事がよくあげられます。防ぐ仕組みがないことが問題です。

自分の店と思わせる

「このお店は誰のものですか」と質問すると、一般的に、「オーナーのもの」、オーナー兼店長なら「店長のもの」と答えが返ってきます。しかし、**本当は従業員一人ひとりのものであるとしっかり教育することが大切**です。

従業員が自分のお店と思うことで、食器などの備品なども自分のものであると思わせることができます。お店が利益を上げるためには備品をしっかり管理し、大切に取り扱うことが大切であることを教育します。

お客さまは「自分の大切な人」と教育します。「自分の大切な人」が口にする料理にほかの方が残したもの、床に落ちたもの、期限の過ぎたものは使用しないはずです。たとえ先輩に言われても、自分の大切な人への料理と判断して断れることがいちばん大切です。

教育がいらない仕組みを考える

「私物は、必ずロッカーに保管する」「まかないはメニューにあるものだけ」など簡単なルールを徹底的に教育します。教育内容は1行で表し、できていない場合はできるまで教育することが大切です。

また、バイトテロを防ぐ前に、私物を入れられる鍵つきロッカーを整備し、私物は厨房に持ち込めない環境を作り上げることが大切です。そもそもロッカーが備えられていない飲食店が多く、厨房の中に私物の携帯電話が持ち込まれ、自由に写真、動画を撮れる環境になっているところが多く目につきます。

レジの上には監視カメラを設置し、録画映像を休憩室でつねに見られるようにします。**太陽がいつも見ている環境を作り出すことで、悪さができない企業体質を作り上げることが重要**になります。

バイトテロが起こる要因を排除する

○ 成功体験が「失うもの」の価値を高める

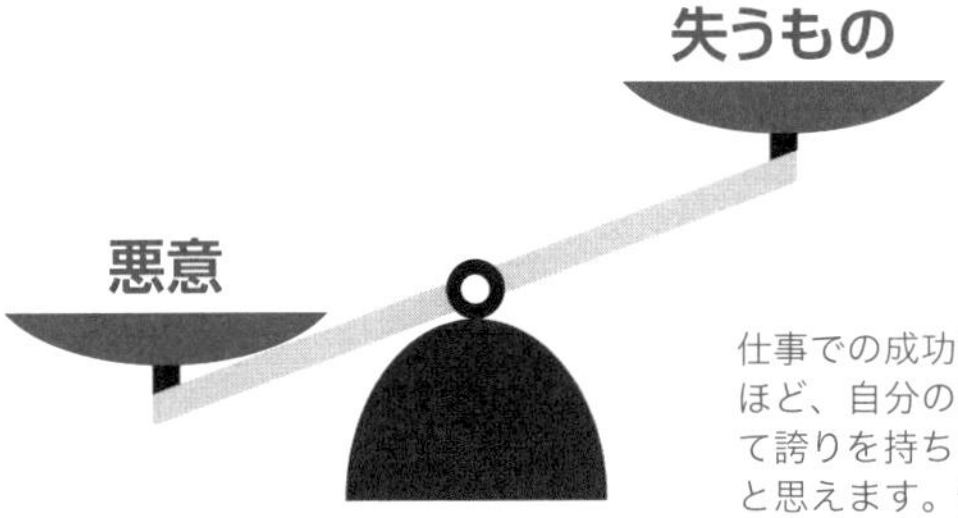

仕事での成功体験が強いほど、自分の仕事に対して誇りを持ち「続けたい」と思えます。働き続けたい職場で悪事を働くバイトはいません。

× 「悪意」が「失うもの」を上回ると……

Point

1. 店は自分のものと思わせる教育が必要
2. バイトテロの実例を朝礼で教育する
3. 悪さができない仕組みを作り上げる

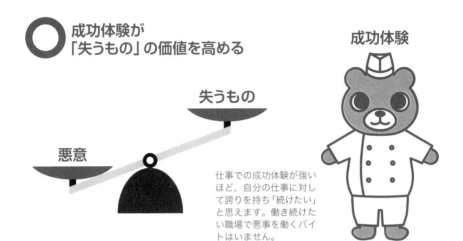

7-6

交換日記がスタッフの元気の素になる

飲食店はピークだけの数時間のバイトなども含め、さまざまなシフトの方の組み合わせで成り立ちます。

業務連絡帳を作成する

働くスタッフ同士のコミュニケーションは大切です。そのために、**朝礼の数字、業務上の連絡事項、朝礼の紙芝居などを大学ノートに記載し、読んだら全員がサインするようにします。**お客さまの忘れ物、お客さまに言われたこと、新メニューの注意や「ナプキンの発注お願いします」などの業務連絡、「今度の水曜日は定時で帰るので残業できません」などの個人的な予定まで、なんでも書いていいことにします。「隣町にできた新しいお店がおいしかった」、「こんなメニューがあると嬉しい」など新メニューの提案、「玄関の傘立てに鍵をつけたほうがいい」といった店舗にまつわる提案なども記載できるようにしましょう。メニュー、仕事の提案が実現したスタッフは、ＱＵＯカードなどを添えて朝礼時に表彰すると、やる気が高まるものです。

有休の予定を記載する

お店を安全・安心に経営するには、スタッフが余裕を持って働けることも大事です。シフトを組みやすくするためにも、ノートのはじめに営業日の一覧表をつけ、有休希望日を書き込んでもらいます。できれば**半年先までの一覧に、各人の現在使用できる有休の日数を記載し、有休を取りたい日は○をつけるようにします。**

そうすれば休みが取りやすく、突然の用事ができたときは、誰と調整するといいかも一目瞭然です。有休は最終的には店長などが調整すべきですが、仲間の中で休みやすい環境を作るためには、いい方法の1つだと思います。

大切なのは、旅行、学校の行事など譲れない日は、明確に仲間に伝えることです。あなたの会社は、半年先の仲間の予定をつかんでいますか。

交換日記に書くことは？

毎日の業務連絡＋有休の予定

9月14日（水）

服装、身だしなみの
チェックポイント
髪色は「カラーチャートの11番まで」などわかりやすく決める
ヒゲは生やさない
つめは短く
制服は毎日きれいに
装身具はつけない
腕時計
指輪
ミサンガ
靴もこまめに洗う

・有休の希望など
個人のスケジュール

・仕事に対する提案

実現できた
提案、メニューなどは
朝礼で褒める

有休一覧表

別ページに
有休一覧表を
貼っておく

飲食店で調整が必要なことのひとつが有休です。従業員、バイトがそれぞれの都合を報告しあい、有休を取りやすい仕組みを作ることが大切です。

Point

1 毎日の業務連絡はどのように伝えていますか？

2 有給休暇はどのくらい先まで予定できますか？

3 メニュー提案、仕事の提案の受付はどこで行なっていますか？

7-7

海外旅行は事前に申請って本当？

食べ物を扱う商売はつねに感染対策が必要です。食に関する仕事である以上、体調不調時は働けません。

海外旅行から帰ったら……

飲食店では新型コロナを機に従業員の健康管理の記録を取り始めましたが、食品工場では平常時でも、発熱、下痢など体調不良があれば出勤が認められませんでした。日本では珍しい赤痢などが流行っている海外の国に旅行した場合は、帰国から2週間は出勤停止の処置をとっていた工場もあります。現地独特の感染症があるので、**海外旅行から戻った場合は、少なくても発熱、下痢などの症状がないか確認の上、出勤することが大切**です。

海外から持ち込めない食品、種等があります。日本に入るときに、検査を受けなくても、きちんと確認することが大切です。

長期休暇を確実に取るためにも、事前に申請が必要です。従業員の皆さんは「海外旅行に行ってきます」と申請し、健康な状態で戻ってきてください。

体調が悪いときは？

新型コロナが治まっても、インフルエンザ、新たな感染症、ノロウイルスなど、発熱、下痢を伴う病気の恐れがあるときは出勤できません。昭和の時代は「風邪くらいで休むな」との風潮がありましたが、**現在は、お客さまにうつす可能性のある症状の場合は出勤停止**です。

従業員には健康診断が義務づけられています。その健康診断で要検査の項目があった場合は、必ず病院を受診しなくてはなりません。また、病院を受診したことを会社側が確認する必要があります。そのとき、どこが悪いかを会社側に言う必要はありませんが、要検査の項目があり、再検査が必要なことを会社側がつかみ、必ず病院にいけるようにシフトを組むことが必要です。

インフルエンザなどの予防接種もシフトを組み、受けられるように配慮すべきです。

海外旅行・感染症の対策

① 海外旅行に行きたいときは十分な休暇を準備

有休を取りたい本人

半年前から連絡ノートで
長期休みを申請

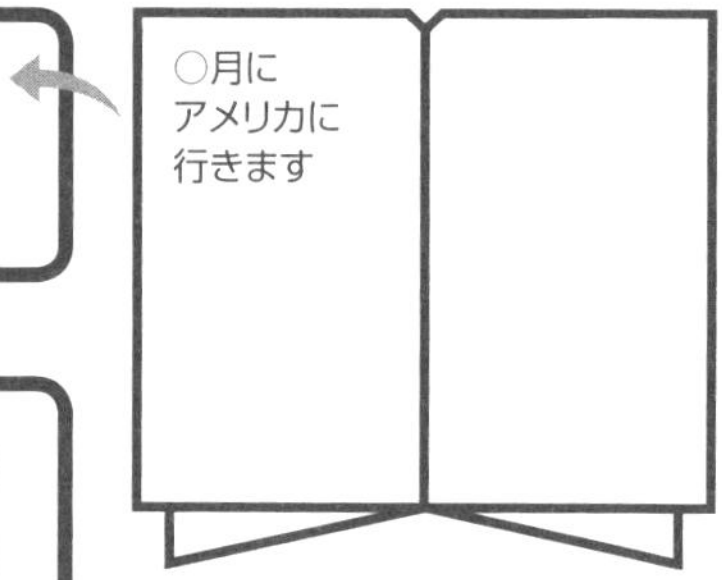

経営者

帰ってきても発熱・下痢などが
あれば出勤停止にできるゆとり
のあるシフト

② 風邪・インフルエンザ対策も気を抜かない

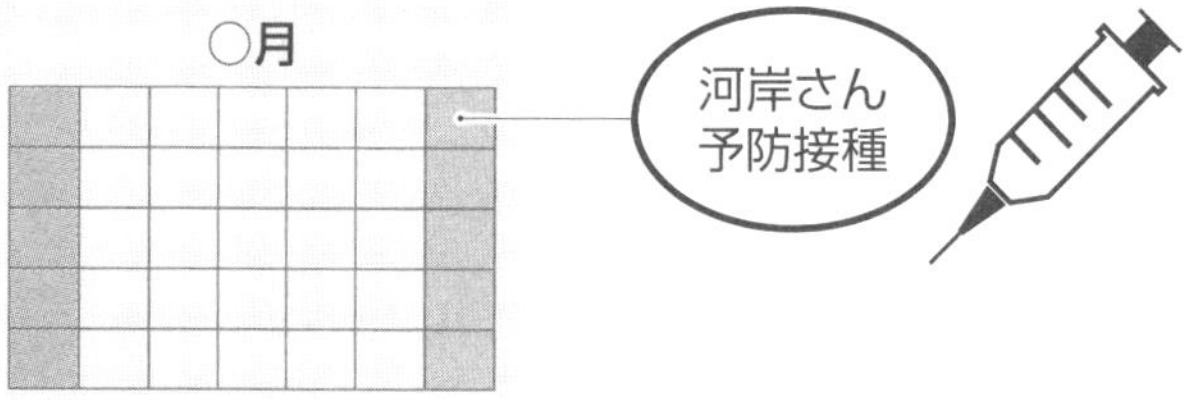

予防接種のシフトを組み
配慮する

「休むのは申し訳ない」と熱や下痢があるのに出勤すると、結果的に「お店に対して申し訳ない」ことになる場合も。余裕のあるシフトが大切です。

Point

1 海外旅行から戻ったときに発熱、下痢をしている場合は出勤停止

2 検便で陽性になった場合は改善するまで出勤停止

3 体調が悪いときは出勤停止

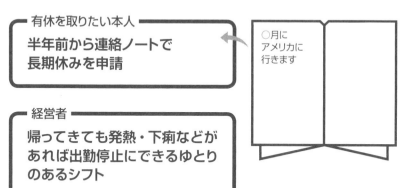

7-8

毎日毎日食べ続けることが大切

お客さまの無言のクレームは「おいしくない」が最多。ネット時代、「おいしくない」情報はすぐ広まります。

看板メニューはおいしくできているか？

ハンバーグが看板メニューの店では、毎日挽肉を挽き、ハンバーグを作ります。同じ仕事をしていても肉の品質、気温などの影響で、できあがった料理は日々微妙に違います。

看板商品は、毎年少しずつおいしくなっていくことが重要です。開店前に試食し、昨日よりもおいしくするためにはどうすればいいか、肉の選び方、混ぜ方、整形の仕方、焼き方、提供の仕方を含めて毎日工夫し続けるからこそ、お客さまは、長年通い続けてくれます。

プロの料理人なら、世間の味の変化を感じる必要があります。同業だけでなく、世の中の味がどう変化しているかを自分の舌で感じ、つねにお客さまが満足する味を出すことが求められているのです。

新メニューは全員が説明できるか

サラダのキャベツの産地が変更になったときに、スライスして試食していますか？

野菜の味は産地、季節によって大きく変化します。産地を変更する前に試食し、サラダに適切かどうか判断してから変更すべきです。

特に新メニュー、今日だけの日替わりメニュー、季節メニューは、どんな味がしてどんな材料を使用しているか、お客さまに聞かれたときに、全員が答えられるように試食することが大切です。

「今日のランチお勧めは？」と聞かれたときに、「新鮮なアジが入ったので、アジフライにしました」とすぐに原材料の説明もできるように、毎日の試食を行なうことが大切です。

食べ続けると見えてくる

○ 味を確認することが改善の第一歩

× 味と原材料は最低限知っておくことが大切

「バイトだから知りません」では済まされません。お客さまに質問されたらすぐ答えるためにも味、産地、原材料などはスタッフ全員で共有し、試食します。

Point

1. 開店前にメニューの味見を行なう
2. 材料の変更、産地を変更したときは試食する
3. 新メニューは、全員で試食する

7-9

「あの芸能人が食べに来た」って書いてOK？

ネットにあふれる有名人情報。しかし、店の方が了承を得ずにSNSに書くことは許されません。

色紙を店に貼っていいと言われたら

壁、天井にびっちり色紙が貼ってあるお店があります。色紙の中には芸能人だけでなく、高校球児、テレビ局のアナウンサーなども含まれています。ちょっと有名な方が来られたら、店の方が声をかけてサインをもらい、壁に貼っているようです。

このように色紙にサインをもらい、壁に掲示することに対し、「いいよ」と了解を得ているなら、「今日○○さんが来られました」と色紙の写真とともにネットにアップしてもいいと思います。もちろん、**ネットにアップしてもよいと了承を得ることが大切**です。

一方、サインももらわず、話してもいない有名人の方が、「若い女性の方と食べにきた」などとネットで書くこと、週刊誌の取材に答えることは、店の信用をなくすことだと私は考えます。

週刊誌の取材は…

不審な人物が店先に車を停めて望遠レンズでお店を狙っているところを見かけたら、あなたはどうしますか？新型コロナ対策で、飲食店は「夜8時以降店を開けてはならない」という制約があり、お客さまも「5人以上で飲食店に行ってはならない」とされています。不審な車や人物がメディアの人間だとしたら、これらのルールを破っていなくても写真を撮られると面白おかしく報じられる恐れもあります。しかし、公道に停められた車に対して、注意することはできません。**できることは、該当する方にお店の裏口から出るように教えること**です。

後日、週刊誌等の記者が取材しにきたときに、多くのことを語る飲食店の方がいます。私は、お客さまのことを他の方に話すべきではないと思っています。

著名人がお店に来たら？

① してもいいことと してはいけないことは？

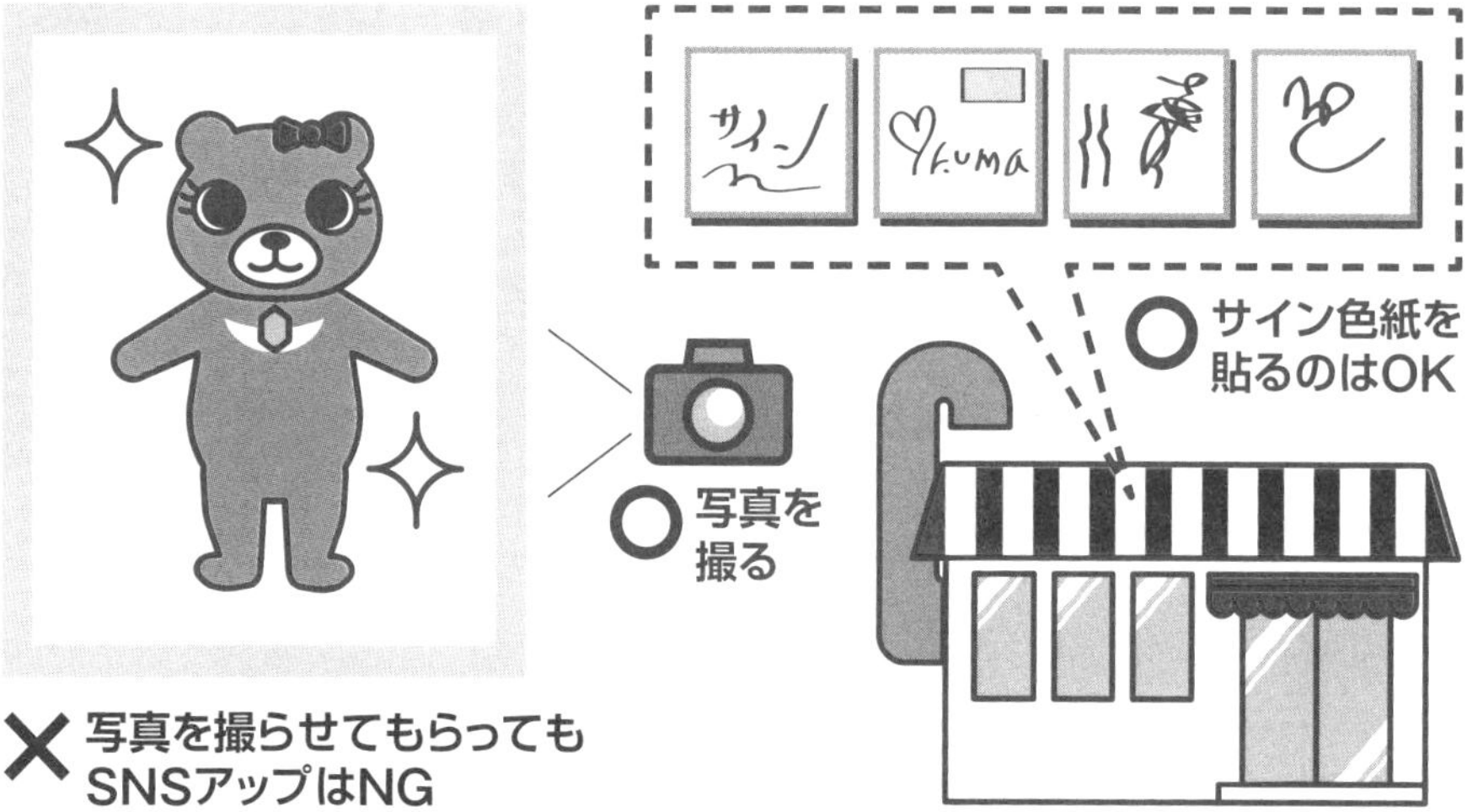

○ 写真を撮る
○ サイン色紙を貼るのはOK
✕ 写真を撮らせてもらってもSNSアップはNG

② もし、取材記者に狙われていたら？

せめて裏口をお知らせする

飲食店への目も、著名な人への目も厳しくなっています。見かけない車が停まっていて、中にずっと人が乗っているようなときは要注意です。

Point

1 口の軽いお店と言われないように気をつけることは何か？

2 突然テレビ取材が来たらどう対応するか？

3 週刊誌の方が店先で張り込んでいたらどうするか？

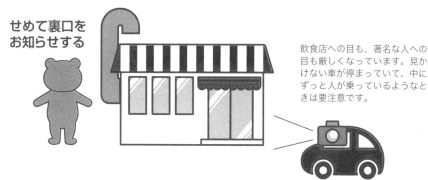

Column

食中毒の原因⑥ カンピロバクター

菌のイメージ	
主にいるところ	家畜、家禽類の腸管内 食肉、臓器
特徴	乾燥に極めて弱い 通常の加熱調理で死滅する
潜伏期	1～7日間と長い
症状	発熱、倦怠感、頭痛、吐き気、腹痛、下痢、血便
食中毒になる原因食材	食肉（特に鶏肉） 飲料水、生野菜 潜伏期間が長いので判明しないことも多い 
注意すること	調理器具を熱湯消毒し、よく乾燥させる 肉とほかの食品の接触を防ぐ 食肉・食鶏肉処理場での衛生管理、二次汚染防止を徹底する 食肉は充分な加熱（65℃以上、数分）を行なう

Point

1. カンピロバクター食中毒発生の原因となる食材を理解する
2. カンピロバクター食中毒発生の原因となる作業者の行動を理解する
3. カンピロバクター食中毒発生の原因となる出前の注意点を理解する

第8章

ＨＡＣＣＰで求められる「記録」のつけ方

——何を、どのように記録し、活用するか？

ＨＡＣＣＰでは記録が重要ということは皆さんご存知でしょう。しかし何をどのように記録するのか、その目的について理解している人は少ないようです。

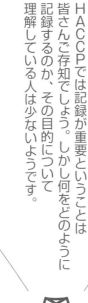

8-1

事故が起きたとき食材にさかのぼれるか?

「ごはんに石が入っていた」と言われたら、帳票、記録をさかのぼると、いつ仕入れた米かわかりますか?

お客さまからさかのぼれることが大切

お客さまが食べた弁当に紐をつけます。お弁当をひっぱると誰が配達したか、使用した包装資材のロット、誰が調理したか、使用した食材の入荷時期などの記録がすべて、紐について出てくるイメージです。縁日のひもくじのように、米の選別記録までがおまけとしてついてくるのです。これを**トレースバック**できるといいます。たどってさかのぼると、使用しているお米の色彩選別器を通過した記録まで確認できるということです。

お米の色彩選別器は、お米一粒一粒をセンサーで確認し、石などを取りのぞく機械です。

選別器が正しく稼働していれば、米屋さんの段階では、石は混入していないことになります。混入したとすれば、お米を洗うとき、ごはんを盛りつけるときが可能性として残ります。

食材業者の記録を確認

色彩選別器の該当する記録を確認し、選別作業が確実に行なわれていたかなどを米屋さんに確認し、その上で厨房の再点検を実施します。配送中に石が入る可能性がないか、異常がなかったかを配送業者にも確認します。お客さまには石の現物を見せていただき、当日の包装、ラップの状況、バージン性のシールは貼られていたか確認します。すべてを確認して調査した伝票、記録類もすべて添付し、お客さまに説明します。ここまで説明すれば、納得していただけるはずです。これらを可能にするためにも、**帳票、記録は透明性を持つことが大切**です。

納得いただけない場合は石を専門機関に分析に出し、どこで取れる石なのか調べます。しかし分析にはお金がかかり、いい結果が出ないことも多いので、透明性のある記録で説明し、理解をいただくことが大切です。

追跡できる仕組みづくり

○ トレースバックできるか

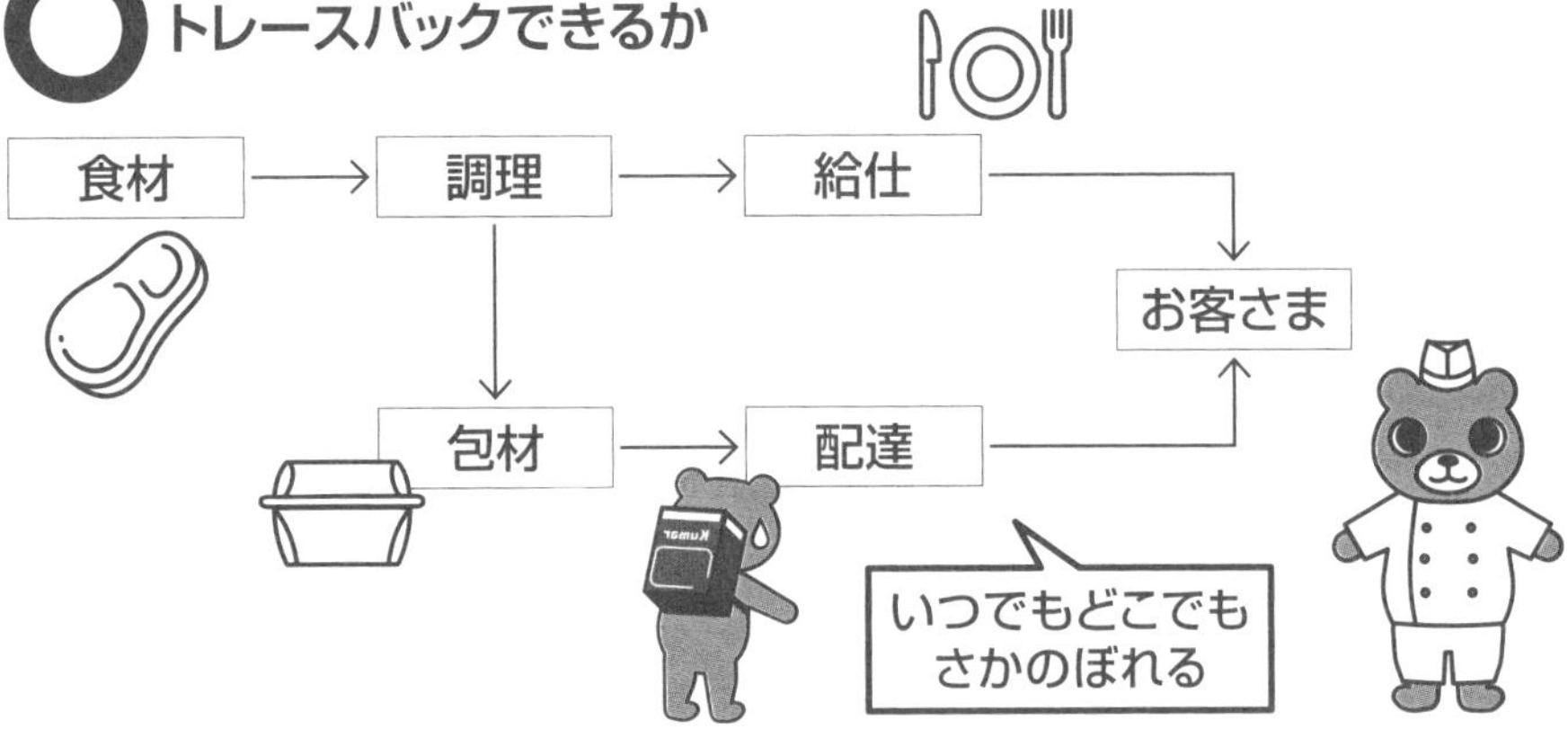

× 食材業者まで確認できないとダメ

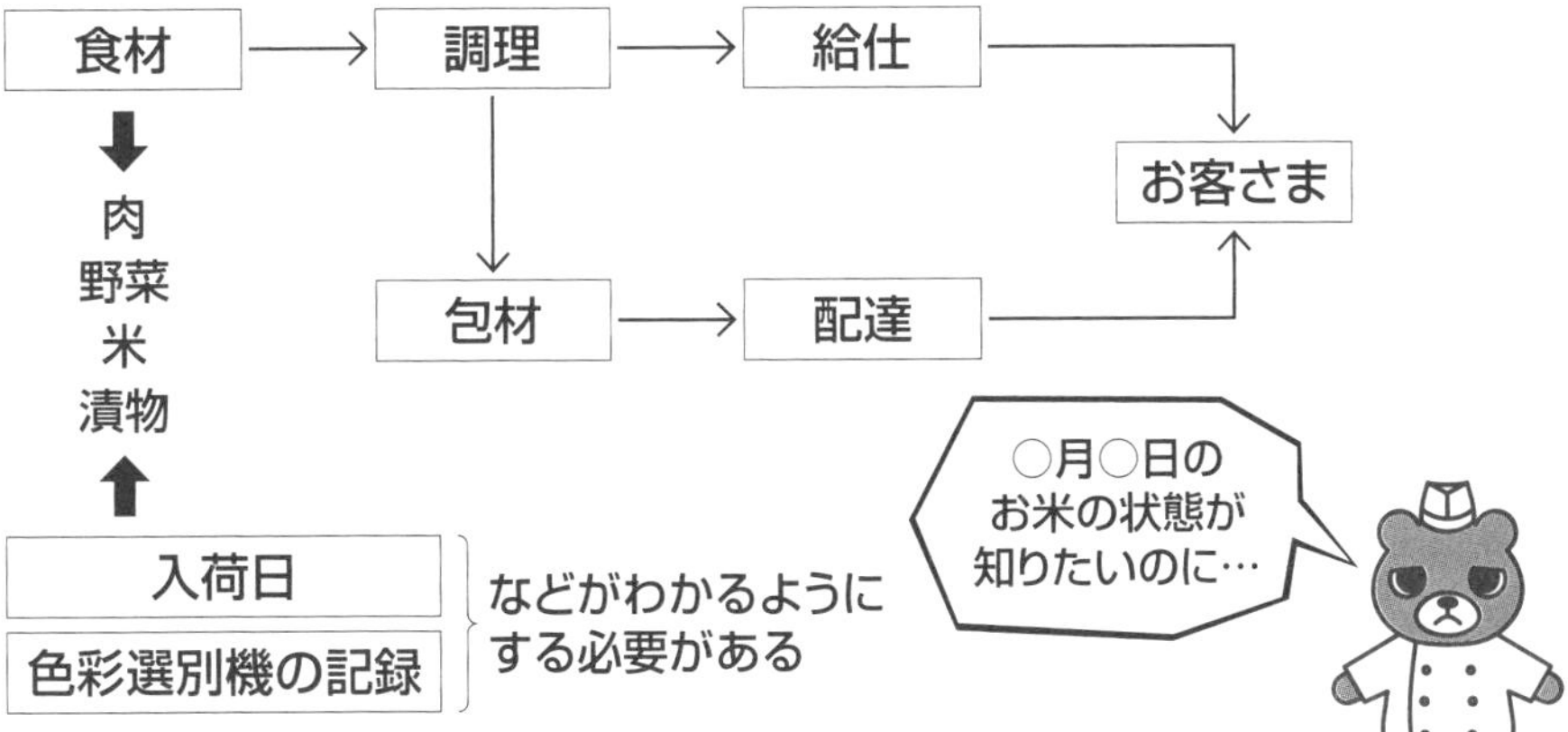

「記録はしているけど、たどれなかった」という場合は、もっとさかのぼっての記録が必要ということです。特に原材料の記録は忘れがち。注意しましょう。

Point

1. 今日、使用した食材の記録がある
2. いつ入荷したかの記録がある
3. 食材業者の選別などの記録が入手できる

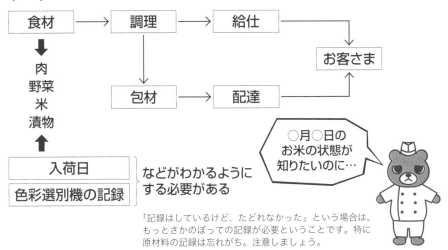

8-2

従業員の健康をさかのぼれるか？

お客さまのところで事故が起きたときに、誰が配送、盛りつけ、加熱調理したか明確になりますか？

人による要因が大きい

食中毒が起きた場合は、作業者（調理者、盛りつけ者、配送スタッフなど）の要因が多いものです。

検便は、検便を行なった当日の安全確認にしかなりません。事故当日の作業者の体調や、発熱、下痢をしている人はいなかったかの確認が必要です。

お客さまに下痢などの症状が出た場合は、関係者全員の検便と、作業者からの感染の確認を行ないます。

学校給食などでは調理したごはん、おかず類をすべて、事故が起きたときのために検体として保管しています。

飲食店の場合は検体の保管は難しいので、すぐに検便ができるように日常的に提出先と打ち合わせておくことが必要です。**お客さまから下痢をしたとの報告があった場合は、躊躇なく保健所に届け出ます。**直近の検便結果などを持参し、今後について相談をすべきです。

毛髪混入の防止策はできているか？

お弁当を食べている最中に毛髪を見つけると気分はよくないものです。

毛髪がお弁当に入りそうなスタッフがいた場合、盛りつけスタッフの腕の毛が長い場合に、作業者同士で注意しあい、毛髪の混入を防ぐことが必要です。

長い髪の方はしっかりまとめてから帽子などをかぶるようにします。**帽子でまとめるのではなく、まとめたあとに帽子をかぶるのです。**また、プロの調理人であれば、作業着から出ている部分の腕、手や指の体毛は除去しておくべきです。寿司を握ってくれる大将の指から体毛が生えていたらぞっとしませんか？

身だしなみを含めて、つねにお客さまが目の前にいるつもりで作業することが大切です。

「人」もさかのぼれる仕組みを作る

① 担当者は毎日記録する

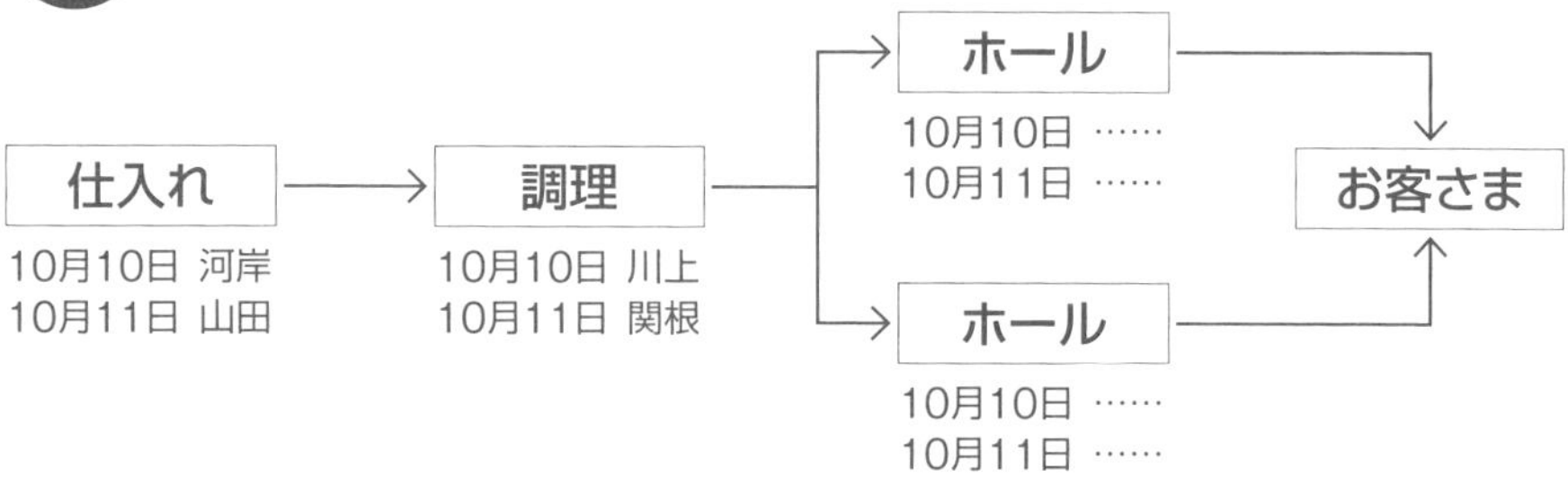

② 「毛」を意識する

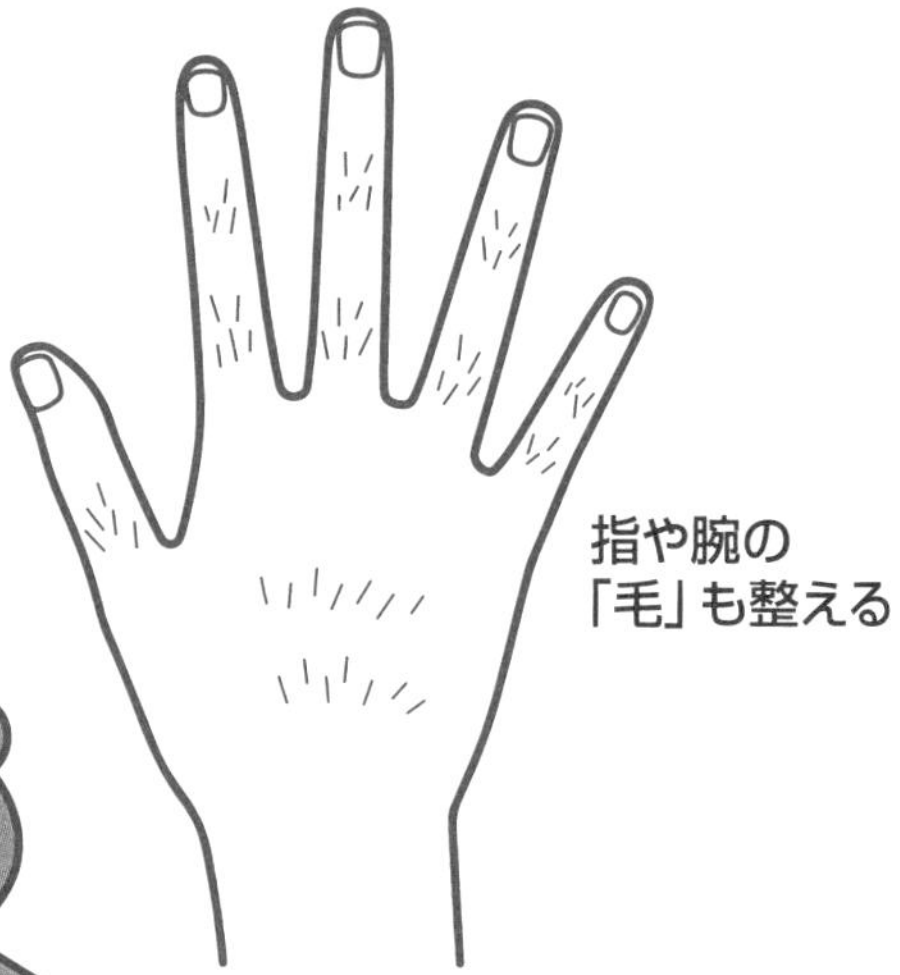

自分の手は毎日見ていますから、毛深くても気にならないかもしれません。しかしお客さまはあなたの手をはじめて見る人も多いのです。その視点を忘れずに。

Point

1 毎日の健康状態を確認し、記録しているか？

2 作業中、体調が悪くなった場合、記録しているか？

3 作業中、毛髪、腕の毛などに注意しているか？

8-3

記録はいつまで保管すればいいのか？

売上、客数、予約などの記録は半永久的に保存します。ＨＡＣＣＰ記録も保管が長いほうが分析できます。

食中毒はすぐに発生しない

食中毒には食べてすぐに発症するもの、翌日に発症するもの、発症まで2週間以上かかるものもあります。温度、体調、原材料などの記録は、最低でも一ヶ月以上の保存が必要です。

一方、**保管場所に問題がなければ、可能な限り長く保管すべきでもあります。**冷蔵庫の温度の年間データを分析すると、気温やフイルターの清掃具合で冷え具合が変わるなど、管理の傾向が見えてきます。従業員の体調管理記録も、通年保管しておけば2月は風邪引きが多いなど、シフトの参考になります。レタスなどの品質、価格の記録なども、梅雨の時期には高くなり、虫の混入も多くなる＝歩留まりが悪くなるので、サラダにはほかの野菜を多くしたほうがいい、といった分析に役立ちます。

記録は分析することで、戦略的な武器になります。

記録は1つにまとめる

野菜の仕入伝票は品質管理の意味だけでなく、税務上、経理上でも必要です。また、仕入れに関する帳票はＨＡＣＣＰ用、経理用と何種類もつけるのではなく、経理上の仕入伝票に必要事項をすべて記載し、保管すべきです。

野菜であれば、産地表示、変色などの状況、虫がついていたなどの情報をすべて仕入伝票に記載し保管します。

厨房で野菜を加工し、凍結した材料を作る、ジャムを自作し使用しているなどの場合は、メニューと使用した野菜の入荷日が紐づくように記録します。**それらの記録の保管期間は、税務上の保管期間と同じにします。**

お客さまからのクレーム、お褒めの内容の記録は、お客さまからのプレゼントです。せっかくいただいたプレゼントは、クレームであってもお店のある限り保管し、忘れることなく、つねに生かすことが大切です。

記録の保管と注意点

○ 食中毒は時間が経って発症する

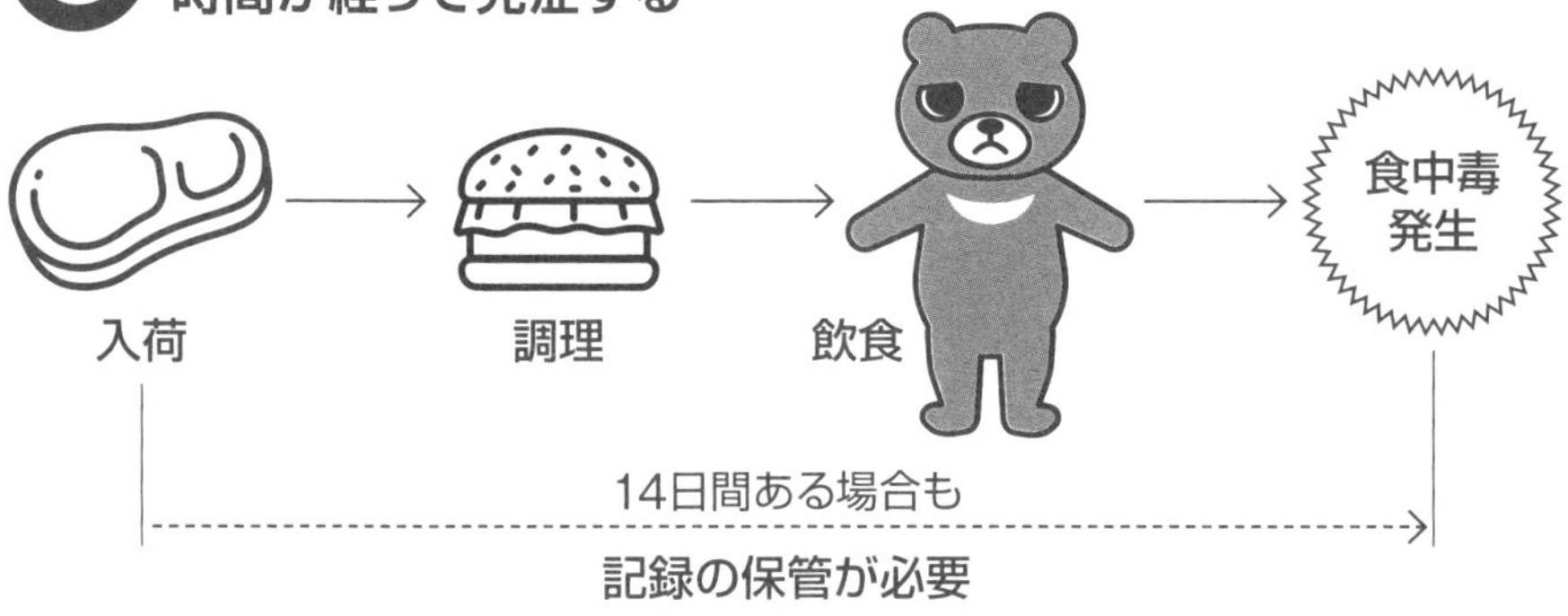

× 野菜の仕入れ伝票に状態も記録する

○月○日

レタス	茨城産	10kg	10c/s	2300円
□□□	△△産	○kg	○c/s	○○○円
□□□	△△産	○kg	○c/s	○○○円
□□□	△△産	○kg	○c/s	○○○円

これだけ
ではダメ

入荷時の記録を書き込む

例 一部茶色に変色　2c/s返品

仕入伝票に仕入れた食材の情報をすべて書き込んでおけば、後々の経理処理などの際にも役立ちます。

Point

1 食中毒の潜伏期間を理解しているか？

2 古くなった商品を凍結して再利用していないか？

3 税務上の保管期間を理解しているか？

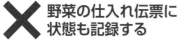

8-4

設備のカルテをつけていますか？

車の部品を交換したら伝票をファイルしてくれます。このファイル＝カルテを飲食店でも作りましょう。

フィルター等の交換記録があるか

厨房の中に、自動車のウインドウウオッシャー液のように定期的に補充が必要なものはありませんか？　たとえば、食洗機の洗剤は、どのくらいで補充が必要ですか？　洗剤の在庫はどのくらい必要ですか？　交換した記録がありますか？

交換記録と比べて、交換期間が長かったとします。洗剤の減りが少なかったとき、喜んではいけません。洗浄が不十分だったかもしれないと考えることが必要です。

手洗い洗剤も同じです。補充量が少なかったときには、手洗いが規定通り行なわれなかった可能性があります。

タイヤのように、ある程度使用したら交換する必要のあるもののリストはありますか？　たとえば浄水器、製氷機のフィルターなどは、定期交換の必要があります。**交換予定日を設備の近くに掲示し、「見える化」します。**

故障したときの連絡先が明確か

米を研ぎ炊飯器を動かそうとしたら、故障していました。炊飯器は1台しかありません。1台しかない調理器具が故障したときにどのように対応したらいいか、つねに考えておくことが必要です。炊飯器であれば近くの従業員宅から借りるなど、日常的に対応を考えておきます。

炊飯器の修理の依頼はどこにするか、修理中、予備の炊飯器を借りられるかどうかなど、機械のカルテに記載しておきます。

大切なのは、厨房の責任者がいないときでも対応できるように明確に記載しておくことです。**盆、暮れなど世間が長期休暇のときの対応についても検討が必要**です。

お店を休むという最悪の事態に陥らないように、鍋釜で調理する訓練を行なうことも必要です。

炊飯器が壊れても、ごはんを炊くことができますか？

カルテがあるから安全を維持できる

○ 車は車検のカルテがある

× 連絡先がわからない記録はダメ

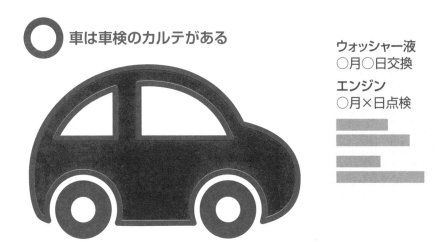

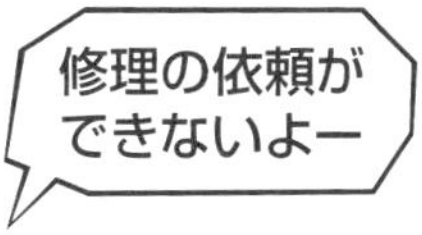

自分の車は3カ月に1度ガソリンスタンドで見てもらって2年に1度は車検。それなのに自分のお店の点検は年に1回するかどうか…ではおかしいですよね。

Point

1 洗剤の適正在庫量を把握しているか？
2 殺菌灯の交換時期を把握しているか？
3 設備が故障したときの対応を常に考えているか？

8-5

清掃のカルテをつけていますか？

車の洗車日、洗い方、使用したワックスなどを記録するように、厨房でも清掃を記録します。

次回の予定を明確にする

ワックス掛けの床の場合、ワックスを定期的に剥離しないと黒ずんできます。床が黒ずむ前に剥離する必要があります。車のタイヤであれば、バーストしてからではなく、スリップサインが出てきたら交換が必要です。サインにこだわらず、2万キロ走行したら交換するという考え方もあります。**ホールの床も同じように、お客さまの指摘をいただく前に磨き込むことが必要**です。

私は、トイレの便座も定期的に交換すべきと思っています。厨房のダクトのフィルターの交換、厨房の床の油汚れの掃除なども従業員が転ぶ前に必要です。

焼き肉屋さんの客席のダクトは、定期的に交換する必要があります。交換せずに長年使用するとダクト内部が燃え、火災になります。厨房、客席のダクトのフィルターを、定期的に交換していますか？

異常があれば、予定を早める

床の汚れが目立ってきたら、予定を早めて対応していますか？　同様に、洗浄機にスケール（水垢）が目立ってきたら、スケール取りの予定を早めて洗浄することが必要です。スケールの溜まった洗浄機では、食器の洗浄力が弱まり、お客さまからのクレームにつながります。スケールを取るためには、どんな洗剤をどこから購入し、どのように取り扱えばいいか、清掃カルテの中に記入しておきましょう。

新しい設備を購入するたびに、どんな洗剤で、どう洗えばいいか、よく説明を聞き記録します。鉄製のフライパン、中華鍋も購入してはじめにどのように取り扱うかで、使い勝手が大きく変わってしまいます。

あなたの厨房の備品は、磨き込まれていますか？　どう磨けばいいか、マニュアルがありますか？

清掃のカルテに記録すること

① 次回の予定を明らかにする

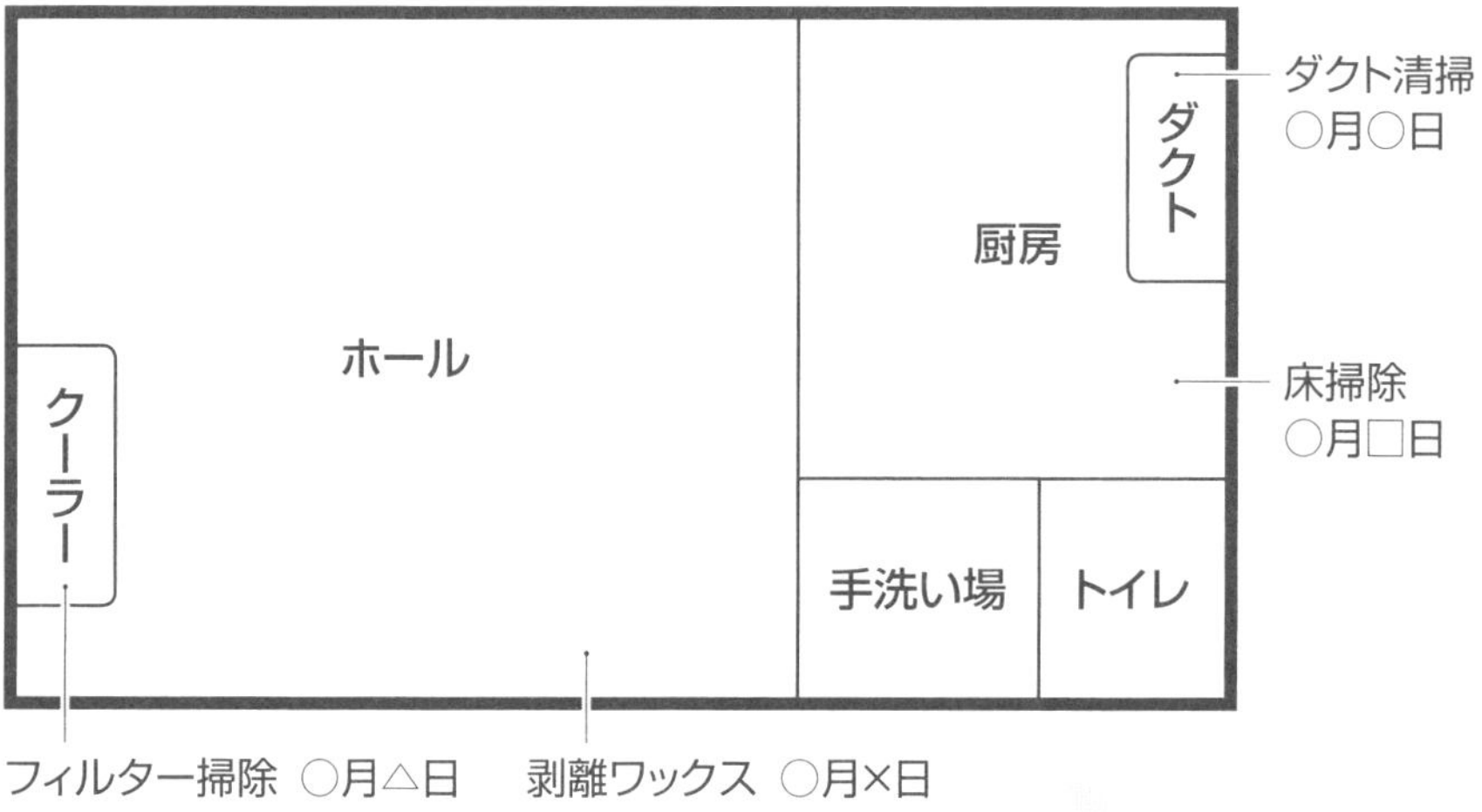

② 順番を整理する

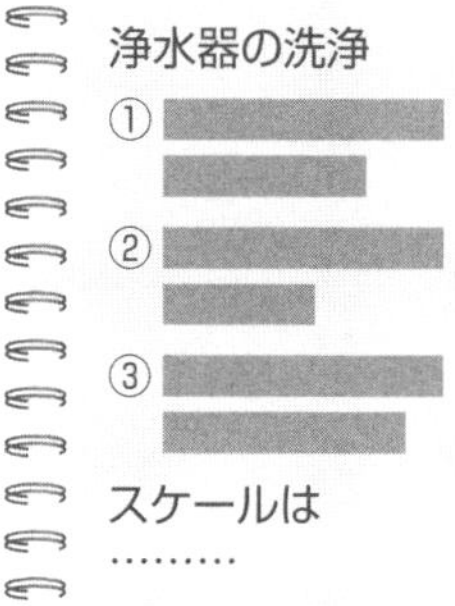

清掃マニュアルをファイルします

○ 異常があれば予定を早める

× 異常があるのにスケジュール通り

予定を立て、定期的に清掃します。誰もが同じくらいきれいに清掃できるように手順をマニュアル化しておくことも大事です。

Point

1. ホールの床のワックスの剥離作業がいつか決まっている
2. 汚れが目立てば、柔軟に対応する
3. 各設備の洗浄殺菌マニュアルがある

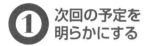

8-6

食のプロは、日常的に記録をつけている

梅雨の前に雨樋の掃除をする。台風の前に飛びそうなものを片づける。季節季節の準備が大切です。

年末は突然来ない

年末になると、パートさんが「扶養枠からはずれるから働けない」と来なくなるお店があります。夏にパートさんに頼りすぎ、12月は全くシフトに入れなくなったのです。実は、この店は毎年こんな失敗をしています。

年末は突然やってきません。昨年の日記を見直して反省していれば、同じことは繰り返さないはずです。

毎月、給料日に必ずステーキとワインを注文してくれるお客さまがいます。大切な点は、毎月同じであれば、お客さまの感激は薄まってしまうということです。毎月、調理する人の腕も上がらなければなりません。

料理をおいしく感じるためには、ほんの少しの向上が必要なのです。毎月食べておいしく感じてもらうために、いまの自分を毎日記録することが大切です。

あなたは、毎日記録し成長していますか？

突然真夏にはならない

夏の暑さに順応するためには、汗をかく練習が必要といわれます。毎年夏が来るのに、毎年、汗をかく練習がいるのです。

子供の誕生日は毎年同じレストランで食事をしている家族がいたとします。今年6歳になるので、6年間続いている行事です。**この家族がお店で食べるたびに、年々おいしくなっていると感じるようにできるでしょうか？**

店内の設備、壁、天井は古くなってきます。古さを感じさせず、また来年も来ようと感じさせることができますか？　そのためには、この家族が6年間どんなメニューを食べてきたか記録を見て、期待を超えるためには何を行なったらいいか、考えなければなりません。

予約して来てくださる方、年に1回でも毎年来てくださる方の、期待を超える調理を行なっていますか。

記録することで向上する

○ 毎日、週ごと、月ごとに向上しているか？

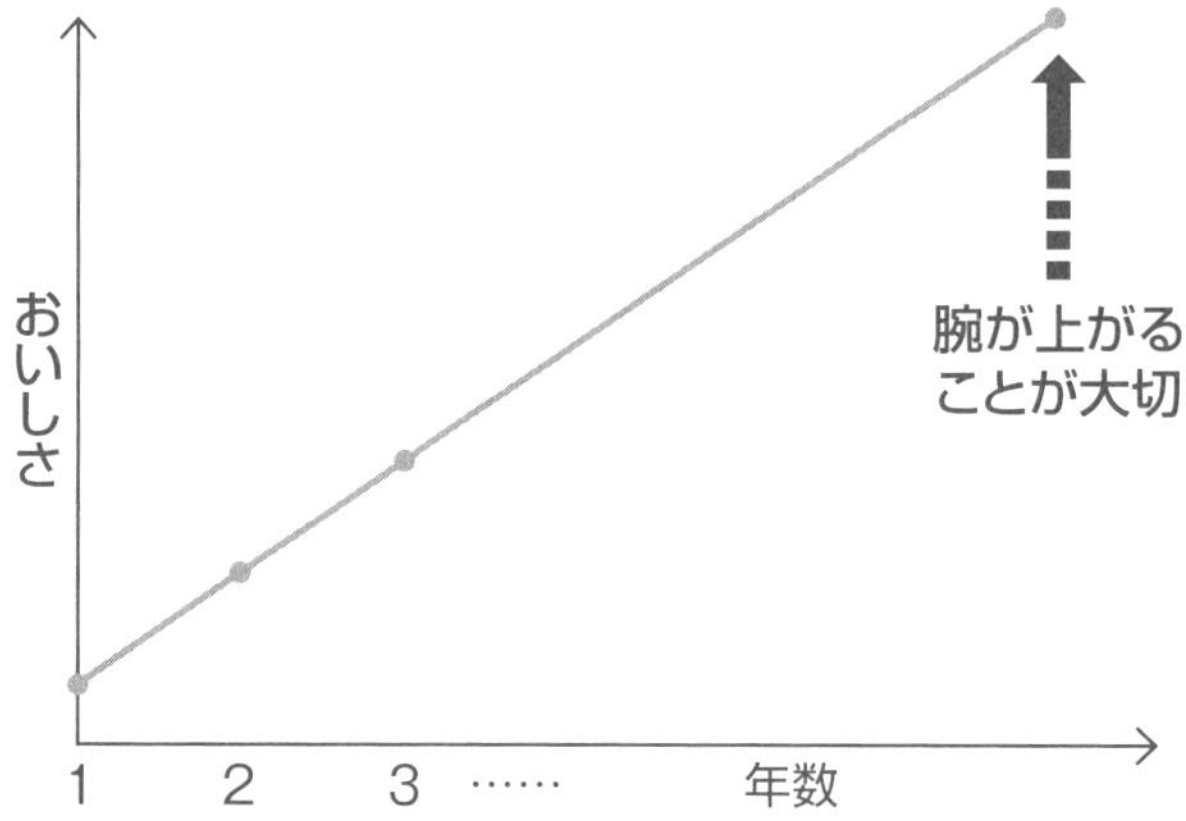

× 「思い出の味」もアップデートが必要

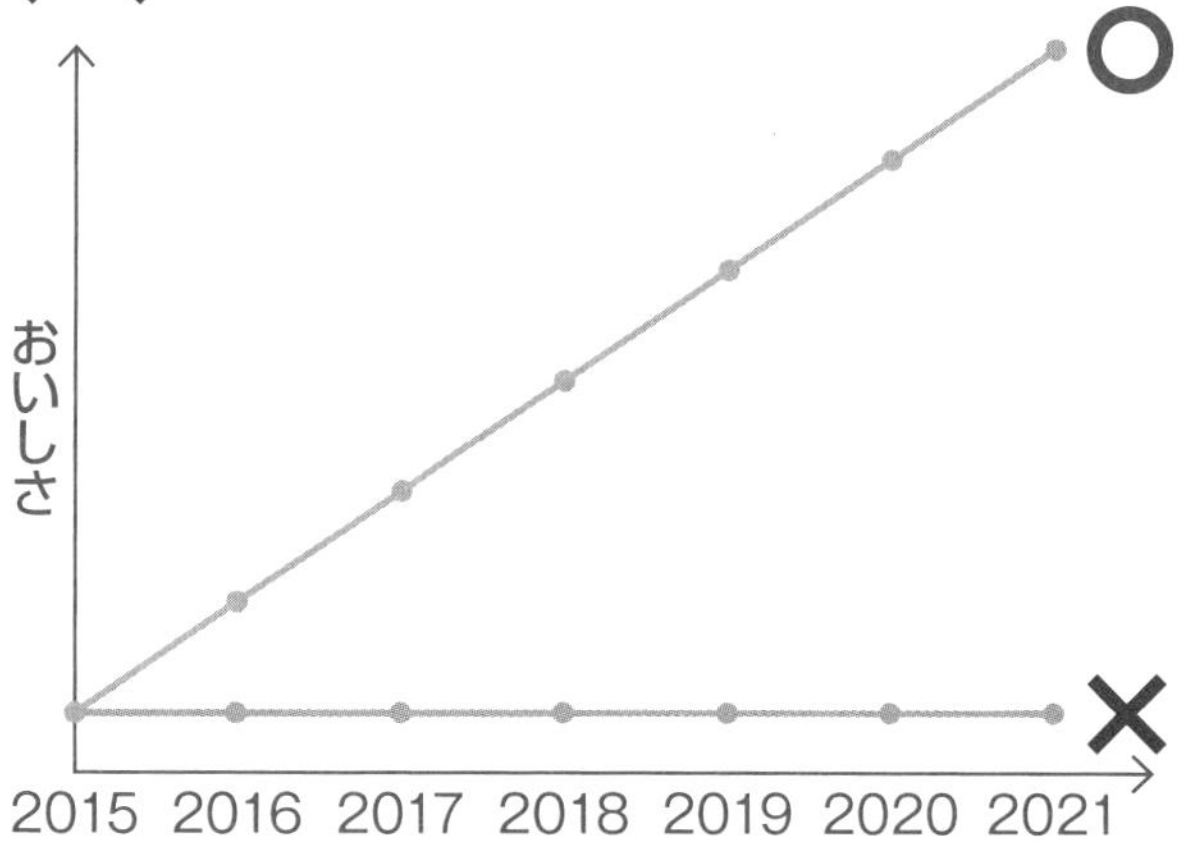

「思い出の味」はおいしくなるので、実際に昨年よりおいしく作る

「子どもの頃来ていたときのほうがおいしかった」と言われたら間違いなく思い出補正ですが、思い出補正の味を上回るおいしさを出すことが大切です。

Point

1. 月ごとに備えることを把握している
2. 週ごとに備えることを把握している
3. 毎年、自分自身で成長していると実感できる

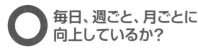

8-7

従業員でも成長って必要ですか？

なにごとも毎日練習すると成長のスピードが変わります。料理の腕を上げるため毎日何をしていますか？

従業員が夢を持てるか

調理担当でも、ホール担当でも考え方は同じです。毎年、仕事の上で成長し、収入を増やしたいと思っていますか？　「僕は、最低賃金でいいや」と思った瞬間、成長は止まってしまいます。

「そういうことは経営者が考えることでしょう」とよくいわれます。しかし、**自分の収入を上げるためには経営者、オーナー、店長に対して、提案を行なうことが大切**です。新しいことを提案し、お店の売り上げが増え、結果として自分の収入が上がるように行動すべきです。収入が増えることが自分の成長の証かもしれません。

5年後までに○○さんに追いつく、10年後に自分の店を持つ。成長した結果としての夢を持つことが大切です。10年後には年収1000万円になるというような夢でもいいのです。あなたは10年後の夢を語れますか？

ルーティンとして何をするか？

ワールドラクビーが日本であったとき、ルーティンという言葉が流行りました。ゴールをする前に、手を組み数歩下がって蹴るというルーティンです。

料理が上手になるために、あなたは、朝起きてから出店するまでにどんなルーティンを行っていますか？　そのルーティンは毎年変化して、効果は出ていますか？

料理が上手になるのに、朝起きてからの行動は関係がないと思うかもしれません。しかし味覚を保ち、健康であるためには、朝の行動は非常に大切です。

去年より今年、あなたが成長するためにどうしたらいいか、わからなければ先輩の意見を素直に聞いて成長すべきです。

あなたの成長を願っている先輩、先生はいますか？

どうすれば成長できるか

① 10年後の「自分の夢」を持つ

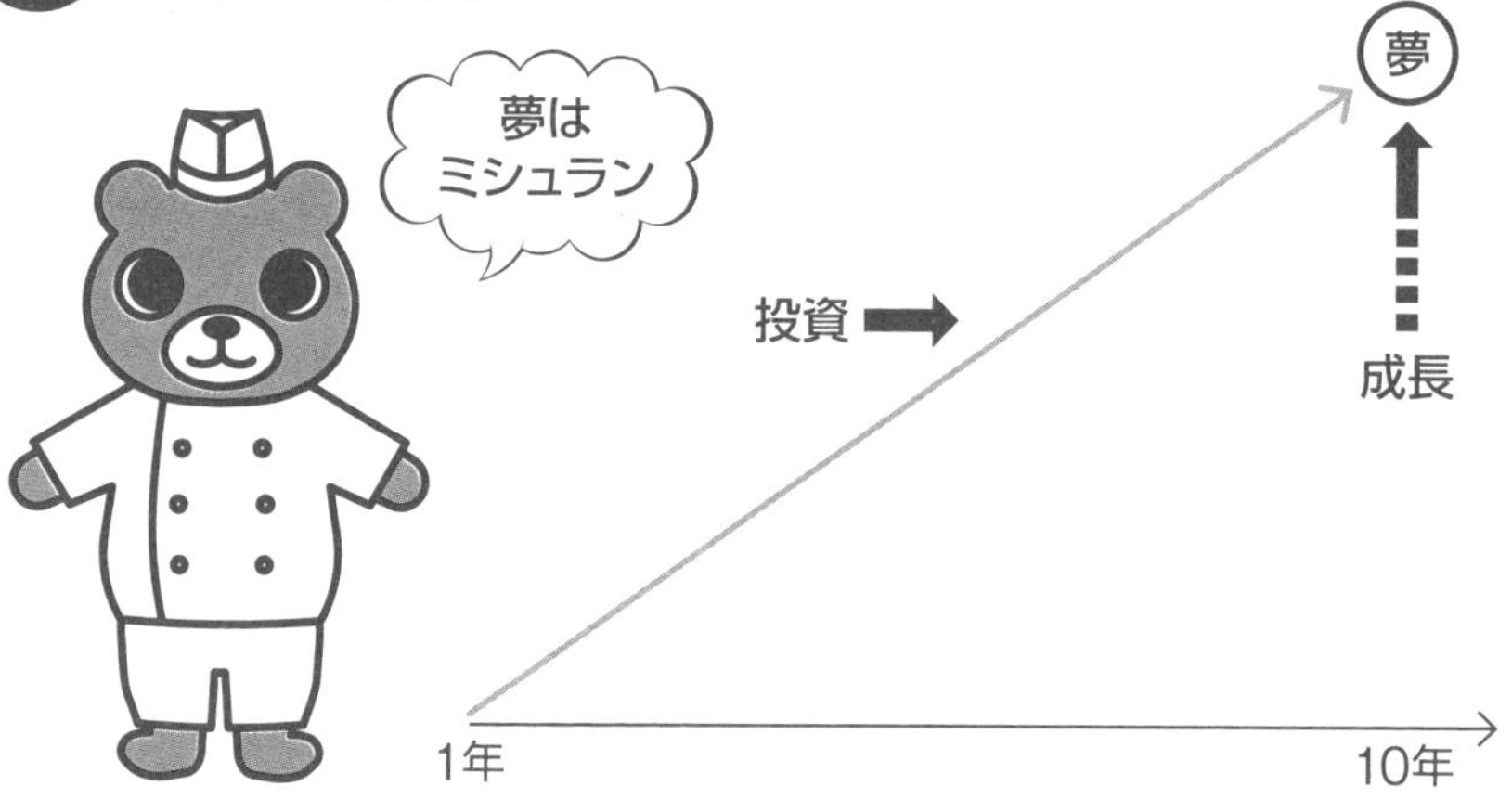

② 出社前から始まっている

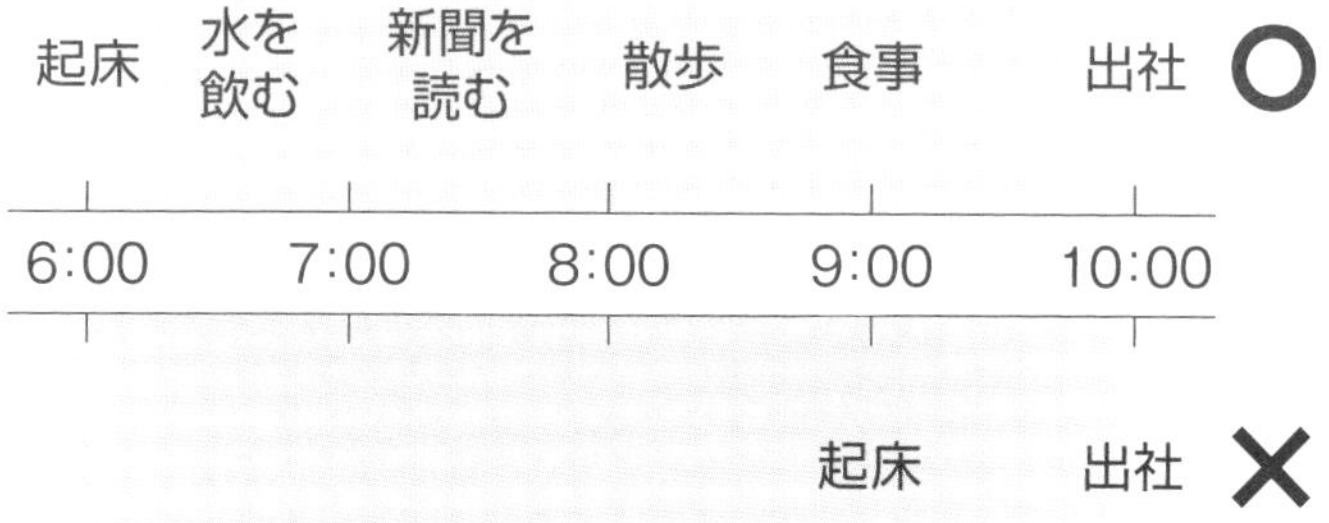

通勤に40分かかるのに、出社1時間前に起きて20分で支度……では先行きが不安です。早寝早起きを心がけ、ベストな状態で仕事に臨みましょう。

Point

1 自分自身の成長を感じているか？

2 成長するために毎日何をするか？

3 素直に助言を聞くことができるか？

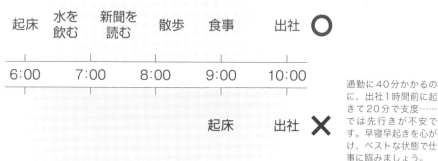

Column

食中毒の原因⑦ セレウス

菌のイメージ	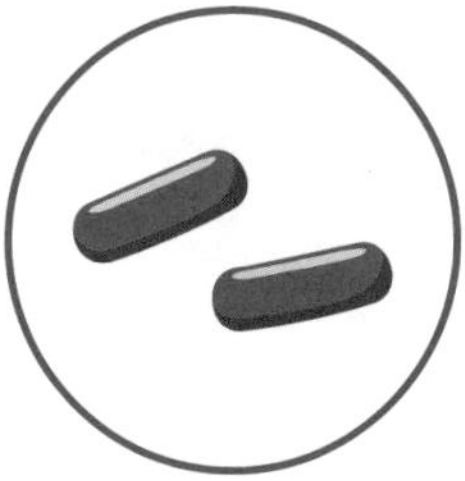
主にいるところ	土壌などの自然界に広く生息する
特徴	毒素を生成する 芽胞は100℃、30分の加熱でも死滅せず、家庭用消毒薬も無効
潜伏期	嘔吐型：30分〜3時間 下痢型：8〜16時間
症状	下痢、嘔吐、吐き気、腹痛、38℃以上の発熱
食中毒になる原因食材	嘔吐型：ピラフ、スパゲティ 下痢型：食肉、野菜、スープ、弁当など 
注意すること	米飯や麺類を作り置きしない 穀類の食品は室温に放置せずに、調理後は8℃以下で保存する

Point

1 セレウス食中毒発生の原因となる食材を理解する

2 セレウス食中毒発生の原因となる作業者の行動を理解する

3 セレウス食中毒発生の原因となる出前の注意点を理解する

第9章

「いいお店」と言われるために大切なこと

――ずっと人気店、常連さんがいるお店であり続けるために

飲食店の目的は、「末長く繁盛店として親しまれる」ことです。常連さん、リピート客が増え続ける「いいお店」になるためのポイントをまとめました。

9-1

つねに30年後の店を考えているか

あなたのお店には30年間通ってくれる方が何人いらっしゃいますか?

常連さんが増えているか

地方で駅前の居酒屋に入ると、定年を過ぎた方たちがほとんどを占めているお店があります。お客さまは店主と仲良く会話し、店内の雰囲気は非常にいいのですが、はじめてのお客さまらしい方はほとんどいない状態です。このままの状態が続けば、30年後よりも早く閑古鳥が鳴くことになってしまいます。従業員もお客さまと同じような年齢の方たちが占めているお店でした。

飲食店は、どうしたら新しいお客さまが来るか常に考えることが必要です。ネット時代に対応し、お客さまが何を求めているかアンテナを高く上げておきましょう。

従業員の将来に対する考えと、お店の考えは合っていますか？　従業員は調理の腕を磨きたいのにホールを担当させていませんか？　1番手はそろそろ独立を考えているのに、2番手を育てることを忘れていませんか？

建物、設備のメンテナンスを行なっているか

建物は古くなると趣が出てくる場合と、「古くて飲食店には見えないな」という場合があります。空調設備が古く、店に入ったとたんカビのにおいがする場合もあります。空調自体からのカビのにおいではなく、天井、壁などにカビがしみこんだり、クロスと壁の間がかびたりしている場合もあります。**古さを趣と考えず、定期的にメンテナンスを行なうことが大切**です。

飲食店で、トイレの設備を見ると、お店の考え方がはっきりわかります。トイレの便座は定期的に交換すべきです。トイレの便器も定期的に、最新設備にすることで、気持ちよく使用できます。

水に使用するコップ、食器なども、欠けているものは使用しない、テーブルも、天板がはげてしまって磨き込むことができないものは、交換、修理すべきです。

30年続く店にするために大切なこと

① 常連さんが増えるお店にする工夫はしているか?

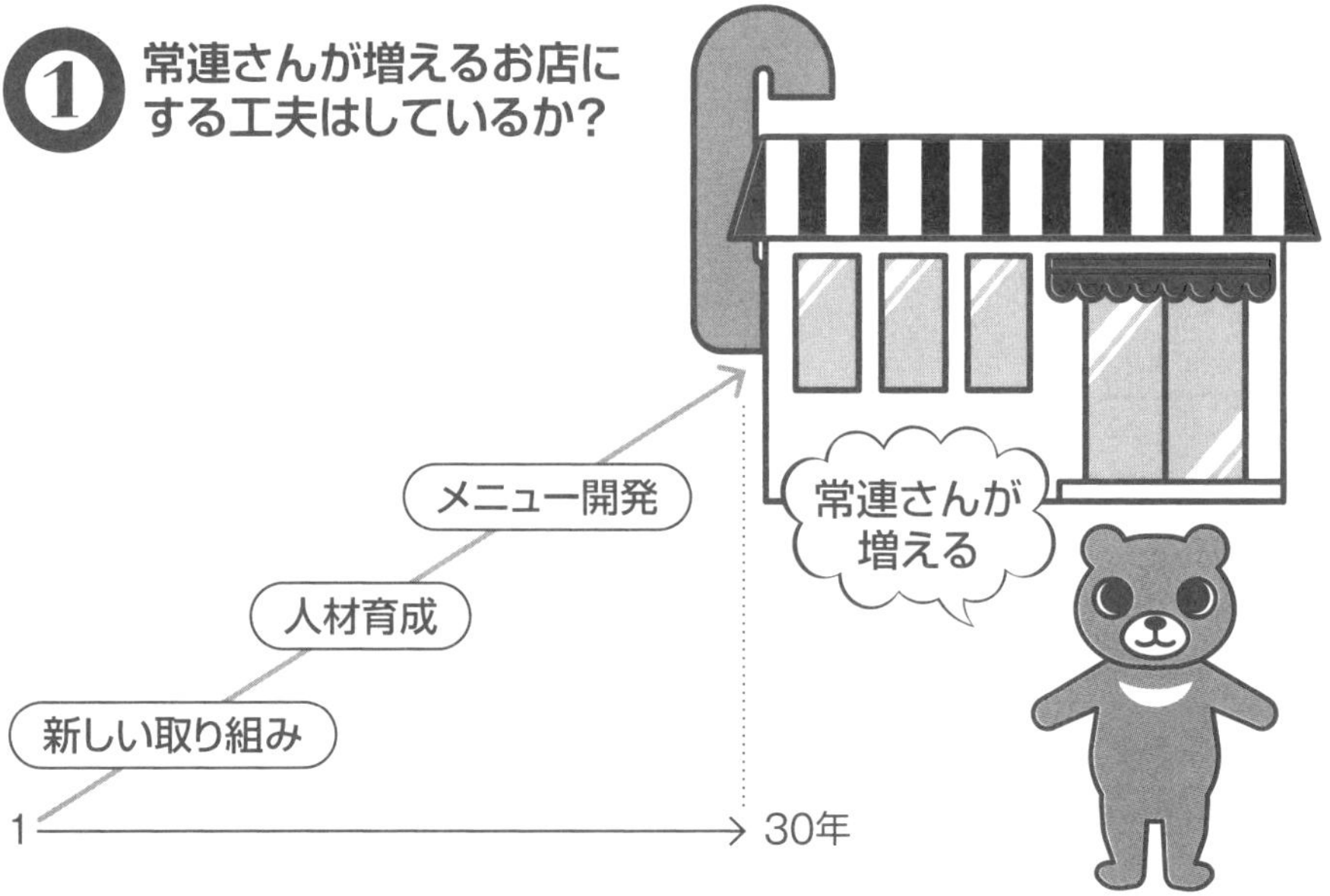

メニュー開発
人材育成
新しい取り組み
1
30年
常連さんが増える

② 設備のメンテナンス

ここのトイレはいつもきれい
定期的に便座を交換する
古びてきたら便器も最新のものに取り替える

古民家カフェは素敵だけど、戦前からある町中華は苦手…という人も多いものです。古いものが一概にダメなのではなく、大切なのは清潔です。

Point

1 毎年新しい常連さんが増えているか?

2 従業員の30年後をつねに考えているか?

3 毎年、建物、設備のメンテナンスを行なっているか?

9-2

従業員の働きやすい環境を考える

従業員の離職率が下がっていますか。長年働いている従業員が増えていますか?

厨房の電気化

厨房で働くスタッフにとって、真夏の作業環境の改善は大切です。**従業員の健康、料理の安全性を考えても、厨房は働きやすい温度にすべき**です。そのためには、加熱調理器具のガスから電気への切替、ダクトなどの吸排気システムの適正化、クーラーの設置などが必要です。

清掃時の安全面を考えても、厨房作業を行なっているときのグリストラップの掃除は避けるべきです。もし、グリストラップの中に、落ちてしまうと、大きな怪我につながります。グリストラップの掃除、ダクトのフイルターの交換などは、厨房作業終了後、専門業者にまかせるべきです。

同じように、ホールの床のワックス剥離、掃除、ワックス掛けなども、営業終了後に専門業者にまかせるべきです。

掃除しやすいトイレですか?

小便器、大便器を床から浮かせると、トイレの床掃除が非常に楽になります。便器が取り替えられなければ、床材を幅木として床から15㎝の高さにあげるだけでも、床掃除は楽になります。**どうすればいまの作業が楽に、早くなるかを常に考え、最新設備を導入しましょう。**

従業員の業務の中にレジ作業があります。閉店時のレジの締め作業の改善は、働きやすい環境を作る上で一番大切な点かもしれません。現金が合わなかったとします。何度計算しても合わないときには、悩んでしまいます。

キャッシュレス化、クレジット、電子決済を進めることで、釣り銭の準備、締めの作業から解放されます。最終的にはお店に現金を置かないことで、従業員はつねにお客さまのことに集中でき、空いた時間で自分磨きをできると思います。

働きやすい環境づくりのコツ

① 厨房を電化する

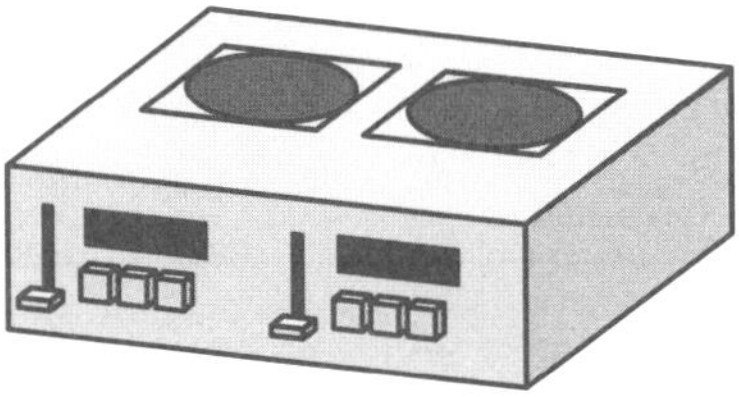

電気コンロ

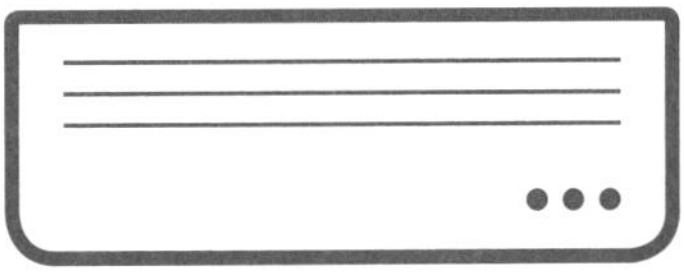

クーラー

夏でも涼しい厨房

8時間いる場所が暑い、寒い、毎日の作業の中でつらい体勢を取る必要がある…こういったことが、じわじわと従業員のやる気を削ぎます。

② 掃除しやすいトイレ

Point

1 厨房の作業環境の改善を考えているか?

2 グリストラップの掃除の外注化を考えているか?

3 掃除しやすいトイレなどを考えているか?

9-3

中学生が働きたいと思えるか

中学生の職業体験で飲食店は人気です。「あそこはよかった」と代々伝わるような感動を与えましょう。

「ありがとう」と言われる仕事

仕事の中で、お客さまに「ありがとう」「おいしかった」と言われる仕事は少ないものです。お金を支払ってもらい、帰るときに一言言われると嬉しいものです。そのためには、提供する料理がおいしいことしかありません。

料理は、少しの工夫でおいしく仕上がります。魚を焼くときでも、業務用の魚焼き器や炭火の遠火で焼いたり、塩を効果的に使ったりすることでおいしく焼き上がります。なぜ家庭で焼くよりもおいしいか、塩の振り方を変えると家庭でもおいしく焼けるなど説明し、自分たちで魚を焼かせると、「へーこんなにおいしいんだ」と実感できます。職業体験ではありますが、**子どもたちにおいしいものを食べる幸福を体験してもらうことも大切**です。実習の終了時、中学生から自然と「本当においしかったです」という言葉が出るはずです。

磨き込めるものをお土産に

これからは地球環境などを考えても、長年使用できるものを使うべきと飲食店の仕事を通じて教えましょう。

床掃除でも、玄関掃除、ガラス磨きでも、磨く布は新品の雑巾ではなく、使い古したシャツ、タオルなどを使い、簡単にものは捨てないことを教えます。

ゴミが落ちていなくても、玄関掃除を行なうと新たに埃、ゴミが出てくることを教えることもいいでしょう。

ホールの床は磨くと光ること、包丁は毎日使用する前に研ぐことできれいに切れ、よく切れる包丁を使うと刺身がおいしいことを感じてもらいます。自分の体で実感できると素晴らしい体験になるはずです。

できれば、使い捨てでない包丁をお土産に渡すと、一生の宝になるはずです。

職業体験を受け入れるときは?

① 「おいしいもの」を作る・食べる体験を提供

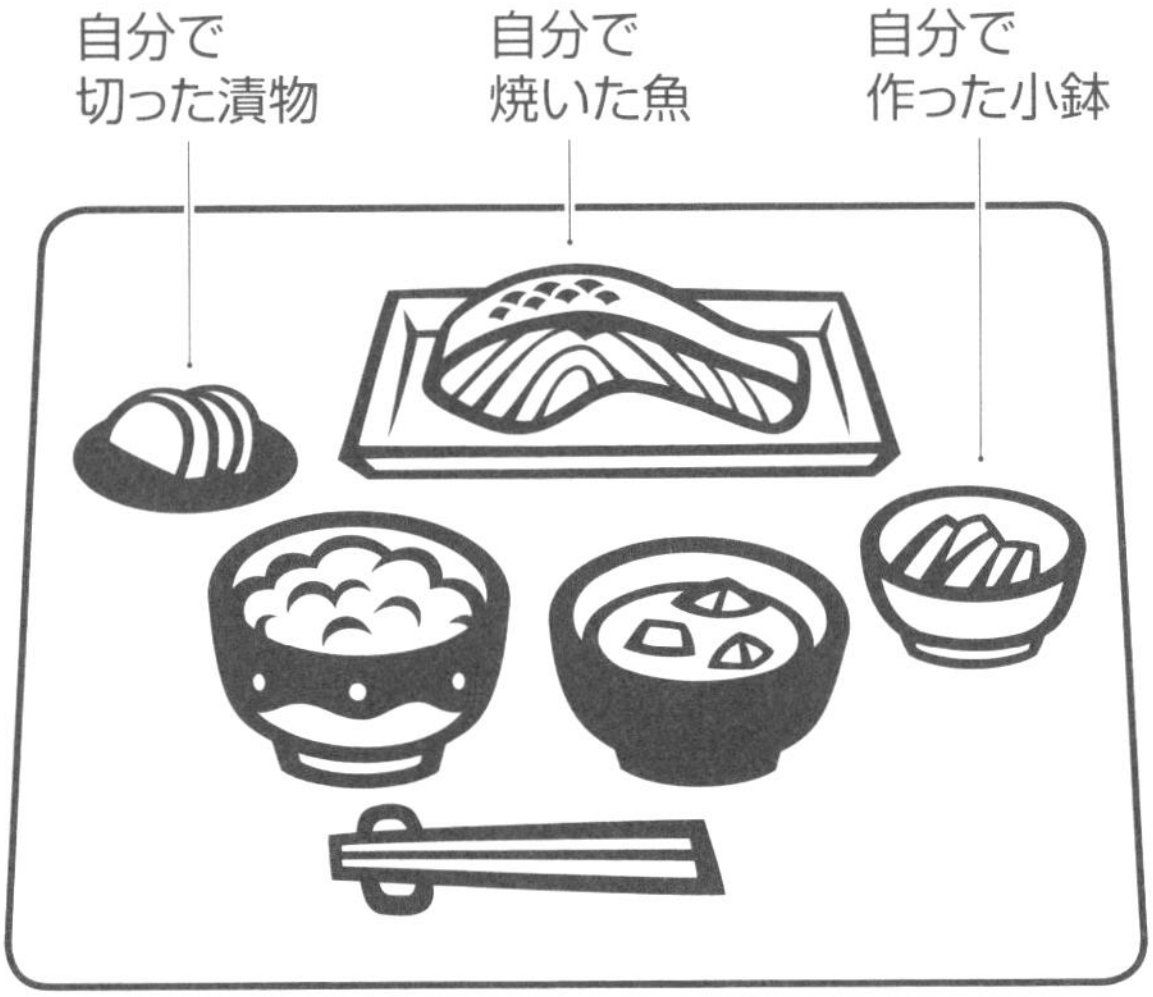
自分で
切った漬物
自分で
焼いた魚
自分で
作った小鉢

おいしい!

職業体験では「厳しさ」を伝えるより、「働く楽しさ」を伝えるのがよいでしょう。飲食店＝おいしい・清潔・クリエイティブと思ってもらいたいものです。

② 磨き込めるものをおみやげにする

包丁を研ぎ
光らせる
床磨き、包丁研ぎなどの
体験をしてもらうのも◎

Point

1 ありがとう、おいしかったと言われる仕事をしているか?

2 お客さまが何を望んでいるかわかるか?

3 磨き込むことの大切さを説明できるか?

9-4

従業員に夢を見せているか

「どうして辞めるの」、「ここで働いていても将来が見えないから」この言葉、よく聞きませんか?

少し先の夢があるか

従業員に「あなたの仕事上の夢はなんですか」と尋ねると、具体的な答えが返ってきますか? 「魚をキチンとさばけるようになりたい」「自分にしか出せない味を出したい」など、少し先の〝夢〟を語れるように、普段の会話のときから、「あなたはここをこうしたらいいよ。必ずこうなるから」と指導することが大切です。スポーツのように、明確な競技がある料理のジャンルもありますが、なかなかそういったものには出られないので、「具体的に何かができるようになりたい」といった、ジョブステップ的な目標を見せることが大切です、

給料の面でも、経験年数ベースよりも、何ができるようになったら賃金はどうなるといった給与体系のほうが、技術を磨く動機づけになるはずです。

つねに10年後の夢があるか

10年後にはどうなりたいかを、毎年の正月に話すことも大切です。年度はじめでもいいので「あなたは10年後までに開業資金を作り、自分の店を持ちなさい」というように、具体的な目標を提示できるようにします。

そして、ここからが大切な話ですが、そのためには5年後までにいくら貯め、技術はここまで身につけ、土地や居抜き物件を探すこと。その前に私生活では結婚する。など、具体的にのぼる階段を見せることが必要です。

人は**一気に階段をのぼることはできなくても。一段ずつなら、確実にのぼることができます。**

息が切れているのなら、休むことの大切さも教えます。階段の先の夢を見せ、階段を一段ずつ確実にのぼることが夢につながることを、あなたは伝えていますか?

従業員のモチベーションを上げるには？

❶ 少し先の夢を持たせる

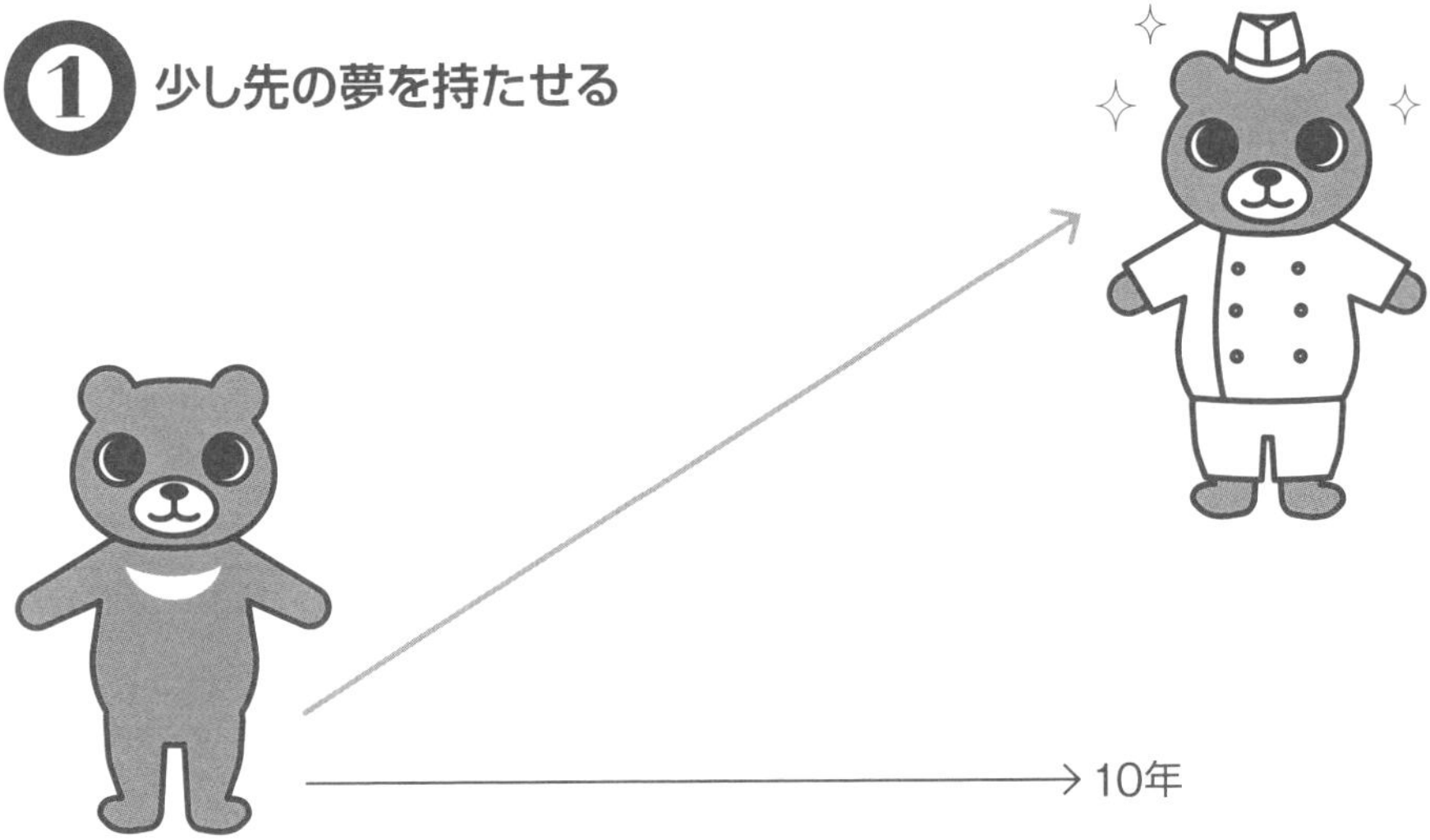
10年

❷ 10年後の夢を描く

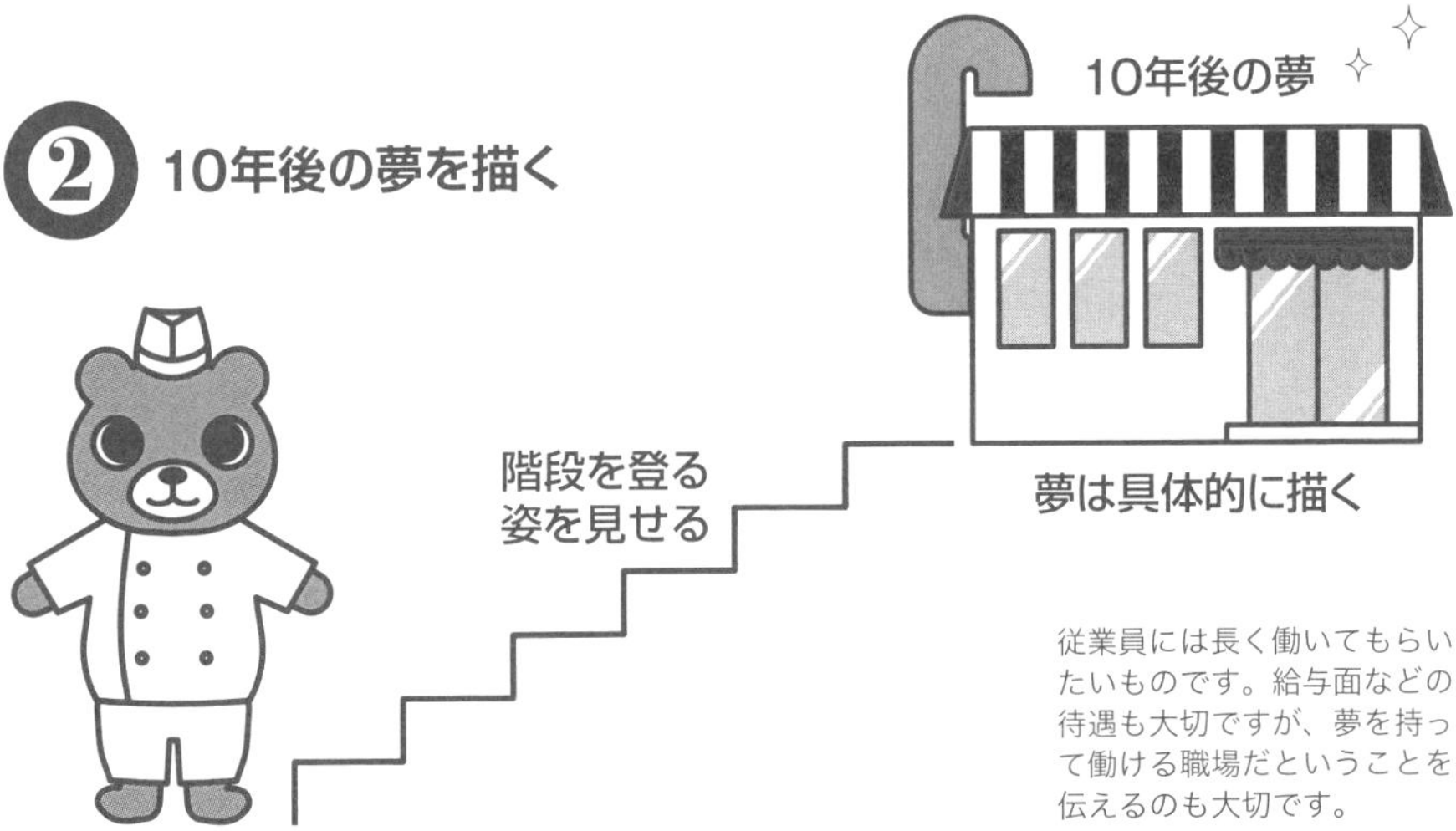
10年後の夢
階段を登る
姿を見せる
夢は具体的に描く

従業員には長く働いてもらいたいものです。給与面などの待遇も大切ですが、夢を持って働ける職場だということを伝えるのも大切です。

Point

1 数字で語れる少し先の夢を見せられているか？

2 夢を従業員と共有化しているか？

3 つねに10年後の夢があるか？

9-5 フードロスを減らすことを考える

「日本人は、毎日おにぎり1個を捨てている」といわれています。廃棄を少しでも減らす努力が必要。

食材はすべてを使い切る

私は畜産系の大学を出て、動物の肉を取り扱う仕事を長年してきました。学生時代からずっと、**動物は人間に食べられるために生まれているので、私たちにできることは残さずに食べること**だと考えています。

牛肉であれば肉だけでなく、筋、内臓、骨なども安易に捨てるべきではありません。肉は、内臓、筋のほうが煮込めばおいしいものです。ドイツでは、屠殺の際の豚の血液さえソーセージにして食べていました。

魚の頭、骨なども汁にするとおいしく食べることができます。

いま、廃棄しているものをお客さまに出す料理にできなくても、まかないで食べることができないか考えてみませんか。

急なキャンセルに対応する

大人数の宴会のキャンセルが直前に発生すると、食材、仕込んだ料理が無駄になってしまいます。キャンセルの連絡もなく、突然お店に来ないケースも発生しています。

予約の確実性を上げるためには、電話番号の確認、予約数日前の電話確認や、**当日キャンセルは100%、前日は50%の違約金の請求など、一般的な契約と同じような仕組みを取り入れる必要があります。**

突然のキャンセルで仕込み済みの食材が余る場合は、ネットで「今日は特別価格で提供できます」とアナウンスして集客したり、「子ども食堂」などへ提供するなどの工夫をし、ゴミ箱に直結する処理は避けるべきです。

また、そもそも「このメニューは今日は売り切れました」の「売り切れごめん」に変えていくことで、フードロスは減ると思いませんか。

フードロスを減らす方法

① 食材はすべて使い切る

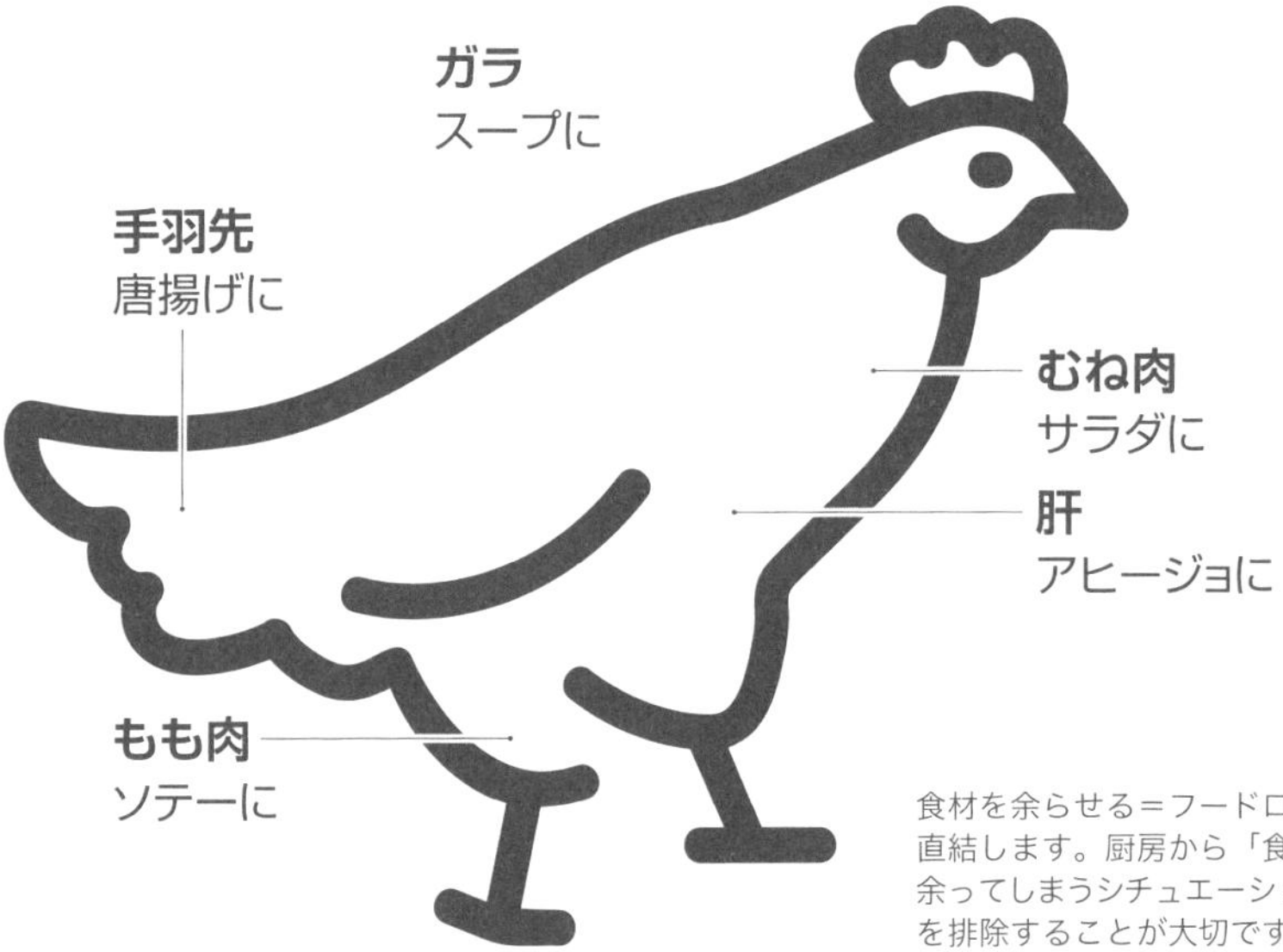

食材を余らせる＝フードロスに直結します。厨房から「食材が余ってしまうシチュエーション」を排除することが大切です。

② 急なキャンセルに対応する仕組みを作る

予約 → 当日

予約：折り返し電話で再確認

当日：
→ドタキャンには違約金請求
→キャンセル待ちの方に連絡　など

Point

1 ゴミの発生量を記録しているか？

2 厨房からのゴミを減らす工夫をしているか？

3 急なキャンセル対策をしているか？

9-6

ストローは使ってもいい？

ストローの脱プラ化が広まっています。しかし、カップはプラを使用し、ストローだけ紙製のお店も。

使い捨ての食器類を把握しているか

新型コロナ感染症が広まるにつれて、テイクアウト、デリバリーが増え、プラ食器類の使用が多くなってきています。

昭和の時代のように、お店と同じ食器で出前し、回収すればプラ食器の廃棄は出ないのですが、デリバリー業者を使用しているお店は、一方通行のプラ製品の使用に頼ってしまいます。

今、使用しているプラ製品が、どんなものを使用していて、もし、海などの自然界に廃棄された場合、どのように分解していくか、把握するところから始めませんか？

せめて店舗で飲食されるお客さま用には、使い捨ての容器をやめて、**何度も使用できる食器に変えていくことが第一歩**だと思います。

アンテナを高くしているか？

科学の進歩は、すばらしい技術を生み出しています。同じプラに見えても自然界で分解するもの、トウモロコシなどを原料としているものなど、海に流されても分解するものも出てきています。あらゆる方向にアンテナを立て、高さも高くし、情報を集めることが必要です。

町を歩いていると、あなたのお店のロゴが入った容器が捨てられていました。あなたは、どう行動しますか？

持ち帰りメニューを食べたあと、町のゴミ箱に捨てればいいのですが、町の中にはゴミ箱がなくなってきています。最近街に落ちているプラのストローは、それと関係があるかもしれません。

プラ製品を自分のお店からすべて追放するのは難しいでしょう。せめて**お店からの一ブロック四方に落ちているゴミを拾うことから始めてもいいかもしれません。**

使い捨て食器とどう向き合うか

① 環境を考えると何度も使えるものが◎

プラストロー ➡ 紙製に

プラ食器 ➡ デリバリーでは必要なときしかつけない
店舗では使わない

② アンテナを高くして情報を集める

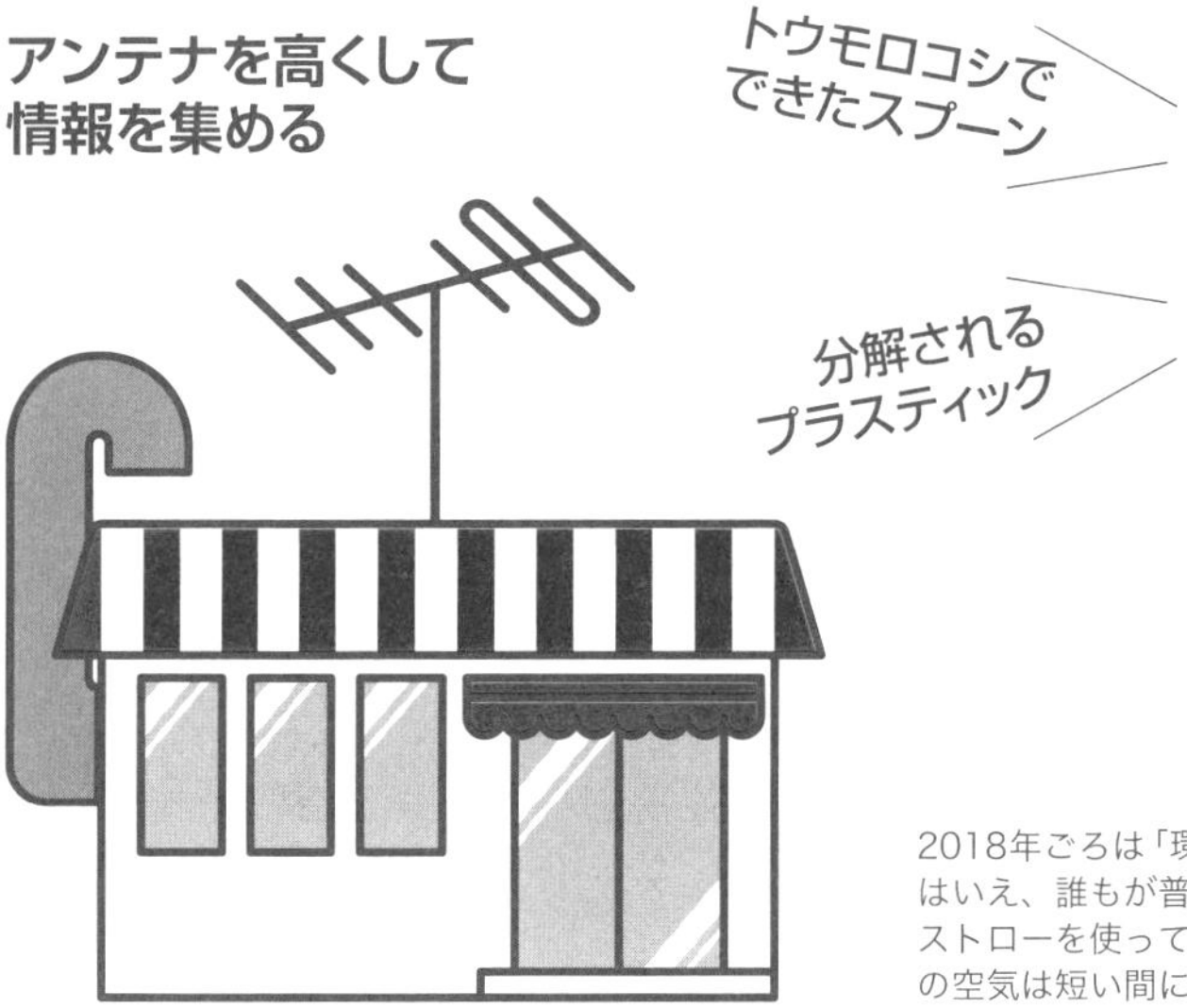

2018年ごろは「環境に配慮する」とはいえ、誰もが普通にレジ袋やプラストローを使っていました。世の中の空気は短い間に変わるものです。

Point

1. お店で使用している使い捨ての食器類を把握しているか？
2. 使い捨ての食器類の改善を考えているか？
3. 世の中の環境問題に対する情報を集めているか？

9-7

いろいろな宗教があることを忘れない

時間通りにお祈りをする、断食をする、アルコール類が飲めないなど、宗教の教えはさまざま。

宗教によって食が決められている

外国の飛行機に乗ると切符の予約時に機内食について聞かれ、機内でも食について聞かれます。レストランでも、肉の種類、つけあわせなどについて細かく質問を受けます。決まりの厳しい宗教の信徒が禁じられている食べ物を口にすることは、アレルゲンを口にする以上の意味を持つともいえます。

日本でよく問題になっていた食品偽装と同じで、**「宗教対応ができている牛肉」と称して普通の牛肉を提供すると、謝っても許されない場合があることを忘れてはいけません。**殺菌のためでもアルコールは使用してはならない、豚肉と牛肉を同じ冷蔵庫には入れてはならないなど、厳しいルールがある宗教も多いのです。

宗教対応で一番大切なことは、その宗教の考え方をお店がしっかり理解できているかということです。

食に対する考え方はさまざま

宗教以外でも、食に対する考え方があります。動物の肉は食べない、果物も食べない。木から収穫した果物は食べないけど木から落ちた果物は食べる、化学的な肥料を使用した食物は食べない、食品添加物を使用した加工品は食べないなどと言った、多くの考え方が存在します。

これらに関連したお客さまの質問がよく理解できないときは、曖昧な回答をすることがないように注意が必要です。

お客さまの要求に応えられないときは、「あいにくですが、当店では対応しかねます」と明確に断り、対応できるお店が近くにあれば紹介します。

そのためにも、つねに近くの対応できるお店の情報を仕入れ、確認しておくことが必要です。

宗教別の注意が必要な食材（一部）

宗教	代表的な避けるべき食材・注意事項
イスラム教	豚肉・豚が原料のもの（ゼラチン、豚足、豚骨、ブイヨン、ラード　等） アルコール 豚肉以外の肉もハラール処理されていなければ食べられない イカ・タコ・うなぎ・貝類を嫌う人も多い ※イスラムの戒律に則った食材処理法（ハラール処理）をする必要があり、ハラール認証店になるとイスラム教徒の方にメニューを提供しやすい ※豚については姿を見るのも嫌悪されるので、イスラム教徒の方が多い場合は、メニューに豚の写真、絵、肉の写真等を載せることも避けたほうがよい
ヒンドゥー教	牛肉・牛が原料のもの（牛脂　バター　ヘット　テール　等） 豚肉・豚が原料のもの（ゼラチン、豚足、豚骨、ブイヨン、ラード　等） 魚介類全般 生物 卵 五葷（ごくん：ニンニク、ニラ、ラッキョウ、玉ねぎ、アサツキ） ※牛は崇拝対象ゆえにNG。豚も不浄な動物なので食べない。ラード、ゼラチンなども避ける ※左手は不浄な手とされているので、メニューを提供するときも右手で
ユダヤ教	ひずめが2つに分かれていない動物（豚・馬・うさぎ）の肉 猛禽類など24種類の鳥の肉 ヒレやウロコがない海産物（タコ・イカ・エビ・カニ・貝類） ※ユダヤ教の「カシュルート」と呼ばれる食事ルールに則ったコーシャな食材を使ったメニューのみ食べられる。アルコール、卵などはコーシャなものであればOK
キリスト教	多くの宗派では特にNG食材はないが、以下の宗派では注意が必要 モルモン教：アルコール　コーヒー　紅茶　お茶 セブンスデー・アドベンチスト教会：菜食

注意）表に掲載した食材は各宗教の忌避食材の一部です。全部ではありません。

Point

1. お客さまから質問されたときに曖昧に答えない
2. できない要望は明確に断る
3. 紹介できるお店を把握しておく

9-8 動物福祉が世界の流れ

動物が生まれてから幸せに生活できているかどうかという考え方が動物福祉（Animal welfare）です。

卵を生む鶏で考えると

日本では、卵を生む鶏はゲージ飼いがほとんどです。しかも、60㎝×40㎝のゲージに7羽入れているところが多く、1羽あたり343㎡しかありません。この値は、EUで定める1羽あたり750㎡の半分しかありません。餌を食べるためにも一度に7羽が食べることはできず、水を自由に飲むこともでき来ません。まして、砂浴びをすることも、止まり木に止まることもできないのです。

動物福祉から遠く離れた考え方で育てられている卵を、私たちは食べています。日本では動物福祉の考え方が広まらないように、賄賂政治が行なわれてしまいました。

しかし、世界の大きな流れは動物のことを考える方向に舵を切っていることを忘れてはなりません。

あなたのお店の卵を選ぶときに、動物の幸せを考えた卵を選んでいますか？

牛肉で考えると……

「サシが入った牛肉」がおいしいとされ、日本の牛肉は改良されてきました。また人気の部位のロースが大きく取れるように改良されてきたのです。

2011年の原発事故のとき、畜産農家の人が「明日出荷しなければこの牛は死んでしまう」と話す様子が報道されました。**「明日出荷しなければ死んでしまう」牛を私たちはおいしいと食べているのです。**サシを入れるためにビタミンを欠乏させ、目が見えなく、歩けなくなった牛の肉をおいしいと食べているのです。サシが多く入った牛肉が本当においしいのかも私は疑問です。

ウサギ、猫を飼っている飲食店も出てきました。店頭でフクロウを飼っているお店もあります。さまざまなお客さまに触られる生活が動物にとって本当に幸せか、考えてみませんか。

食材だけど生き物です…

① 「幸せな卵」を選ぶ

砂遊びできる
広さの場所で
元気に育った鶏が
産む卵
=幸せな卵

✕ 不健康な動物を食べますか

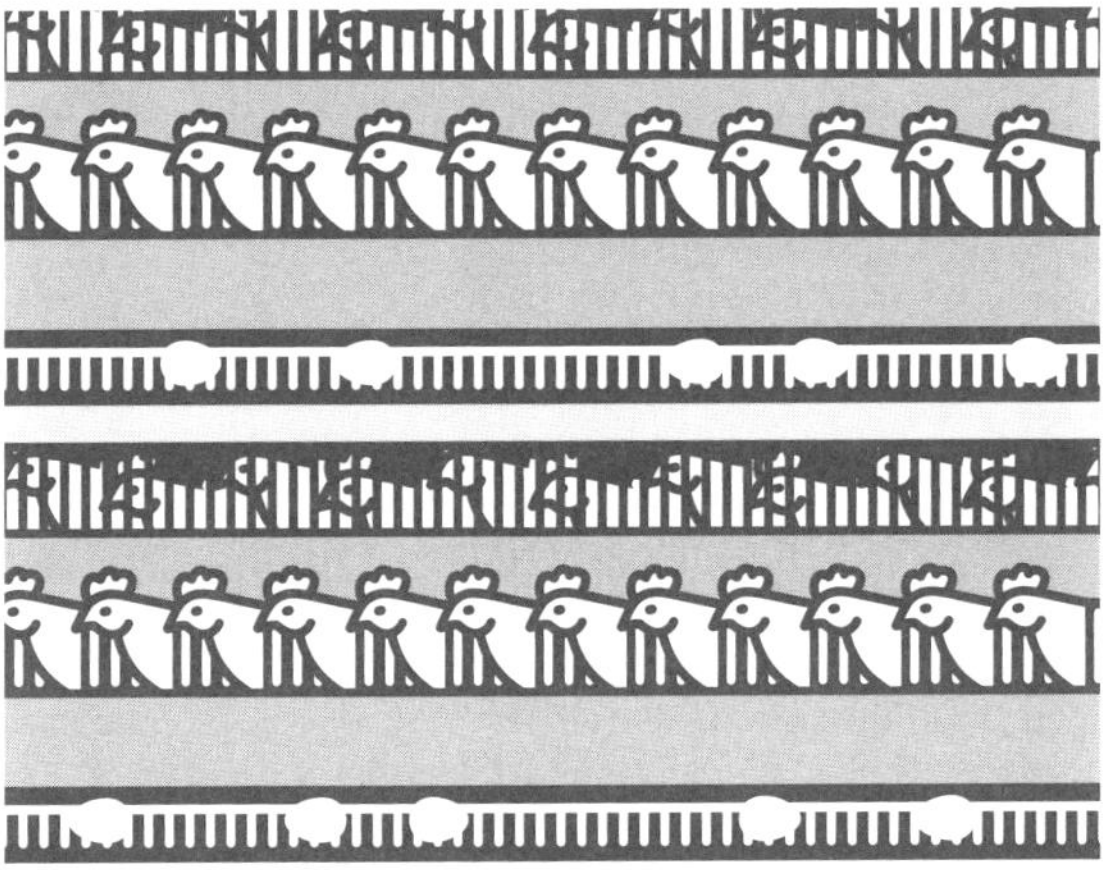

身動きできない鶏

歩けない牛

「食べられればなんでもいい」と考える人も多いですが、欧米ではきちんとケアされた動物の肉を感謝して食べる動きが広まっています。

Point

1 お店で扱っている肉類の一生が語れるか?

2 お店で扱っている卵の一生が語れるか?

3 お店で扱っている動物たちは幸せか?

9-9

災害発生時に地域のために何ができるか

地域のお客さまのおかげで店が成り立っています。災害時に何ができるか日常的に考えておきましょう。

停電したらどうするか?

２０１８年の北海道のブラックアウト発生時のように数日間にわたって電気がこないとわかったら、あなたのお店ではどのよう対応しますか。冷蔵庫、冷凍庫の食材は、使用できなくなってしまいます。電気が来なければ調理できないかもしれません。停電したらどうするか、停電が長引いたらどうするかを、平常時から検討しておくことが必要です。

発電できる車をつなげて、お店の照明、冷蔵庫が使用できれば営業できるかもしれません。しかし、停電時は町内の方も困っているので、できる範囲で調理し、無料で料理を振る舞うことをお勧めします。

厨房に電気調理器しかない場合は、ガスコンロ、プロパンガスなどを非常用に準備することをお勧めします。非常時のお店の対応を地域の方は忘れないはずです。

店の被害がなければトイレ等を開放する

大地震が発生し、停電になり、水道、都市ガスなどのインフラも止まってしまったとします。お店の建物の被害がなければ、できる範囲で近隣の人に対応します。汚水管、マンホールに直接つなげる簡易トイレがあれば提供すると、近隣の方も安心できます。

街角に現れるキッチンカーは、非常時には機動性があり、役立つかもしれません。あなたのお店にキッチンカーがある場合、水の準備ができれば、温かい食べ物を提供できます。

地域のため、従業員のためにも、お店の食材の在庫は、最小限に絞るのではなく、日持ちするものはある程度在庫し、災害時に備えるべきと考えます。

災害時の避難経路に当たるお店は、トイレ、充電、補給の基地になる準備をお勧めします。

災害時の対応を考えているか

① 停電時のエネルギー確保

② 地域のためにできること

近年の日本は1年中、どこかで災害が起きているといっても過言ではありません。「自分は大丈夫」ではなく「備えあれば憂いなし」の精神が大切です。

Point

1 長期停電になると情報が入ったときの対応を考えているか？

2 店の被害がなければどうするか？

3 避難経路に該当したらどうするか？

9-10

車椅子、ベビーカーが自由に動けるか

対応できないお店は、「当店は車椅子、ベビーカーなどは入店できません」と表示すべきです。

方針が明確か

車椅子やベビーカーについては車椅子の方が利用しやすいよう考えるか、「当店は車椅子対応していません」とするか、お店の考え方を明確にする必要があります。

また、車椅子の対応を行なえるかどうかは、トイレ問題も含めて真剣に考える必要があります。あなたのお店が2階にあるとして、階段移動は人手を出して対応できても、車椅子のままで使用できるトイレがなければお客さまは食事を楽しめません。

高齢者の方が使用している手押し車、ベビーカーなども、入店するには玄関の少しの段差も障害になります。2段程度の段差も苦痛になる方がいます。店内だけでなく、大通りから実際にベビーカーなどを押してみて、段差があるようなら地域として解消することが必要です。

まず方針を出し、地域にも協力をあおぎます。

トイレの方針は明確か

駅ビル、モールなどには、トイレのない飲食店が多くなってきました。

ベビーカー、手押し車、車椅子の方が使用するには、大きなトイレが必要です。介護が必要な方のためには、2人以上が入れる広さが必要かもしれません。

「当店のトイレは狭いです」と書かなければならないほど小さなトイレのお店もあります。私は、トイレ問題、段差問題を解決できないお店は、「当店のトイレは狭いです」「トイレはありません」と表示すべきだと考えます。

しかし、**私たちは全員年を取ります**。**いつ車椅子になるかわかりません**。

すべての飲食店の入り口の段差がなくなり、誰もが食事を楽しめ、トイレが使える時代になることを願っています。

ユニバーサルな店舗か

① トイレはできれば広く作る

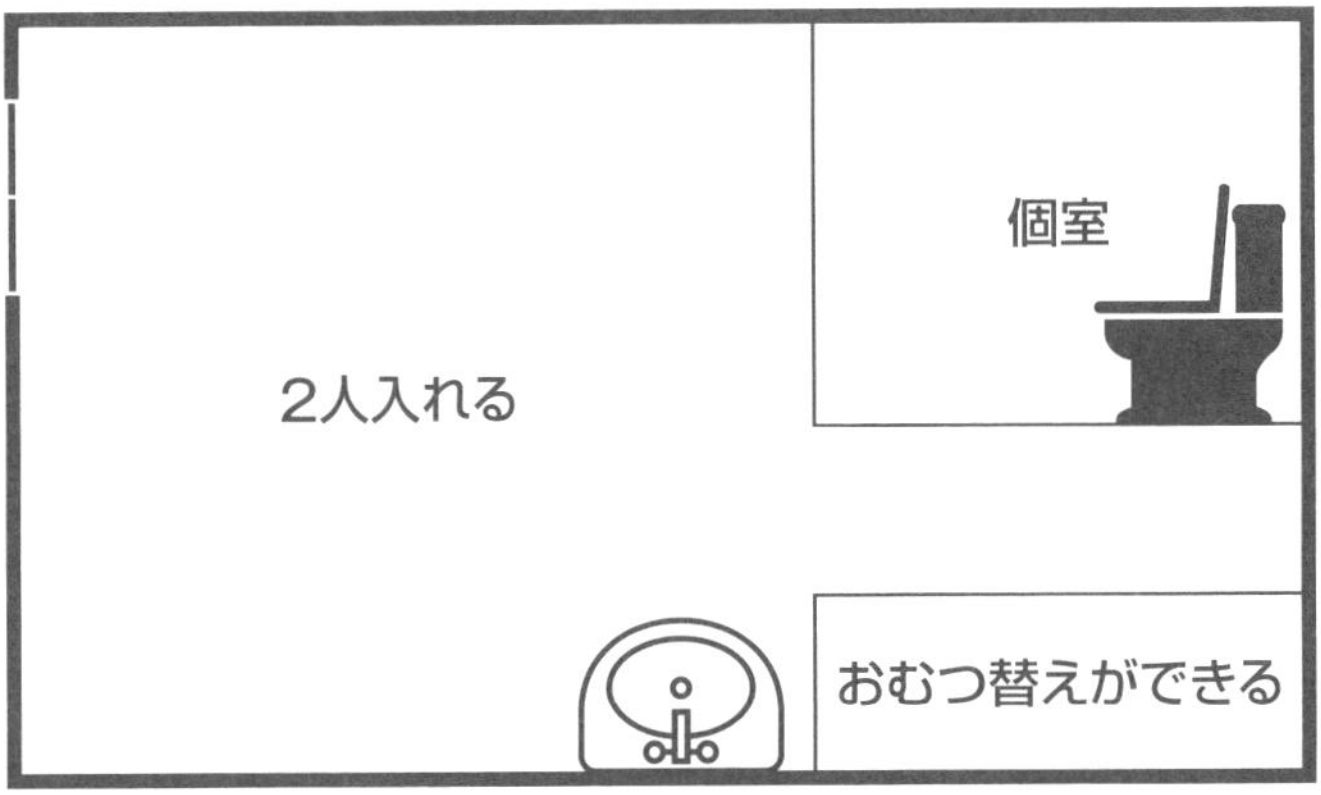
個室
2人入れる
おむつ替えができる

② 対応できない場合は表示する

×
入れない
○
当店は段差があり、対応できる従業員が少ないため、車椅子での御来店は介助の方が必要です。また、トイレは狭く、車椅子は入れません。大人の方が2人入るもの難しいです。

「車椅子だからと断られた」ということが、時折SNSで炎上していることがあります。店舗から先に丁重な説明があれば、炎上は防げるはずです。

Point

1. 入口の段差を確認しているか？
2. 店内の通路のスペースは充分取られているか？
3. 大きなトイレはいつでも使用できるか？

9-11 犬と一緒に入りたいのですが……

ペット可物件が人気です。犬の散歩ついでに朝ごはんやコーヒーが楽しめるお店、よくないですか?

つなげる場所を作る

スーパー、コンビニでは、犬は盲導犬以外、店内に入れません。外につなぐ場所を設ける必要があります。

飲食店でも、席から見える場所に犬をつなぐところを設けると需要があると思います。

日陰になるところで水が飲めるようにし、長いリードなども用意して、ある程度自由に動けるようにすると、さらにいいかもしれません。

大切なのはつねにお店の中から確認できるようにし、何かあればすぐに対応できるようにしておくことです。

そういった設備を用意しておけば、犬が水を飲むことのできる容器、餌を食べることのできる容器、ドッグフード、首輪などの犬用の用具を併売することも可能になります。

ドッグランを併設する

都会でも少しでもスペースがあれば、ドッグランの併設はお勧めです。窓から見える場所に犬が逃げない塀を作り、芝生を植え、水飲み場を作り、一部を日陰にします。**ドッグランを理由に毎日同じ時間に通ってくださるお客さまが必ず増えます。**

特に高齢者の方で歩くことが負担な方は犬の散歩ができなくなってしまっているので、需要はあるはずです。犬だけでなく、ウサギやそのほかの動物を放せるスペースは、今後需要が出てくるはずです。

動物福祉を考えると、日本でもガラスケースに入れて子犬などを販売する生体販売はなくなっていくので、ブリーダーと飼いたい方の接点の仕事も出てきます。

ドッグランなどを用意すれば、あなたのお店が町の犬、猫たちの拠点になる可能性があります。

犬同伴OKの飲食店にするコツ

① 犬をつなげる場所を作る

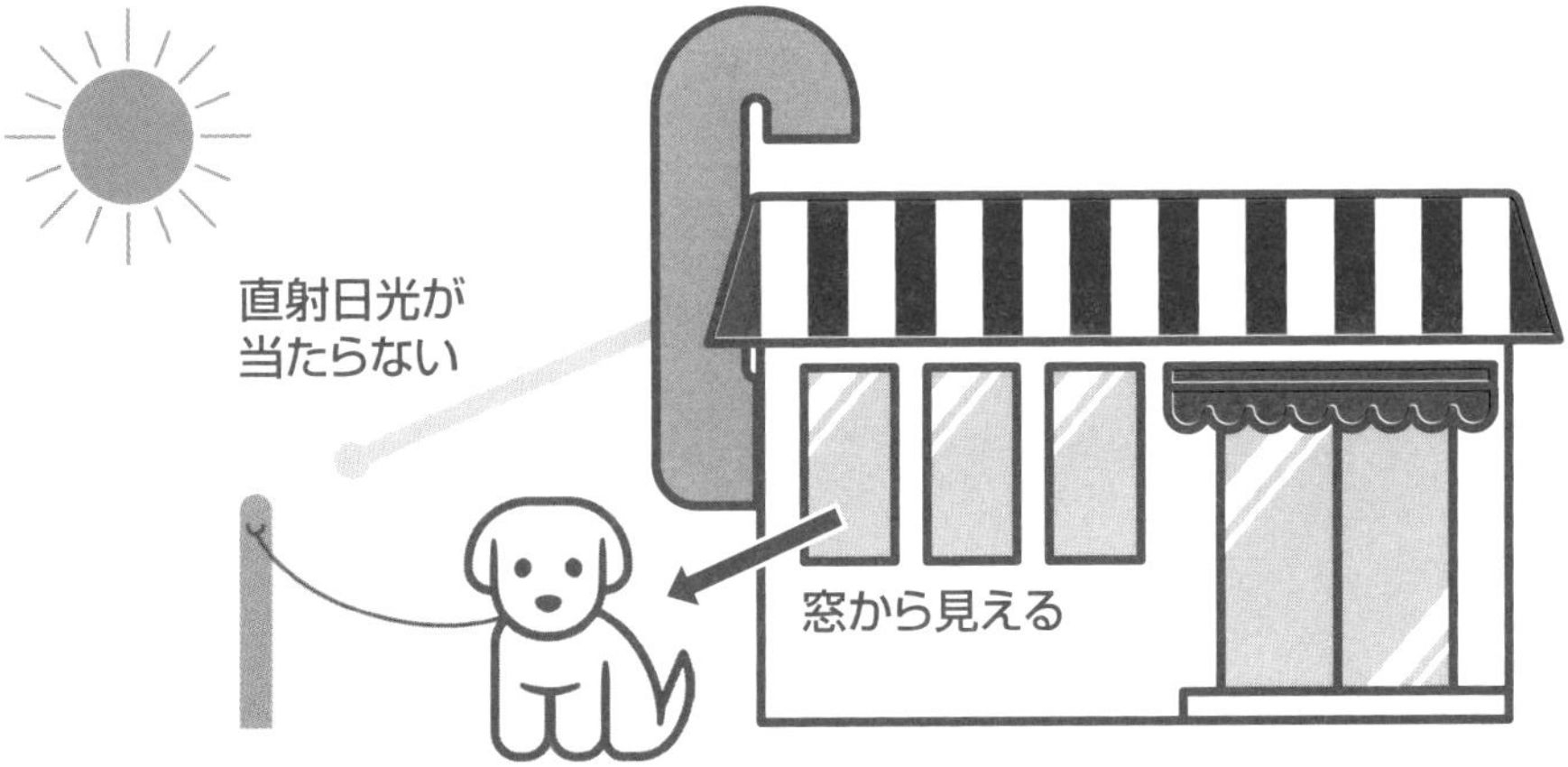

② ドッグランを作る

ドッグランというと広大な敷地が必要
だと思うかもしれません。しかし飲食
の間犬が遊べる場所と考えれば、元々
の敷地の一角で十分です。

Point

1. 犬のための水、餌の準備がある
2. 糞を始末する場所がある
3. ドッグラン設置後は、糞などの確認を定期的に行なっている

Column

食中毒患者数の推移

日本で起きた食中毒の患者数を掲載します。この中の1人を出さないよう、食中毒の発生のメカニズムをよく理解し、防止に努めましょう。

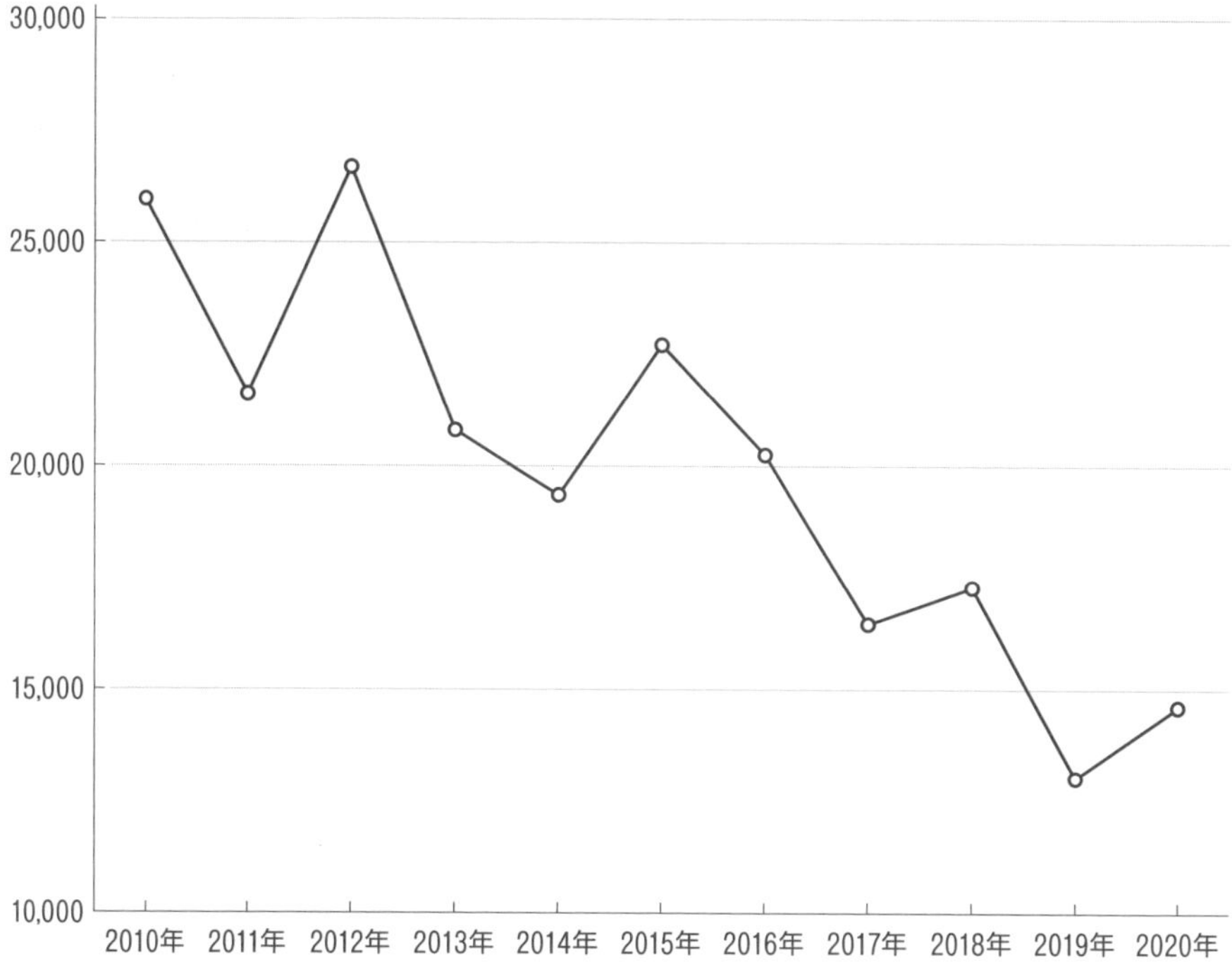

厚生労働省HPより

原因菌別の患者数

	2010年	2011年	2012年	2013年	2014年	2015年	2016年	2017年	2018年	2019年	2020年
ブドウ球菌	836	792	854	654	1,277	619	698	336	405	393	260
サルモネラ属	2,476	3,068	670	861	440	1,918	704	1,183	640	476	861
出血性病原大腸菌	358	714	392	105	766	156	252	168	456	165	30
ノロウイルス	13,904	8,737	18,637	12,672	10,506	14,876	11,397	8,496	8,475	6,889	3,660
腸炎ビブリオ	579	87	124	164	47	224	240	97	222	0	3
カンピロバクター	2,092	2,341	1,834	1,551	1,893	2,089	3,272	2,315	1,995	1,937	901
セレウス	155	122	4	98	44	95	125	38	86	229	4

厚生労働省HPより

おわりに

私は、北海道の大学を出て、すぐに、牛、豚の屠畜場のある食品工場で働きました。そこで学んだのは、「命をいただくのだから、残さずに食べ尽くすこと」でした。

さらに、ドイツ人のハムのマイスターに学ぶ機会があり、ドイツでは、豚を処理するときに出てくる血液までも利用して、ソーセージを作っていました。まさに、食べられるところは、すべて食べることを学びました。

その後、鶏卵業界で働き、良品の卵以外のヒビの入った卵、大きすぎる卵、小さすぎる卵の有効利用を考え、生卵で販売するよりもゆで卵を販売することで付加価値をつけ、へこんだゆで卵などもサンドイッチ用のサラダにして、卵の有効利用を考えました。その時代は、無駄をなくし、会社の利益を上げることを最優先に考えていたのです。

しかし、その後、外資系のスーパーマーケットで働いたときに、従業員の幸せを考えること、会社は自分のものと思い働くこと、たとえ上司であっても不正を感じるようなことがあれば、笛を吹くことの大切さを学びました。日本で食品偽装が多く報道された時代と重なり、日本の品質管理に疑問を持った時期でもありました。

そして、現在の〝食品安全教育研究所〟の活動を始めて、国内外の食品工場、スーパー、飲食店を見てきました。飲食店では厨房の冷蔵庫の中まで確認し、多くの賞味期限の切れた食材などを指摘したものです。

食品工場の品質管理と比較すると、飲食店の管理は甘い部分もあります。しかし、飲食店は扱う食べ物がさまざまで提供までの時間が短いため、一概には比較できません。

そこで本書では、ＨＡＣＣＰという衛生基準と新型コロナ禍における衛生管理という観点から、飲食店でも取り入れやすい、そして、これだけはやっておいてほしい衛生管理の方法をご紹介しました。

新型コロナウイルスが収束しても、新たな感染症は必ずまた出てきます。この先一時的にコロナ前のような状態に戻っても、新たな感染症が必ず起きることを忘れてはならないのです。

また、新型コロナでお店が苦しい状況にあることは「はじめに」にも書きましたが、多くの飲食店の従業員もシフトが減るなどで困難な状態に陥る方が増えています。私たちはお店の利益だけを考える段階から、従業員、地域、そしてお客さまの健康のことをつねに考えるべき時代になっています。さらに私たちが食べる動物たち、卵、乳などを生み出している動物たちの幸せを考える時代にも変化してきています。

売上が上がって、利益が出ればいいという時代は終わりました。新しい飲食店の姿を作っていかなければなりません。

インターネットの時代でも、さまざまな方の手の入った書籍の価値は変わらないと私は信じています。本書を手に取ってくださった皆様のお店が、新しい時代に合わせて柔軟に変化し、成長されることを願っています。

ご意見、質問、従業員教育の依頼、セミナー等の依頼はぜひ、
ja8mrx.o.oo7.jp/koujiyou1.htm　までお願いいたします。

お酒を飲みながらの会話を楽しめる日が来ることを信じて

河岸宏和（かわぎし　ひろかず）

食品安全教育研究所代表。1958年北海道生まれ。帯広畜産大学を卒業後、農場から食卓までの品質管理を実践中。これまでに経験した品質管理業務は養鶏場、食肉処理場、ハム・ソーセージ工場、餃子・シュウマイ工場、コンビニエンスストア向け惣菜工場、玉子加工品製造工場、配送流通センター、スーパーマーケットなど多数。世界基準の厳しい品質管理の経験をもとに、現在、日本の工場や飲食店に対して衛生管理の方法を指導、啓蒙している。著書に『最新版 ビジュアル図解 食品工場のしくみ』『ビジュアル図解 食品工場の品質管理』（同文舘出版）、『"食の安全" はどこまで信用できるのか—現場から見た品質管理の真実』（アスキー）等。

ホームページ「食品工場の工場長の仕事とは」
http://ja8mrx.o.oo7.jp/koujyou1.htm
メールマガジン「食品工場の工場長の仕事」
https://www.mag2.com/m/0000100977

HACCP《ハサップ》への対応《たいおう》が具体的《ぐたいてき》にわかる
図解《ずかい》 飲食店《いんしょくてん》の衛生管理《えいせいかんり》

2021年11月1日　初版発行

著　者　河岸宏和
発行者　杉本淳一

発行所　株式会社日本実業出版社　東京都新宿区市谷本村町3-29 〒162-0845
編集部 ☎03-3268-5651
営業部 ☎03-3268-5161　振　替　00170-1-25349
https://www.njg.co.jp/

印刷・製本／図書印刷

ISBN 978-4-534-05884-3　Printed in JAPAN